Torsten Kroeger

Wissen, Verstehen, Anwenden – Kompendium der praktischen Menschenführung

Eine Hilfe zur Umsetzung psychologischen Fachwissens in die Personalführung, in den Umgang mit Kunden, in die Erziehung Ihrer Kinder und in alle möglichen Beziehungen

Wissen, Verstehen, Anwenden –

Kompendium der praktischen Menschenführung

Eine Hilfe zur Umsetzung psychologischen Fachwissens in die Personalführung, in den Umgang mit Kunden, in die Erziehung Ihrer Kinder und in alle möglichen Beziehungen

Ein Leitfaden zur Durchführung eines wirksamen, wertschätzenden, fundierten und nützlichen kritischen Gesprächs

Von

Torsten Kroeger
Diplom-Pädagoge
Führungskraft und Personaltrainer

Erfahrungen aus über 20 Jahren Personalführung, Vertrieb und Personaltrainings

welches davon ausgeht, dass Personalführungsschulungen nur dann funktionieren, wenn die Teilnehmer psychologisches, pädagogisches und soziologisches Wissen haben. Also machte ich mir Gedanken über wesentliches anwendbares Wissen, das von Anwendern geschätzt werden würde. Ich wollte aber keine Rezeptschulungen durchführen, d. h. meine Schulungen sollten die Teilnehmenden auf mehr als eine geübte Situation im Personalalltag vorbereiten. Es sollte Basiswissen vermittelt werden, das sie selbst in die Lage versetzen würde, Situationen zu analysieren und sich in der Praxis weiterzuentwickeln. Sie sollten die Angst vor Konflikten verlieren, sie sollten im Gegenteil Lust auf Konflikte entwickeln, sie suchen, sie verstehen und sie dann lösen, solange sie noch lösbar waren."

Dieses Konzept bewährt sich besonders bei der Gestaltung „Kritischer Personalgespräche", einer zentralen und alltäglichen Aufgabe im unteren und mittleren Management ganz unabhängig von der Größe der Mitarbeiterzahl. Dieses Buch, das getragen ist von einer grundsätzlichen Wertschätzung der jeweiligen Mitarbeiter, sollte eine angemessene Publikation auf dem Buchmarkt finden, die ich nicht nur aus der wissenschaftlichen Perspektive empfehlen möchte."

gez. Helmut Reuter

Univ. Prof. Dr., Dipl.-Psych. Helmut Reuter
Universität Bremen
RWTH University Aachen

Dieses Buch ist meinem Sohn Lukas gewidmet. Er hat mir seit seiner Geburt eine neue Sicht auf dieses Leben gewährt. Ich bin durch ihn toleranter, offener, verantwortungsvoller und ein besserer Mensch geworden. Er ist ein Beispiel dafür, dass es noch wirklich gute Menschen gibt!!

Inhalt

Vorwort

Die Liste

Man sollte sich im Leben immer auch große Ziele setzen. Diese Ziele dann zu erreichen, ist großartig. Dieses Abhaken von der persönlichen Bucket List, von der Liste der Dinge also, die man immer mindestens einmal in seinem Leben machen wollte, setzt Energien frei für weitere große Ziele. Dieses Buch nun ist ein wesentliches Stück Selbstverwirklichung in meinem Leben. In ihm stecken Herzblut, jahrzehntelange Erfahrung in Personalführung, Vertrieb und Beziehungen, Anekdoten aus meinem Leben, sehr viel Transferwissen, Schachtelsätze und andere mir eigene Ausdrücke und Formulierungen und die Hoffnung, dass dieses Buch anderen helfen wird, mehr über das Verhalten ihrer Mitmenschen zu verstehen und dieses Wissen dann schlussendlich auch praktisch anzuwenden – und dass, ohne die schmerzhaften Fehler, die zum Erlangen dieses Wissens notwendig sind, selbst machen zu müssen.

Der Spiegel und die Toleranz

Mir wurde in meinem Leben immer wieder – teils nett, teils weniger nett – an den Kopf geworfen, dass ich ein Besserwisser und Oberlehrer sei. Als Dozent für Verkehrspädagogik und –psychologie an der

Nachschubschule des Heeres nannten mich meine Mitdozenten Professor – wiederum teils nett, teils weniger nett.

Ich besitze eine gute Allgemeinbildung und habe dies sehr zum Leidwesen meiner Familie, Freunde und Mitarbeiter immer gern unter Beweis gestellt. Als in der Serie ‚Big Bang Theory' Sheldon Cooper vorgeworfen wurde, er würde es lieben, andere auf ihre Fehler hinzuweisen, musste ich wirklich in mich gehen und konnte feststellen, dass auch ich dazu neige, andere bei falscher Rechtschreibung und falscher Nutzung von Fremdwörtern mit Lust zu korrigieren. Manchmal ist es sehr heilsam, einen Spiegel vorgesetzt zu bekommen. Vielleicht wird es auch einigen meiner Leser so ergehen, wenn sie mit bestimmten Anekdoten oder Beschreibungen fehlerhaften Verhaltens im Umgang mit Menschen in diesem Buch konfrontiert werden. Es ist absolut befreiend, sich selbst zu hinterfragen, Fehler zu akzeptieren und diese in positive Erfahrungen zu wandeln.

Das Nachdenken über mein Leben und meine Erfahrungen hat mich verändert und weiterentwickelt. Ich habe mir durch sehr viel Selbstreflexion immer wieder neue Ziele in meinem Leben gesetzt. Ein wesentliches Ziel ist es geworden, toleranter zu sein, andere anders sein zu lassen, ohne es zu bewerten. Wenn dieses Anders-Sein nicht dazu beiträgt, andere zu verletzen oder zu unterdrücken, dann ist es gut und dann machen viele Farben das Leben einfach bunter und interessanter.

Die Ansprache

Im Zuge dieser Überlegungen habe ich auch über die Anrede meiner Leser nachgedacht. Soll ich sie direkt ansprechen? Dann wurde mir klar, dass dieses Buch grundsätzlich aus meinem Seminar entstanden ist – dem Basisseminar ‚Praktische Personalführung' – und dass es sich aus einem Handout weiterentwickelt hat. Also passte die direkte Ansprache, da meine Seminare immer im Dialog und im Lehrgespräch durchgeführt werden. Ich habe mich weiterhin für die förmlichere Anrede ‚Sie' entschieden, da ich meine Leser nicht kenne und es mir respektvoller erschien. Weiterhin stellte sich mir die Frage, wie ich im Buch eine gendergerechte Sprache finden könnte. Jegliche Versuche erschienen mir für den Leser zu umständlich, so dass ich mich darauf eingelassen habe, der Einfachheit halber die kürzeste und männliche Form – zum Beispiel Mitarbeiter und Partner - zu wählen und auf *innen oder m/w/d zu verzichten. Ich möchte noch einmal feststellen, dass diese Wahl nicht despektierlich zu nennen ist, sie ist einfach nur praktikabel.

Die Wissenschaft und die Verständlichkeit

Ich bin Diplom-Pädagoge und weiß, wie eine Arbeit nach wissenschaftlichen Maßstäben geschrieben werden muss. Ich wollte aber keine rein wissenschaftliche Arbeit schreiben. Mir ging es darum, die Essenz des Inhalts hunderter Bücher, die ich in den letzten Jahrzehnten durchgearbeitet habe, in die praktische

Personalführung zu übertragen. Mir ist sehr wohl bewusst, dass die Transfers und Übersetzungen nicht immer komplett deckungsgleich mit den wissenschaftlichen Modellen sind. Mir ist auch bewusst, dass ich einfachere, zum Teil ältere Modelle gewählt habe, die nicht mehr zu 100% ‚State of the Art' sind, aber durch die Nutzung dieser Modelle können auch Nichtwissenschaftler und Ungeübte eine praktische Wirkung bei ihren Mitmenschen erzielen.

In diesem Buch steckt zudem ein Erfahrungsschatz aus Hunderten von Schulungen im Dialog, in denen jede meiner Äußerungen von meinen Zuhörern aufgenommen, abgewogen, hinterfragt und auch kritisch zurückgeworfen wurde. Weiterhin habe ich über die letzten 20 Jahre Unmengen an kritischen Personalgesprächen geführt, in denen ich dieses Wissen anwenden und an der Praxis weiterentwickeln konnte. Dieses Buch wurde nicht von einem Theoretiker geschrieben. Alles, was ich hier aufgeführt habe, kann und muss ein Personalführer im betrieblichen Alltag anwenden bzw. sollte er anwenden können.

Und schließlich soll dieses Wissen nicht nur für Personalführung, sondern für jegliche Art von Miteinander im Vertrieb, in der Erziehung und auch in der Partnerschaft nützlich sein. Die Modelle, Erklärungen und Checklisten sind die gleichen wie in der Personalführung, es ändern sich lediglich die Anwendungsfelder und Beispiele.

Tiefes Wissen heißt, der Störung vor der Störung gewahr sein...

Sunzi, (um 500 v. Chr.), chinesischer General und Militärstratege, »Die Kunst des Krieges«

Die Idee der Anwendung dieses Buches

Dieses Buch richtet sich an alle Personen, die Führungsverantwortung innehaben oder auch absehbar haben werden, die Interesse an Menschenführung und Kommunikation zeigen oder die einfach nur verstehen wollen, wie menschliches Verhalten funktioniert.

Glauben Sie nicht, dass Sie alles sofort beherrschen können müssen. Suchen Sie sich ein Kapitel aus, das Sie besonders anspricht. Und suchen Sie sich dann ein Modell aus, das Ihnen umsetzbar und verständlich erscheint.

Im Folgenden begeben Sie sich mit mir auf eine Reise durch viele psychologische Disziplinen. Es werden die Felder der Lern-, der Wahrnehmungs-, der Motivations,- der Sozial-, der Tiefen- der biologischen, der Vertriebs- und natürlich der Kommunikationspsychologie auf mögliche Übertragungen auf Situationen aus dem Alltag beleuchtet.

Ziel ist es, dem Leser einen allgemeinen Überblick über die Komplexität der Zusammenhänge des menschlichen Verhaltens zu vermitteln, ihm diese Komplexität dann zu reduzieren und zu strukturieren und schließlich das Wissen für die praktische Umsetzung an die Hand zu geben.

Lesen Sie, verstehen Sie, hinterfragen Sie und üben Sie sich in der Anwendung dieses wunderbaren Wissens – es wird sich für Sie und Ihre Mitmenschen lohnen.

Die Idee des Seminars ‚Basisschulung Praktische Personalführung'

Die Kunst der Personalführung setzt voraus, dass man weiß, wie menschliches Verhalten funktioniert. Wir funktionieren aber überraschenderweise auch, wenn wir dieses Wissen nicht haben – nur halt in den meisten Fällen deutlich schlechter. Dieses nicht reflektierte Funktionieren verhindert bzw. blockiert die bewusste Beschäftigung mit seinen Fähigkeiten und ihren Aus- oder Umbau. Man macht sich keine Gedanken darüber, wie man führt, wie man ankommt, welche Fehler man macht, auf welche anderen Arten man Besseres erreichen könnte und was in dem zu Führenden so vor sich geht.
Das Konzept des ursprünglichen Basistrainings ist ausgerichtet auf eben diese Problematik. Durch ein intensives Beschäftigen mit den wichtigsten verhaltensrelevanten Themen aus den Bereichen Lern-, Motivations- und Kommunikationspsychologie sowie der Auseinandersetzung mit Grundsätzen der Gehirnforschung und

der Tiefenpsychologie wird dem Teilnehmer ein praxisnahes Rüstzeug mit auf den Weg gegeben, das ihn in die Lage versetzt,

- sich selbst zu reflektieren und sich seiner Stärken und Schwächen bewusst zu werden,
- verschiedene Methoden und Grundsätze kennenzulernen, die Personalführungsprobleme hinterfragen und erklären,
- das Gefühl für seinen Mitarbeiter und Kommunikationspartner zu entwickeln, das er für sich selbst so immer von seinem Vorgesetzten erhofft hat.

Auf Basis der Beschäftigung mit Gedächtnisfunktionen, Wahrnehmung und Sozialisation, Eingangskanälen und Lernarten, Motivationstheorien von Maslow und Herzberg, Kommunikationstheorien von Watzlawick und Schulz von Thun sowie der Differenzierung von bewusstem und unbewusstem Verhalten wird Verhaltenssicherheit in Führungssituationen überhaupt erst möglich gemacht. Jegliche Rollenspiele und Videoanalysen können erst dann sinnvoll werden, wenn das grundsätzliche Knowhow verfügbar ist.

Das Konzept der Basisschulungen wird inzwischen erfolgreich in diversen Kundenfeldern wie etwa der Automobil-, der Autovermiet- und der Computerbranche umgesetzt.

Die Notwendigkeit des Zusammenspiels von Wissen und Übung

‚Ein Nichts ist Wissen ohne Übung und Übung ohne Wissen.‘

(Protagoras 490 - 411 v. Chr.)

Leider muss auch und gerade in diesem Bereich das Wissen zunächst aufgenommen und verstanden werden, um dann in einem längeren, auf Übung und Wiederholung, auf Anknüpfen an bereits Gelerntes und an starke, emotionale Reize basierenden Prozess verinnerlicht zu werden. Durch bloßes Zuhören und Verstehen werde ich nicht zu einem besseren Personalführer – ich muss das Wissen auch anwenden können – ich muss das Spiel beherrschen, es ständig spielen und auch Spaß daran haben, wenn ich gewinne.
Jetzt habe ich etwas gesagt: Gewinnen. Geht es tatsächlich darum, in der Personalführung, der Beziehung und der Erziehung zu gewinnen?
Natürlich. Als Personalführer haben Sie Ziele und Vorgaben, die Sie umsetzen müssen. Sie haben eine Moral und eine Wertschätzung für Ihre Mitarbeiter. Aber denken Sie immer dran, dass Führen Verantwortung bedeutet. Sie führen, um Erfolg zu haben, um zu gewinnen. Und wenn Sie richtig gut sind, dann gewinnen Ihre Mitarbeiter und Ihre Firma ebenfalls durch Ihre Art der Personalführung. Auch als Elternteile oder Partner in einer Beziehung wollen Sie gewinnen – nicht unbedingt nur für sich selbst, aber als Team. Sie wollen eine glückliche Partnerschaft und Sie wollen glückliche und gut

vorbereitete Kinder. Wenn Sie das erreichen, dann haben Sie ebenfalls gewonnen.

Die Begriffe Führung, Erziehung und Manipulation

Diese Begriffe besagen doch grundsätzlich alle das Gleiche. Es gibt jemanden in einer Machtposition, der den anderen in die Richtung leitet, die ihm richtig erscheint – egal ob Sie Chef, Elternteil oder Partner sind. Die Begriffe sind nur unterschiedlich konnotiert und bewertet, da Erziehung und Beziehung immer starke positive Gefühle und hoffentlich auch Liebe beinhalten sollten. Manipulation erscheint uns schlecht, erinnert an Niccolo Machiavelli[2], geht aber in die gleiche Richtung wie Erziehung – ‚Du machst, was ich will'. Nur würde das dann ohne Moral, mit sehr viel Egoismus oder Zweckgebundenheit durchgeführt werden.
Es wurde auch das grundsätzliche Vorhandensein von Hierarchien in Führung und Erziehung schon in Frage gestellt. Ich erinnere daran, dass die antiautoritäre Erziehung, die vor allem in den 70er Jahren propagiert wurde, ein großer Fehlschlag war. Ich kann Kinder nicht auf eine komplexe Leistungsgesellschaft vorbereiten, wenn ich auf Hierarchien, Regeln und auch

---

[2] **Niccolò di Bernardo dei Machiavelli** (* 3. Mai 1469 in Florenz, Republik Florenz; † 21. Juni 1527 war ein italienischer Philosoph, Diplomat, Chronist, Schriftsteller und Dichter.

Vor allem aufgrund seines Werkes *Il Principe (Der Fürst)* gilt er als einer der bedeutendsten Staatsphilosophen der Neuzeit. (...) Der später geprägte Begriff *Machiavellismus* wird oft als abwertende Beschreibung eines Verhaltens gebraucht, das zwar raffiniert, aber ohne ethische Einflüsse von Moral und Sittlichkeit die eigene Macht und das eigene Wohl als Ziel sieht.

Konsequenzen verzichte. Und auch neue Modelle in der Wirtschaft, in denen die Loslösung von Hierarchien gefordert wurde, haben sich nicht durchgesetzt. Es bleibt allein festzuhalten, dass sie deutlich flacher geworden sind und dass bei einigen Projekten sogar komplett auf sie verzichtet werden konnte. Nur sind Menschen von Natur aus mit dem Machttrieb[3] gesegnet – einige mehr, andere weniger, aber keiner ohne - und stets darauf aus, ihre eigene Meinung lieber umgesetzt zu bekommen als die anderer ertragen zu müssen. Daher ist es in einer Partnerschaft sehr spannend, ob die eigentliche Idee einer Gleichberechtigung tatsächlich in jeder Beziehung wirklich umsetzbar ist. Aber auch hier hilft das Wissen über Modelle der Psychologie, um diese Herausforderung zu meistern. Eine Garantie erhalten Sie aber niemals.

Es bleibt festzuhalten:

Das Wissen über Führung und menschliches Verhalten begleitet uns unser gesamtes Leben lang. Wer sich diesem Wissen verschließt, wer sich der Weiterbildung verweigert, der ist als Führungskraft, Erziehender oder auch Partner nicht zu gebrauchen. Das Konzept des lebenslangen Lernens kann nicht einfach ignoriert werden. Ich habe dazu im Netz einen sehr schönen Spruch gefunden:

‚Das Leben kann Spuren von MÜSSEN enthalten.‘ 😊

[3] Der Machttrieb ist Grundbegriff der Adler'schen *Individualpsychologie* und Kennzeichen des „Machtmenschen“ (E. *Spranger*).

Die Struktur des Buches

Am Ende dieses Buches erhalten Sie eine zusammenfassende Darstellung der wesentlichen Lerninhalte, die Ihnen fortan als Checkliste zur Analyse von menschlichem Verhalten dienlich sein wird – die sogenannte Matrix.
Im Laufe dieses Buches werde ich die Matrix mit Leben füllen. Sie stellt das Skelett und den roten Faden sowohl von Buch als auch Basisseminar dar. Und sie wird es Ihnen ermöglichen, ein wohl durchdachtes kritisches Gespräch so vorzubereiten, dass Sie es mit hoher Wahrscheinlichkeit erfolgreich und zielorientiert durchführen werden.

Die Matrix visualisiert die acht Teilbereiche des wesentlichen Wissens, das zusammengenommen das menschliche Verhalten von allen Seiten[4] beleuchten und somit erhellen helfen soll.

1. **Biologische Psychologie - das Gedächtnis**
   Erst wenn ich weiß, wie ich mit meinem persönlichen Informationsspeichermedium umgehen muss, lohnt sich die Vertiefung des Wissens und die Entwicklung von Handlungsalternativen.

[4] Die Bezeichnung ‚alle Seiten' basiert auf der individuellen und deutlich Praxis orientierten Meinung des Autors.

2. **Wahrnehmungspsychologie**
   Nur über die Bewusstmachung der Relativität von Wahrheit und Erfahrungen, von Normen und Werten, von Individuum und Gesellschaft erhalte ich die notwendige Vorsicht im Umgang mit meinem Wissen und vor allem generiere ich Toleranz und Verständnis.

3. **Vertriebspsychologie**
   Das Wissen um meine 5 Sinne erlaubt mir, Schwächen zu erkennen und Strategien zu entwickeln. Was hilft mir die beste Verarbeitung von Informationen, wenn ich keine aufnehmen kann? Zudem geht es in diesem Kapitel um Manipulation und Täuschung, Angleichen und Führung, Priming und Ankern.

4. **Tiefenpsychologie - bewusstes und unbewusstes Verhalten**
   Es gilt, mit der Täuschung unseres eigenen Bewusstseins aufzuräumen, das uns ständig vorgaukelt, unser Verhalten völlig unter Kontrolle zu haben. Die Beschäftigung mit Sigmund Freud und seinen Kollegen sorgt für eine andere Sicht des Lebens und unserer Macht, es zu kontrollieren und zu steuern.

5. **Motivationspsychologie**
   Jegliches Verhalten ist motiviert. Wenn aber die meisten Motive im Unbewussten versteckt sind, muss ich lernen, wo ich suchen muss. Denn

ohne das Wissen um das ‚Warum' kann und darf ich nicht urteilen und entscheiden.

6. **Lernpsychologie**
   Lernen ist Erfahrungsbildung. Wie aber lernen wir? Welche verschiedenen Wege können wir einschlagen, um uns selbst oder anderen Zusammenhänge verständlich zu machen? Wie kann ich verschiedene Wege miteinander kombinieren, um die Wirkung zu verbessern? Wie erreiche ich besseren und schnelleren Zugang zu meiner individuellen Festplatte?

7. **Kommunikationspsychologie I – die 5 Axiome des Paul Watzlawick**
   Um Kommunikation hinterfragen zu können, muss ich die theoretischen Grundlagen verstehen. Verschiedene Ebenen, Beginn und Ende, verschiedene Hierarchien und die Unterschiedlichkeit der Wahrnehmung von Kommunikationsinhalten sorgen für eine ständige Unsicherheit im Umgang mit anderen.

8. **Kommunikationspsychologie II – die 4 Ohren des Friedemann Schulz von Thun**
   Nach der Theorie kommt die Praxis - Mit dem 4-Ohren-Modell wird Ihnen ein Modell an die Hand gegeben, mit dem Sie Metakommunikation– also Kommunikation über Kommunikation – betreiben können.

Im Zuge der Beschäftigung mit menschlichem Verhalten ist es unumgänglich, immer mal wieder einen Blick auf unsere genialen Vorfahren zu werfen. Und gerade der antike Philosoph Sokrates spricht mir dabei aus der Seele:

Für ihn war es wichtig, ein sicheres Fundament für menschliche Erkenntnisse zu finden. Er glaubte, dieses Fundament liege in der menschlichen Vernunft. Er war der Ansicht, dass der, der wisse, was gut ist, auch das Gute tun werde. Er glaubte, die richtige Erkenntnis führe zum richtigen Handeln. Und nur wer das Richtige tue, so Sokrates, werde zum 'richtigen Menschen'.

Wenn ein Mensch falsch handelt, so tut er das aus Sokrates' Sicht nur, weil er es nicht besser weiß. Deshalb sei es so wichtig, das Wissen zu vermehren.

Es ist keine Schande, nichts zu wissen, wohl aber, nichts lernen zu wollen.

Platon

Und da wir weder dem Weltweisen Sokrates oder seinem genialen Schüler Platon widersprechen wollen, lassen Sie uns mal ein wenig hinter die Fassaden des menschlichen Verhaltens schauen.

Die Beschäftigung mit diesem faszinierenden Wissensgebiet ist bei mir ganz eng mit einem philosophischen Modell verknüpft – Platons Höhlengleichnis.

Dieses Modell habe ich zu Beginn meines Studiums kennengelernt – und ich war fasziniert davon.

Platons Höhlengleichnis

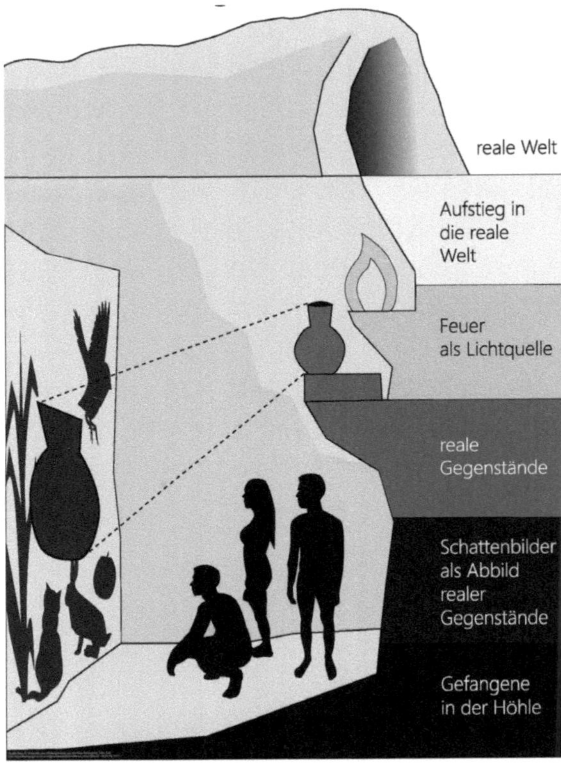

[5]

Wir sind – ergänzend zu dem Bild - sogar gefesselt, können unsere Sinne nicht richtig nutzen, erkennen nur die Schatten von tatsächlichen Ereignissen und halten diese für die Realität. Die Aussage dieses Gleichnisses

[5] https://studienart.gko.uni-leipzig.de/antike-poster/2018/06/19/das-hoehlengleichnis-nach-platon/

verfolgt mich seit fast 30 Jahren: Sei neugierig. Hinterfrage alles. Lass dir kein Wissen vorsetzen, was du nicht überprüft hast. Und im übertragenen Sinn: Zerreiße deine Fesseln. Drehe dich um und schaue dir die Schatten erzeugenden Gestalten im Original an. Und dann verlasse die Höhle, steige in die reale Welt auf und suche Erkenntnis.

Ich habe das Höhlengleichnis auf dem Weg meiner Ausbildung, aber auch der Ausbildung meiner Mitarbeiter und Seminarteilnehmer niemals vergessen – es bildet die Grundlage dieses Buches über das Wissen um das menschliche Verhalten.

Starten wir die Reise durch die Disziplinen der Psychologie nun also mit dem Wunsch nach der Erweiterung unseres Wissens!

Die Bestandteile der Matrix 1 – Biologische Psychologie

Die Neurobiologie hat sich in den vergangenen Jahren mit Riesenschritten weiterentwickelt. Neue Technologien geben uns das, was die alten Griechen auch gern gehabt hätten – sichereres Wissen über Vorgänge im Gehirn. Heute lassen sich Hirnwellen messen, haben wir mannigfaltige Erfahrungen aus der Medizin über Genetik, Krankheiten des Gehirns und der Nervenbahnen und ihre Entstehung. Heute kennen wir Neurotransmitter, Stammhirn, Limbisches System und Großhirnrinde. Wir wissen, welche Aufgaben der Mandelkern, der Hippocampus oder der Hypothalamus erfüllen. Wir hören von Neurotransmittern, Spiegelneuronen, der emotionalen Intelligenz und von vielen Botenstoffen wie etwa dem Serotonin (Angst, Entscheidung), dem Dopamin (Glück), dem Testosteron (Dominanz) und natürlich dem Dauerbrenner Adrenalin als unserem Stress- und Wuthormon.

Die Gehirnforschung hat viele Theorien bestätigt, die schon zum Teil von den alten Griechen erdacht wurden.[6] Ich möchte allerdings nicht zu viel von der Komplexität der Neurobiologie einfließen lassen, da dies den Rahmen einer auf Praxistransfer ausgerichteten Arbeit sprengen und sogar negativ beeinflussen würde.

---

[6] Als ein Beispiel sei die Assoziationslehre von Aristoteles genannt.

In all meinen Jahren als Trainer und Vorgesetzter hat sich das einfache 3-Stufen-Modell von Richard C. Atkinson aus dem Jahr 1968 als anschaulichste Basis für die Übersetzung ins Praktische bewährt.

Ein Kopf ohne Gedächtnis ist eine Festung ohne Besatzung.

Napoleon Bonaparte

Das Gedächtnismodell nach Atkinson

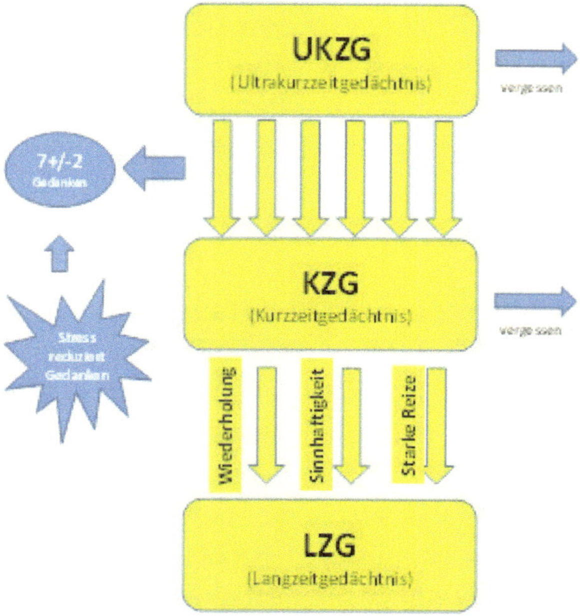

Grundsätzliches zur Nutzung der beschriebenen Modelle und Theorien in diesem Buch

Die Modelle und Theorien dienen der praktischen Personalführung. Das bedeutet, dass jedes der im Folgenden beschriebenen Modelle tatsächlich anwendbar ist und die Fähigkeit zur Personalführung verbessert.
Die Problematik ergibt sich jedoch durch das Wort ‚Anwendung'. Diese sogenannte dritte kognitive Lernzielstufe ist so viel schwieriger zu erreichen als die beiden zuvor. In der ersten Stufe ‚Wissen' geht es darum, die Fakten gehört und auch abgespeichert zu haben. In der zweiten Stufe müssen sie dann auch noch verstanden werden. In der Praxis erweisen sich diese beiden Stufen als ‚in kurzer Zeit realisierbar'. Das Problem kommt danach: Noch so gutes Verstehen sorgt nicht automatisch dafür, dass das Wissen auch angewendet werden kann.

Beispiel:
Gehen Sie einmal zum Fußballtraining und absolvieren Sie eine Doppelschicht. Anschließend wissen Sie, wie ein Pass mit der Innenseite funktioniert, Sie haben wohl auch verstanden, wozu er genutzt wird, wie er praktiziert wird. Nur sind Sie nach einem Training von 2 Stunden kein guter Fußballspieler. Hier finden wir das Zitat von Protagoras wieder: Ein Nichts ist Fertigkeit ohne Übung und Übung ohne Fertigkeit. Das Zauberwort heißt ‚ÜBEN'. Suchen Sie bewusst Situationen, in denen Sie die Modelle anwenden können. Suchen Sie sich zunächst die Modelle aus, die Ihnen liegen oder mit denen Sie bereits Erfahrung haben. Üben Sie.

Erst durch diese Anstrengung werden Sie Erfolg haben!

Zum Gedächtnismodell:

Die Gehirnforschung hat uns in den letzten Jahren einige zum Teil hochkomplizierte Modelle der Funktionsweise des Gedächtnisses beschert. Wenn Sie allerdings praktische Personalführung betreiben wollen, dann ist weniger manchmal mehr. Aus diesem Grund habe ich mich entschieden, Ihnen das Basismodell von Atkinson vorzustellen, das in seinen Grundzügen schon seit Jahrzehnten Bestand hat und das sich einfach und nachvollziehbar in die Praxis umsetzen lässt.

Von Gedächtnis kann gesprochen werden, wenn Erfahrungen, die ein Lebewesen macht, zu relativ dauerhaften Veränderungen in seinem Nervensystem führen, die sich in Veränderungen von Dispositionen des Verhaltens, der Wahrnehmung oder des Erlebens äußern und die im weitesten Sinn als Erwerb oder Modifikation von Information oder Wissen betrachtet werden können. [7]

Es werden drei unterschiedliche Gedächtnisarten unterschieden, die quasi in Reihe hintereinander angeordnet sind.

Ganz vorn steht das **Ultrakurzzeitgedächtnis**. Seine wichtigste Aufgabe ist eine Schutz- und Filterfunktion. Da wir in fast jedem Moment unseres Lebens diversen

---

[7] Enzyklopädie der Psychologie. Hrsg: Kuhl und Heckhausen. – Band 4: Prof. Thomas Goschke, 1996, S. 359.

Reizen unserer Umwelt ausgesetzt sind, gleichzeitig aber nur beschränkte Kapazitäten zur Verarbeitung dieser Reize besitzen, muss das UKZG als Filter all das heraus sortieren, was wir voraussichtlich in dieser Situation nicht gebrauchen können. [8]

Stellen Sie sich vor, Sie säßen als Bewerber in einem wichtigen Vorstellungs-gespräch. Folgende Reize strömen auf Sie ein: die Temperatur im Raum, die Möbel, der Duft Ihres Gegenübers, das Sprudeln des Mineralwassers, das Kaffeearoma, visuelle Reize wie die Farbe der Tapete, der Bügelzustand Ihres Hemdes, ein Fleck auf dem Teppich, etc.
Sollte in dieser Situation Ihr UKZG nicht mehr als Filter funktionieren, dann würden Sie alle aufzunehmenden Reize hintereinander im Kurzzeitgedächtnis aktiv bearbeiten müssen – soll heißen, dass Sie sich immer wieder bewusst entscheiden müssten, ob diese Information aktuell in dieser Situation für Sie wichtig ist. Und die Reize kommen immer wieder und wieder und wieder...
Sie können sich vorstellen, dass Ihr Bewerbungsgespräch in einem totalen Fiasko enden würde.

Das UKZG wird an den Erfordernissen Ihrer jeweiligen Aufgaben ausgerichtet oder auch vorjustiert, d.h. Sie können in bestimmten Situationen davon ausgehen, dass Ihr Filter vor allem sehr spezifische Reize passieren lässt.

---

[8] Vgl. Biologische Psychologie. Birbaumer und Schmidt. S. 568ff. Weltbild 1996

Ein Beispiel aus dem Straßenverkehr:
Sie sind Fahrer eines Fahrzeugs und kämpfen sich durch den Straßenverkehr. In dieser Situation sind vor allem Verkehrszeichen, andere Fahrzeuge und die Informationen, die Ihnen Ihr Fahrzeug liefert, entscheidend für eine positive Bewältigung der Herausforderungen des unfallfreien Fahrens. Sie erkennen das Fahrverhalten anderer Verkehrsteilnehmer, analysieren deren Fahrweise, stimmen Ihre Handlungen auf deren Aktionen ab.
Ihr Beifahrer jedoch unterliegt dieser Justierung Ihres UKZGs überhaupt nicht. Er schaut aus dem Fenster, sieht sich die Gegend an und überrascht Sie mitunter mit Aussagen, die Ihnen während des Fahrens als völlig trivial erscheinen: ‚Hast du die Rehe da auf dem Feld gesehen?' oder ‚In dem Alter würde ich mich nicht so anziehen wie der Typ da an der Ecke.' Ihr eigenes UKZG weigert sich strikt, Ihnen diese Wahrnehmungen durchzulassen, weil es ‚weiß', dass Sie damit beim Fahren nur abgelenkt wären und es Sie in Gefahr bringen würde. Ihr Beifahrer hingegen bekommt in der Regel nichts davon mit, was andere Verkehrsteilnehmer tun, wie schnell Sie gerade fahren oder sogar, wo überhaupt Sie sich gerade befinden, da es für ihn in 'seiner' Situation nicht wichtig ist. Daher ist es für einen Beifahrer auch schwierig, den Rückweg ohne Navi bei einer neuen Strecke zu finden, wenn Sie selbst ein wenig egoistisch beschlossen haben, auf einer Feier etwas Alkohol zu genießen. Im Gegensatz zu Ihnen sind die meisten der wesentlichen Streckeninformationen nicht durch sein UKZG gekommen. Hätte er jedoch vorher

gewusst, dass er fahren würde, dann hätte sein UKZG diese Informationen ebenfalls durchgelassen.

Ein Leben ohne UKZG wäre nicht möglich. Am ehesten ist es in seiner Wirkung vielleicht mit Autismus zu vergleichen[9]. Erinnern Sie sich an Dustin Hoffman's wunderbare Darstellung in Rainman? Zu viele Informationen wollten gleichzeitig in seinen Kopf. Neue Situationen und neue Menschen haben seine Sinne überlastet, er konnte die einströmenden Reize nicht verarbeiten, nicht ertragen. Es ist kaum vorstellbar, was das für das eigene Leben bedeuten würde.

Zusammenfassend lässt sich sagen, dass unser UKZG als Filter für alle uns erreichenden Reize fungiert und uns vor einer Überlastung beschützt. Es fungiert größtenteils unbewusst, d.h. Sie kontrollieren nicht, was durchgelassen wird. Alles, was nicht durch den Filter durchkommt, kann anschließend nicht mehr rekapituliert werden, es ist weg, vergessen, nie wirklich gespeichert, eher angehaucht und auf Wert geprüft und für zu leicht befunden. Die Situationsabhängigkeit des UKZG erklärt auch, warum die menschliche Wahrnehmung so herrlich individuell ist.[10]

---

[9] Dies ist kein medizinischer Vergleich, sondern eine extreme Vereinfachung.

[10] Dazu mehr im nächsten Kapitel der Matrix - Wahrnehmung

Die Beschränktheit unserer aktiven Gedächtnisarbeit – vom UKZG zum KZG

Die in einer Situation als wichtig bewerteten Informationen werden also unbewusst durch Ihr Ultrakurzzeitgedächtnis freigegeben und an das **Kurzzeitgedächtnis** weitergeleitet. In diesem Arbeitsgedächtnis nun entscheiden Sie ganz bewusst, ob die Inhalte vergessen oder gespeichert werden sollen. Allerdings führt die Beschränktheit unseres Speichervolumens zu einer deutlichen Einschränkung unserer bewussten Verarbeitungskapazität. Die entscheidende Zahl dabei ist: 7, +/- 2 – je nach Genen, Kondition und Erfahrung, aber mehr definitiv nicht!![11]

Was heißt das? Wovon haben wir nur 7?

Einfach übersetzt: Wir können uns höchstens 7 Dinge gleichzeitig in unserem KZG merken. Dieses System ist ein äußerst instabiles, dessen Inhalte ständig mit Energie versorgt werden müssen, damit sie nicht entschwinden und also vergessen werden – ohne eine Chance der Rekapitulation.

Ein Bild dazu:
Stellen Sie sich einen Jongleur vor, der gleichzeitig 7 Bälle in der Luft hält. Immer wenn ein Ball der Schwerkraft folgt, muss er ihn wieder hochwerfen. Jeder Ball am Boden ist für ihn verloren. Kommt ein achter Ball dazu, wird er einen anderen fallen lassen. Unsere Natur

---

[11] Vgl. Biologische Psychologie. Birbaumer und Schmidt. S. 573. Weltbild 1996 oder auch: Millers Magical Number Seven!

erlaubt uns nicht mehr Bälle, sie setzt uns deutliche Grenzen. Und stellen Sie sich einmal vor, der Jongleur wird abgelenkt, erschreckt oder verletzt? Was, meinen Sie, würde dann mit den sieben Bällen passieren? Fatalerweise geschieht das Gleiche auch in einer vergleichbaren Situation mit unseren Gedanken. Einfach weg!!!

<u>Und noch ein Beispiel hinten dran:</u>
Jemand nennt Ihnen Zahlen. Direkt hintereinander. 12, 3, 756, 290, 35, 8, 99, 17, 64, 412, etc. Wenn Sie versuchen, sich diese Zahlen zu merken, dann sprechen Sie sich diese i.d.R. in Gedanken vor. Wenn es aber mehr als 7 Zahlen werden – bei einigen Menschen schon deutlich vorher – dann kommen Sie aus dem Tritt.

Unser Arbeitsgedächtnis beinhaltet für seine Arbeit folgende Systeme:

- Der ***räumlich-visuelle Notizblock*** zur kurzfristigen Speicherung von visuellen Eindrücken.
  Sie sehen eine Liste von Wörtern. Um sie sich zu merken, nutzen Sie Ihr ‚graphisches' Gedächtnis, um sich die Buchstaben, die Anordnung der Worte, die Länge der Zeilen, etc. zu merken. Durch häufiges visuelles Speichern verfestigt sich der räumliche Eindruck und unterstützt die Gedächtnisleistung.
- Die ***artikulatorische Schleife*** dient zur Speicherung von verbalen Informationen, welche durch

ein inneres Wiederholen relativ lange verfügbar bleiben können.
Kennen Sie das? Sie wollen sich Ihre Pin-Nummer merken und sprechen sie die ganze Zeit vor sich her? Immer und immer wieder. Ist die Anzahl der Wiederholungen groß genug, dann wandert diese Zahl automatisch weiter ins Langzeitgedächtnis. Durch das innere Wiederholen wird die Information aktiv gehalten – wie Seifenblasen, die der Schwerkraft folgen wollen und durch leichtes Pusten oben gehalten werden. Alles was im übertragenden Sinne die Erde berührt, wird vergessen und kann nicht wiederhergestellt werden.

- Die ***zentrale Exekutive*** verwaltet beide Systeme und verknüpft Informationen aus diesen Systemen mit dem Langzeitgedächtnis.

Der oben beschriebene Flaschenhals oder Trichter der 7+/-2 Gedanken, die bei Stress, Aufregung und Ablenkung noch deutlich weiter reduziert werden, kann durch die automatisierte und unbewusste Nutzung des Langzeitgedächtnisses umgangen werden.

Die höchste Kapazität an ‚Gedanken' habe ich bei meinem Ruhepuls. Möchte ich also Informationen aufnehmen, für eine Prüfung lernen, dann sollte ich dafür sorgen, eine Umgebung mit möglichst wenigen Ablenkungen und positiver Stimmung zu haben.

Mussten Sie schon einmal am Bahnhof lernen, wo Sie ständig unterbrochen wurden, wo Sie so viele Reize

empfingen, dass Ihr UKZG gar nicht dazu kam, alles auszublenden? Hat Ihr Kind Sie schon einmal darauf angesprochen, dass es bei AC/DC-Musik besonders gut lernen kann? Haben Sie schon einmal versucht, direkt vor Ihrem Zahnarztbesuch zu lernen? Oder wollten Sie schon einmal ein Gedicht auswendig lernen, obwohl Sie dringend auf Toilette mussten?
Alle Ablenkungen, alle Stress fördernden Situationen sorgen dafür, dass Sie ‚Gedanken verlieren' werden.

Also geht es darum, eine Umgebung zu finden oder auch zu schaffen, in der Sie sich wohlfühlen, in der Sie keine negativen und Stress auslösenden Faktoren um sich haben, in der Sie keine Unterbrechungen zu fürchten haben, und das, ohne dass Sie sich zu wohl fühlen und einschlafen.

Das Grundproblem der eingeschränkten Speicherkapazität im KZG, unserer bewussten Zentrale, lässt sich tatsächlich nur durch Umgehung des KZG bekämpfen. Wenn alles durch einen Trichter von 7 Gedanken aufgenommen werden muss, dann sollte man versuchen, diesen Trichter zu umgehen. Und das geht nur, wenn Dinge außerhalb der bewussten Verarbeitung getan werden können, wenn das KZG umgangen werden kann.

<u>Ein Beispiel aus dem Sport:</u>
Sie lernen Tennis. Ein Trainer erzählt Ihnen, wie Sie den Schläger zu halten haben, wie Sie Ihren Oberkörper bewegen müssen, wie Sie aus dem Schultergelenk zu schlagen haben. Als Anfänger konzentrieren Sie sich

auf diese Einzelbewegungen und nutzen dafür Ihr KZG. Leider wird es Ihnen so ergehen wie den meisten. Während Sie sich noch auf das Ausholen konzentrieren, halten Sie den Schläger schon wieder falsch, weil dieser aus Ihrer bewussten Kontrolle entglitten ist.
Wenn dann noch Ihre Freunde oder Geschäftspartner zuschauen und Sie ein ehrgeiziger Mensch sind, dann haben Sie schon verloren, weil Sie zusätzliches Adrenalin produzieren und somit ‚Gedanken verlieren'.
Es geht also darum, Einzelbewegungen so lange zu trainieren, bis man sie nicht mehr gedanklich bewusst steuern muss. Und dann folgt das Training der nächsten Einzelbewegung. Irgendwann versucht man, alle erlernten Einzelbewegungen noch zu koordinieren. Und wenn es Ihnen dann gelingt, einen Ball korrekt über das Netz zu bringen, ohne an die verschiedenen Vorgaben des Trainers gedacht zu haben, dann können Sie anfangen zu spielen. Diese Automatismen ermöglichen uns zu leben. Je besser ich trainiert bin, desto mehr Gedanken habe ich frei für mein KZG. Und wenn ich etwas gut beherrsche, dann ist es Zeit, sich der nächsten Herausforderung zu stellen. Das Konzept des ‚lebenslangen Lernens' ist nicht umsonst zu unserer ständigen Begleitung geworden.

Fazit:
Wir müssen es schaffen, für die Bewältigung unserer täglichen Situationen viele Gedanken ständig freizuhalten, um reagieren zu können. Wenn Sie in Ihrem täglichen Leben Aufgaben haben, die Sie nicht beherrschen, bleiben Ihnen also nur 2 Möglichkeiten. Entweder Sie erlernen die Aufgaben, trainieren Sie, bis Sie sie

ohne Probleme bewältigen können. Oder Sie sorgen dafür, dass Sie mit diesen Aufgaben nicht mehr konfrontiert werden. Beides wird dafür sorgen, dass Sie weniger Stress und mehr Lebensqualität erhalten werden. Training und Übung sorgen für mehr geistige Kapazität. Je mehr ich ‚korrekt' automatisiert habe, desto kompetenter und unabhängiger von Stress bin ich.

Beispiel Gesprächsführung:
Die Durchführung eines wichtigen, nicht vorbereiteten Gesprächs sorgt bei ungeübten Sprechern für starke, stressbedingte Reduzierungen ihrer Möglichkeiten und ihrer Gedankenkapazität. In einem Bewerbungsgespräch sollte der Personaler jederzeit in der Lage sein, sich neben der für ihn eingeübten inhaltlichen Gesprächsführung zusätzlich Gedanken zur Körpersprache (der eigenen und der des Gegenübers), zur Gesprächssituation (Atmosphäre, Licht, Temperatur, Aufregung beim Gesprächspartner, emotionale Reaktionen, argumentatives Vorgehen, etc.) und zur Gesprächsplanung (analog zum Schach die Planung der nächsten 2 bis 3 Fragen, Gedanken, etc.) zu machen. Die Voraussetzung dafür sind stressreduzierte Gespräche, d.h. Sie kennen Ihre Kompetenz, Sie kennen die nötigen Fakten, Gründe, Argumente für das Gespräch, Sie sind sich Ihrer eigenen Stärken und Schwächen, Ihrer persönlichen Befindlichkeit bewusst, Sie haben das Gespräch emotional vorbereitet, Sie sorgen für Atmosphäre und die richtige emotionale Gesprächsgrundlage, Sie sind sich Ihrer Ziele für das Gespräch bewusst und Sie sind jederzeit in der Lage, durch Einblicke in

Ihren Erfahrungshorizont das Gespräch emotional zu steuern. [12]

Beispiel Autofahren:
Die Beherrschung eines Kraftfahrzeugs im Straßenverkehr ist ein hochkomplexer Vorgang, d.h. es werden viele unterschiedliche Fertigkeiten gleichzeitig abverlangt.

Das Anfahren (Kupplung kommen lassen, Bremsen, Schalten, Schulterblick, vorausschauendes Fahren, die Lenkradnutzung, die Überwachung des Tempos und anderer Faktoren, rechts fahren, etc. – all diese Einzelanforderungen müssen in der Verkehrssituation bewältigt werden.
Mit allen 7 Gedanken in der bewussten Verarbeitung wäre das schon schwer zu schaffen, aber unter Stress ein Ding der Unmöglichkeit. Erst die Automatismen im Umgang mit Kupplung, Schaltung, Gaspedal und Lenkrad sorgen dafür, dass wir ein paar Gedanken frei bekommen, um den Anforderungen des Straßenverkehrs wirklich gerecht werden zu können. Und diese Automatismen, diese Sicherheitsverstärker, sorgen natürlich dafür, dass wir weniger gestresst werden und somit mehr Gedanken zur Verfügung haben.

---

[12] Vgl. Kapitel 8 ‚Kommunikation II – Gesprächsvorbereitung nach Schulz von Thun'

Und jetzt noch ein Anwendungsbeispiel aus der praktischen Personalführung:

Stellen Sie sich vor, dass einer Ihrer Mitarbeiter mit einer Situation gerade überfordert ist – einer Situation, die er unter normalen Bedingungen gut beherrscht.

Sie erkennen es an verschiedenen Symptomen:

1. Er benötigt viel mehr Zeit für die Erledigung seines Auftrags.
2. Er zieht sich in sich zurück oder – im Gegenteil – wird aggressiv und laut.
   - Grundsätzlich lässt sich zwischen den Geschlechtern eine Unterscheidung hinsichtlich des Verhaltens unter Stress feststellen: I.d.R. sind Männer aktiver und oft auch aggressiver in der Stressbewältigung[13], während Frauen sich eher in sich zurück ziehen und passiver werden, dabei aber über Gespräche, Diskussionen und ein Austauschen mit anderen viel zielgerichteter an den Stressoren arbeiten als die Männer, die durch Aktivität eher ihr Energieniveau reduzieren als tatsächlich die Gründe für den Stress zu verändern.

3. Er zeigt körpersprachliche Signale, die darauf schließen lassen, dass er extrem gestresst ist:

---

[13] Eine eigene empirische Note aus Jahrzehnten der Personalarbeit, die durch das Feedback in meinen Seminaren gestützt wird.

- Augen aufreißen, den Körper versteifen oder sich klein machen, sich einigeln – das passiert nicht im Zustand von Ruhe und Entspannung.
- Öfter gegen etwas stoßen, Papier, Stifte oder Gläser fallenlassen bzw. umstoßen, diverse Übersprunghandlungen bspw. an den Hals in die Drosselgrube fassen, klopfende Finger, Füße oder Kugelschreiber, vermehrtes Augenzwinkern, Nägel kauern, wiederholter Griff an den eigenen Nacken oder flache Atmung – all das sind Signale für Stress.
- Auch fällt es einem Gestressten sehr schwer, seine Arme und Beine zu überkreuzen, weil er sich in einer Art Habachtstellung befindet und das Überkreuzen von Extremitäten in der Natur nur in einem Zustand von Sicherheit durchgeführt wird – man verliert ansonsten wertvolle Sekunden, um auf eine Gefahr zu reagieren.
- Der entspannte und interessierte Augenkontakt verändert sich: Entweder wird er kürzer (< 1 Sekunde) und damit fahrig und desinteressiert oder er wird länger (>3 Sekunden) und damit ein aggressives Angriffssignal, ein Anstarren.[14]

---

[14] Zuerst gehört habe ich von diesen Zahlen in meiner Ausbildung zum Trainer und Coach. Es gibt aber Untersuchungen, die diese Zeiten untermauern. Vgl. University College London, Royal Society Open Science – DOI: 10.1098/rsos.160086; Juli 2016

Wenn Sie also bei Ihrem Mitarbeiter bemerken, dass er gestresst ist und daher seine Arbeit nicht bewältigen kann, können Sie auf mehrere Arten reagieren:

Die (für Sie energietechnisch) befreiendste – das Anschnauzen[15]

Es ist nicht hilfreich, der Mitarbeiter verspürt Angst oder zumindest Aufregung, es wird Adrenalin produziert, die Gedanken reduzieren sich, der Mitarbeiter baut eine negative Stimmung der Führungskraft gegenüber auf und wird demotiviert. Aber es ist für die Führungskraft so herrlich befreiend und Sie können Ihren eigenen Energielevel reduzieren – leider auf Kosten Ihres Mitarbeiters!

Das Gespräch

Der Standard der fürsorglichen Führungskraft – ich stelle fest, dass mein Mitarbeiter überfordert ist. Also gehe ich zu ihm, frage nach, verspreche Unterstützung und versuche, ihn zu beruhigen, ihm zu helfen und evtl. zu entlasten.

---

[15] Nicht wirklich ernst gemeint, aber es folgt unserer evolutionären Vorgabe, dass wir die Energie, die wir durch Stress und Adrenalin aufgebaut haben, auch schnell wieder aus unserem Körper loswerden sollten. Und da hilft das Schreien und Toben tatsächlich – es ist nur nicht sonderlich hilfreich, um eine positive Beziehung zu Ihrem Kommunikationspartner aufzubauen. 😊

Klingt toll, ist es aber nicht wirklich.
Durch das Ansprechen wird der Mitarbeiter mit der Wahrheit konfrontiert, dass sein Vorgesetzter gerade mitbekommen hat, dass er seine Aufgabe nicht erledigen kann, dass er überfordert ist. Dieses Erkennen sorgt beim Mitarbeiter dafür, dass er wiederum Adrenalin produziert, dass es ihm unangenehm ist, dass die Schlechtleistung bemerkt wurde und dass ihm anschließend noch weniger ‚Gedanken zur Verfügung stehen.

Die Ablenkung

Die beste Vorgehensweise zur Lösung der oben beschriebenen Situation ist es, den Mitarbeiter – vornehmlich unter Hinzuziehung einer motivationalen Unterstützung – aus seiner ihn belastenden Situation – auch körperlich – herauszuziehen und ihn mit einer einfachen, bereits automatisierten Tätigkeit zu betrauen.

Beispiel:
Als Verkaufsleiter eines Autohauses sehen Sie, wie sich ihr normalerweise guter Verkäufer mit der Berechnung einer Statistik herumärgert und nach und nach immer aggressiver wird. Bevor es eskaliert und er seine Unterlagen an die Wand wirft und somit seine Niederlage eingesteht,

gehen Sie zu ihm und bitten ihn um seine Hilfe beim Umparken der Verkaufsfahrzeuge auf dem Hof.

Diese einfache körperliche und automatisierte Aufgabe lenkt ihn ab und fördert den Abbau von Adrenalin. Zudem fühlt er sich geschmeichelt, dass Sie dieses Umparken mit ihm zusammen durchführen, weil Sie seiner Erfahrung bezüglich der besten Verkaufsaufstellung der Fahrzeuge vertrauen.
Nach dieser Aktion von vielleicht 20 Minuten wird sich der Verkäufer dann entspannter und mit ‚mehr freien Gedanken' seiner Statistik widmen und sie auch leichter bewältigen können.

Auch Humor, die Aufforderung zu einer gemeinsamen Pause, die Frage zu einem Thema, wo Sie seine Meinung interessieren würde, etc. sind Ansätze, um den Mitarbeiter aus dieser für ihn unbewussten Zwangslage zu befreien.

Als Vorgesetzter ist es auch und insbesondere Ihr Job, mit offenen Augen durch Ihren Betrieb zu gehen und sich mit der Körpersprache Ihrer Mitarbeiter und den sich daraus abzuleitenden Konsequenzen zu beschäftigen.

Der Weg vom KZG zum LZG

Da unser KZG – wie alle Arbeitsspeicher dieser Welt – nur eine sehr begrenzte Speicherkapazität besitzt, reicht es zur Bewältigung der mannigfaltigen Anforderungen nicht aus. Demzufolge benötigen wir also ein zusätzliches großes, am liebsten unendliches Speichermedium, auf das wir ständig und gezielt zugreifen können – unser **Langzeitgedächtnis**.

Wie erfolgt der Informationstransfer auf unsere biologische Festplatte? Wie lernen wir, Wissen dauerhaft abzuspeichern?

Durch das Lernen entstehen in unserem Kopf neuronale Verknüpfungen (Verbindungen zwischen den Nervenzellen). Die Häufigkeit der erlebten Lernerfahrungen entscheidet über die Stabilität dieser Verbindungen. Je mehr Eingangskanäle in diesem Lernprozess zur Nutzung kommen, desto intensiver ist die Speicherung.

<u>Zum Verständnis:</u>
‚Nervenzellen gehen mit anderen Nervenzellen Verbindungen ein. Eine einzelne Nervenzelle kann so mit hunderten oder sogar tausenden anderen Nervenzellen verbunden sein. So entstehen in unserem Gehirn neuronale Netzwerke. Und diese Netzwerke spiegeln die Lernerfahrungen wider, die wir im Laufe unseres Lebens gemacht haben. Was wir als Lernen bezeichnen, ist (etwas vereinfacht gesagt) nichts anderes als die Neuentstehung und die Verstärkung bereits bestehender Verbindungen zwischen Nervenzellen. Je öfter wir

eine bestimmte einen Impuls auslösende Erfahrung machen, desto stabiler wird die synaptische Verbindung zwischen den Nervenzellen, die diese Erfahrung repräsentieren.'[16]

Daraus ergibt sich die einfachste Art der Informationsübertragungen an das LZG – **die Wiederholung**.

> Wir kennen den Spruch: Fahrradfahren verlernt man nicht. Und ebendas passiert bei vielen, vielen Wiederholungen, es entsteht quasi eine Datenautobahn im Gehirn, auf die wir jederzeit zugreifen können. Stabile synaptische Verbindungen sorgen dafür, dass wir ohne bewusste Steuerung viele dieser Handlungsweisen und Wissensvorräte automatisch nutzen und verwenden.

Die schon in der Schule bevorzugte Methode, um Wissen dauerhaft zu speichern, ist ebenfalls die der Wiederholung.
Nachteil: Das Wissen wird bei dieser Methode ohne Indizierung in einen riesigen Speicher übertragen. Durch völliges Fehlen von Sinnhaftigkeit ist das Wiederfinden dieser Inhalte grundsätzlich nur dann wahrscheinlich, wenn über eine lange Zeit sehr viele Wiederholungen durchgeführt wurden.

---

[16] https://www.brgdomath.com/psychologie/lernen-und-ged%C3%A4chtnis-tk-3/was-passiert-beim-lernen-im-gehirn/

Der Lernvorgang ist simpel. Sie sollen ein Gedicht auswendig lernen. Also beschäftigen Sie sich nicht mit der Entstehungsgeschichte, hinterfragen nicht den Inhalt oder analysieren auch nicht die Syntax – Sie lesen es sich so lange durch, Dutzende Male, bis sich die Worte quasi in Ihr Gedächtnis eingebrannt haben. Da Sie aber die Inhalte dessen, was Sie auf diese Art gelernt haben, nicht genug berücksichtigt haben, kommt es beim Wiederauffinden dieser Inhalte nach längerer Zeit zu echten Problemen.
In unserer Schulzeit hat diese Art von Lernen immer wieder dazu geführt, dass wir Inhalte für den nächsten Tag intensiv gelernt, aber für die weitere Nutzung leider nicht zielführend genug abgespeichert haben. Jeder kennt es. Ich habe für meine Biologiearbeit zum Thema ‚Mitose – Meiose' intensiv gelernt, konnte am Tag der Klausur das auswendig gelernte Wissen abrufen, war aber nach einiger Zeit der Nichtbeschäftigung mit diesem Thema nicht mehr in der Lage, auch nur ansatzweise komplett zusammenhängende Inhalte aus dem LZG abzurufen.
An dieser Stelle möchte ich meinem Biologielehrer Klaus Pollok dafür danken, dass er stets versucht hat, mehr als nur bloße Wiederholungen in seinem Unterricht zu verwenden und uns Schüler immer als junge und respektierte Erwachsene behandelte. Das führte zwar auch nicht immer zu belastbaren Gedächtnisinhalten, aber mit der Biologie hat er sich auch ein sehr spezielles Lehrfach ausgesucht, das für mich eigentlich erst mit der Verhaltenslehre und der Sportbiologie auch mein Interesse befeuert hat. Und Interesse fördert die Gedächtnisleistung.

Testen Sie sich:

- Könnten Sie noch eine Kurvendiskussion ausführen? (11.Klasse Mathe Grundkurs)
- Wüssten Sie noch, wann Friedrich der Große mit wem und gegen wen den sieben-jährigen Krieg geführt hat? (9. Klasse Geschichte)
- Können Sie die binomischen Formeln noch anwenden? (7. Klasse Mathe)
- Könnten Sie jemanden in einem passablen Französisch darum bitten, Ihnen die Geschichte von Notredame zu erklären, nach 10 Jahren ohne Nutzung dieser Sprache?

Das Wissen Ihrer Schulzeit ist immer noch da, aber es ist unter so vielen Schichten neuen Wissens verschüttet, dass Sie leider bewusst keinen Zugriff mehr darauf haben. Erst das erneute Erlernen dieser Themen wird Sie in die Lage versetzen, sehr zügig in die alten Thematiken wieder einzusteigen, weil dadurch der Zugang zu den alten Informationen quasi erneut frei gelegt wird.

Eine zweite, intensivere und nachhaltigere Art der Informationsübertragung ins LZG ist die Verwendung von **Sinnhaftigkeit, Logik und Verständnis** bei der Speicherung der Wissensinhalte.

In dem Moment, wo ich den zu speichernden Inhalten einen Sinn gebe, erhält mein Langzeitgedächtnis die Möglichkeit, dieses neue Wissensfragment denjenigen schon vorhandenen Wissensclustern beizufügen, die über diesen Inhalt bereits angehäuft wurden. Dadurch

ist es möglich, mit weniger Wiederholungen eine deutlich bessere Reproduzierbarkeit von Gedächtnisinhalten zu erreichen.
Dazu ein Beispiel: Der Lehrsatz ‚Mein Vater erklärt mir jeden Sonntag unsere neun Planeten.' (Merkur, Venus, Erde, Mars, Jupiter, Saturn, Uranus, Neptun, Pluto[17])
Würde ich alle Planeten in der Reihenfolge der Entfernung zur Sonne auswendig lernen, könnte es mir passieren, dass ich sie durcheinanderbringen oder auch einen oder zwei vergessen würde. Durch diesen Lernsatz habe ich die Möglichkeit, mein Wissen mit Sinn zu verknüpfen und die Lerninhalte besser zu reproduzieren.

Die dritte und bewusst am seltensten eingesetzte Möglichkeit der Informations-weiterleitung ins LZG ist die **Nutzung starker emotionaler Reize**, die mit dem Gelernten verknüpft werden.
Diese Methode bedarf keiner Wiederholungen, wenn der Reiz stark genug gewesen ist. Freude, Spannung, Angst oder auch Freundschaft, Liebe, Unerwartetes, Interesse, Neugier, etc. können dazu beitragen, wesentlich bessere Gedächtnisleistungen zu erreichen.

<u>Ein Beispiel für die Verknüpfung von Sinnhaftigkeit und starken Reizen:</u>
Ich lese mir einen Text über das Backen eines Kuchens durch – inkl. der Aufzählung der ganzen Zutaten und Vorbereitungsschritte. Das Lesen geht gut, ich habe alles verstanden und soll dann – drei Tage später –

[17] Auch wenn Pluto inzwischen nicht mehr als Planet gehandelt wird...

diesen Kuchen backen. Ich habe nur das angelesene Wissen. Ich verspreche Ihnen: Bei einem ungeübten Bäcker werden Sie diesen Kuchen nicht essen wollen. Sollte der Bäcker, der das Rezept drei Tage zuvor gelesen hat, jedoch ein erfahrener Bäcker sein, dann wird er das gelesene Wissen mit seinem vorhandenen Wissen verknüpfen und sich nur die Besonderheiten dieses Kuchens einprägen. Er muss jedoch nicht über die Vorbereitung eines Backteigs, die Menge einer Prise Zucker, die Nutzung von Korinthen und die Zugabe von Rum und auch nicht über Backzeiten und Ober- und Unterhitze im Ofen nachdenken. Er wird einfach die Unterschiede des neuen Rezepts an seinen Standards im Gedächtnis verankern. Dadurch hat er sich wesentlich weniger zu merken als das gesamte Rezept. Und die Änderungen machen auch noch Sinn für ihn, interessieren ihn vielleicht, wie andere Bäcker statt Backpulver nur mit Hefe arbeiten oder Korinthen durch Sultaninen ersetzen.

Ein weiteres Beispiel aus der pragmatischen Pädagogik:

Kein Kind, dass sich einmal mit nacktem Gesäß in Brennnesseln gesetzt hat, wird diese Erfahrung und somit auch die Nesseln wieder vergessen. Dazu bedarf es dann übrigens auch keiner Wiederholung oder Erklärung.

Beispiele für eine tiefe Verarbeitung von Lernstoff (Sinnhaftigkeit/starke Reize)[18]

Im Folgenden sollen einmal ganz gezielt Ansätze zur besseren und ‚gehirngerechten Verarbeitung von Informationen in das LZG beleuchtet werden. Es ist oftmals so einfach, die Gedächtniserfolge durch den Einsatz methodischer oder verfahrenstechnischer Mittel deutlich zu verbessern.

- Anwendungen finden. Ist der Lernstoff in der Alltagserfahrung vorhanden?
  Immer, wenn ich eine praktische Nutzung für neue Inhalte finde, dann sorgen Interesse und Neugier als Katalysatoren dafür, dass ich Anknüpfungspunkte für das theoretische Wissen erhalte. Und wenn ich verknüpfen kann, dann bleibt mehr hängen.
- Fragen zum Text entwerfen
  Das reine Lesen eines Textes sorgt i.d.R. für keine intensiven Gedächtniserfolge. Wenn ich aber Fragen zu diesem Text entwerfen muss, die sich bei mir aufgetan haben, dann sorgt schon diese Aufgabe für ein intensiveres Bearbeiten und Lernen des Textes. Die Sinnfrage wird gestellt. Und die Sinnfrage erlaubt uns ein Rekapitulieren von Inhalten.

---

[18] Quelle: http://lernen.lerntipp.at/852/die-tiefe-der-verarbeitung-von-lerninhalten, © Werner Stangls Texte zum Lernen

- Rollenspiel einer mündlichen Prüfung
  Die Übertragung von Textinhalten in ein Rollenspiel fördert die emotionale Verarbeitung eines Themas. Und die Emotion sorgt für die tiefsten Gedächtnisspuren.
- Modell für einen Vorgang entwerfen, etwa eine Skizze erstellen
  Die Übertragung von Wissen in Modelle oder graphische Strukturen setzt eine viel tiefere Verarbeitung von Wissen voraus. Ich muss fremdes Wissen also in meine eigene Sprache übersetzen, es mit meinem Wissen verknüpfen und daraus ein Modell für andere als Vereinfachung entwickeln. Dadurch verlasse ich jede Ebene der Oberflächlichkeit.
- Analogien finden
  Der Transfer von neuem Wissen in bereits bekannte Vorgänge, Erlebnisse oder andere Wissensgebiete ist fast schon die hohe Schule der intensiven Textanalyse.
  In der Didaktik wird von kognitiven Lernzielstufen gesprochen. Beginnend bei ‚Wissen' und dann ‚Verstehen' folgen ‚Anwenden' und Analyse'. Die höchsten Stufen sind dann ‚Transfer' und schließlich ‚Beurteilung'. Je höher die Stufe des kognitiven Wissens ist, desto einfacher kann Wissen verknüpft werden.

Weitere Ideen – basierend auf obigen Erklärungen – sind:

- Buchbesprechungen oder Pressenotizen schreiben
- Die Inhalte mehrerer Fachlehrbücher miteinander vergleichen
- Überlegen, welche Textinformationen ein Praktiker sofort können sollte
- In Gruppen die Texte bewerten
- Feststellen und vergleichen, was man vorher zu dem Thema gedacht oder gewusst hat
- Jemandem von dem Gelernten berichten
- Zusammenfassen und Exzerpieren
- Bilden von Assoziationen
- Überflüssige Sätze streichen
- Überschriften für Absätze oder Graphiken finden
- Gegenargumente finden
- Beantworten von Fragen nach dem Lesen des Textes an jemanden, der diesen Text gut kennt
- Jemandem das Gelernte erklären

Eine wichtige Rolle bei der Verarbeitung von Lerninhalten spielt auch die **subjektive Bedeutsamkeit** des Lernmaterials, wobei eine Erhöhung den Lerneffekt steigert.

Regel:

Je Ich-naher die Inhalte verpackt werden, desto besser wird memoriert.

- Herausschreiben, was einen Freund interessieren könnte
- Überlegen, in welcher Beziehung die Aussagen zum eigenen Leben stehen
- Überlegen, welche Fragen man einer Kollegin oder einem Kollegen stellen könnte, die sie/er nicht beantworten könnte
- Überlegen, warum man für die eigene Lebensführung aus der Bearbeitung des Textes profitieren könnte
- Einen kurzen Vortrag vorbereiten, Stichworte aus dem Text rausschreiben und diesen Vortrag dann halten
- Persönliche Gegenargumente suchen

Fazit: Die Kombination von Wiederholung, Sinnhaftigkeit und starken Reizen – gepaart mit dem als Katalysator nutzbar zu machenden Interesse – verspricht die besten Merkergebnisse. ☺

Wissenswertes zum Gedächtnis

Der Mensch setzt sich seit Jahrtausenden mit Fragen auseinander, die mit dem Gedächtnis zu tun haben.

Wie funktioniert das alles? Wie kann ich es beeinflussen? Wie kann ich es mir vorstellen?

Aus den unzähligen Modellen und Bildern, die dahingehend entwickelt wurden, habe ich Ihnen einmal drei herausgesucht, die das Langzeitgedächtnis eindrucksvoll beschreiben:

Das Gedächtnisspurenmodell von Craig – Gedanken werden in unseren ‚Gedächtnisrasen' gedrückt

Zentrale Hypothese: Die Ebene der Stimulusverarbeitung beeinflusst die Einprägsamkeit von Informationen. Eine tiefe Verarbeitung produziert durch tiefgehende semantische Verarbeitung stärkere und dauerhaftere Gedächtnisspuren.

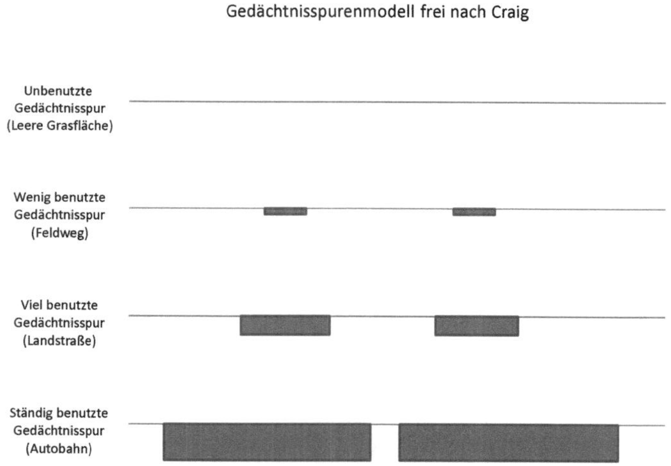

[19]

[19] https://www.karteikarte.com/card/2195541/das-einspeichermodell-craig-und-lockhart-1972

Je öfter der Weg benutzt wird, desto stärkere Eindrücke werden hinterlassen. Selbst wenn diese Grasfläche nur einmal befahren wird und sich die Grashalme später wieder aufrichten, dann hat die Erde darunter doch eine Verdichtung erfahren. Eine starke und oft wiederholte Nutzung dieser ‚Gedächtnis-Wege' verändert die Struktur des Gedächtnisses. Aus losen neuronalen Verknüpfungen werden stabile Systeme, aus einem Feldweg wird eine Autobahn. Und Autobahnen bleiben uns unser Leben lang erhalten.

Das Modell eines Depots der amerikanischen Armee in der Wüste von Arizona

Die sinnhafte Verarbeitung von Lernstoff verbessert sowohl die Einprägsamkeit als auch die Chance zum Wiederauffinden der Gedächtnisinhalte. Ein einfaches Wiederholen lässt sich vergleichen mit dem nicht namentliche Abspeichern von JPG-Urlaubsfotos auf der Festplatte im Verzeichnis C.
Ich wünsche demjenigen viel Spaß, der nach mehreren Jahren der Befüllung dieses Verzeichnisses spezielle Urlaubsfotos wiederfinden möchte. So ungefähr funktioniert das Auswendiglernen von Inhalten. Alles kommt ohne Sortierung in einen Lagerraum mit dem Titel ‚Diverses'. Die Nutzung dieser Gedächtnisinhalte stellt sich dann als sehr schwierig heraus.

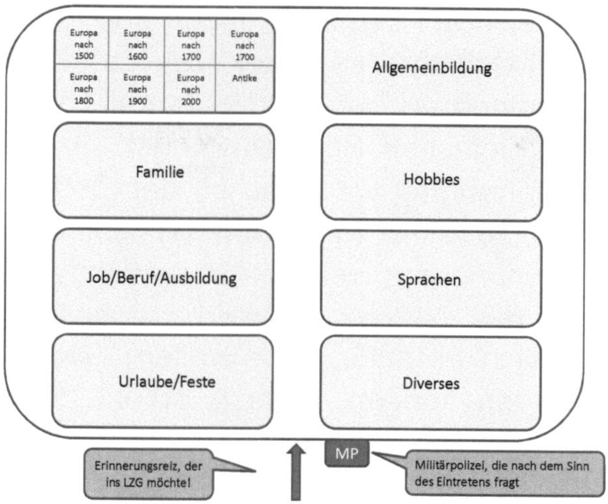

[20]

In diesem Modell geht es also darum, die Gedächtnisinhalte zu indizieren, ihnen Stichworte zu verpassen, um dem Gedächtnis die Arbeit zu erleichtern und Zuordnungen möglich zu machen. Je ‚größer' die einzelnen Lager sind, desto einfacher ist es, Gedächtnisinhalte zu rekapitulieren.

Das Spinnennetzmodell

Eine sehr schöne Übertragung der biologischen Realität in ein Modell stellt das Spinnennetzmodell dar.

[20] Das Modell der amerikanischen Armee ist ebenso wie das des Spinnennetzes eine eigene Analogie ohne mir bekannte Quellen. Diese basiert auf den Erfahrungen aus sinnhaftem und reizgesteuertem Erinnern.

Stellen Sie sich auf Basis der Ideen der ‚Tabula rasa' (der leeren Tafel) und des subjektiven Konstruktivismus (alle Erfahrungen sind einzigartig) einmal vor, dass das Gehirn ein einfaches Spinnennetz ist. Jede gespeicherte Lernerfahrung wird also ab der Geburt an das bestehende, zunächst leere Netz geklebt. Durch jede angefügte Erinnerung wird im übertragenden Sinn die Oberfläche des Netzes erweitert, so dass sich die Wahrscheinlichkeit dafür, dass weitere Gedanken angebaut werden können, ständig erhöht. Wenn man dann noch bedenkt, dass die Regionen des Netzes bestimmten ‚Themen' zugeordnet sind, dann ergibt sich daraus die Individualität einer jeden kognitiven Landkarte im Gehirn eines jeden Menschen. Und wir verstehen, warum es für uns leichter ist, Informationen abzuspeichern, wenn wir bereits über ein gutes Vorwissen verfügen

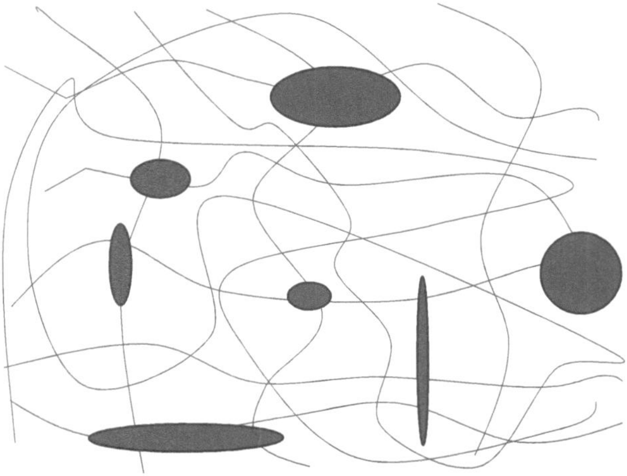

Überall dort, wo die größeren Formen entstanden sind, haben sich durch die Vielzahl der gleichartigen Reize Cluster gebildet, die wiederum durch ihre vergrößerte Oberfläche dafür sorgen, dass Reize/Informationen zu diesem Thema eine deutlich höhere Wahrscheinlichkeit haben, an ihnen kleben zu bleiben.
Fazit: Je mehr Wissen ich habe und je interessierter ich an diesem Wissen bin, desto einfacher wird es für mich, weiteres Wissen in diesem Bereich anzuhäufen.

Des Weiteren möchte ich Ihnen ein paar erstaunliche Ideen menschlicher Kreativität präsentieren, die entsprechend der Funktionsweise des Gedächtnisses entwickelt wurden:

Zahlen als Bilder

Erstaunlich einfach, aber wirksam ist die Verwandlung von Zahlen in Begriffe. Diese Transformation muss zunächst einmal auswendig gelernt, also ins Langzeit-gedächtnis übertragen werden. Durch die Ähnlichkeit der Begriffe mit den Zahlen wird aber zur Speicherung der Inhalte natürlich auch die Sinnhaftigkeit genutzt.

Beispiel:

1 Kerze
2 Schwan (Die Form des Schwanenhalses erinnert an eine 2)
5 Hand (5 Finger)
6 Elefant (Die Form des Rüssels erinnert an eine 6)

Sollte man sich jetzt also eine Telefonnummer merken müssen, dann denkt man sich eine Bildergeschichte aus, die einen gewissen Sinn ergeben sollte. Die Telefonnummer meiner Kindheit war 5222216. Als Geschichte dargestellt, könnte sie folgendermaßen formuliert werden:
Mit meiner Hand (5) greife ich vier Schwäne am Hals (4x2), röste sie über kleiner Flamme (1) und setze einen Elefanten drauf. Seltsam, aber wirksam. Leider haben wir es nie richtig gelernt, in Bildern zu denken, da unsere Schulbildung mehr auf Sinn und Wiederholungen gesetzt hat. Das Sinnhafte an der kleinen Bildergeschichte ist übrigens, dass man nicht mit einer Kerze einen Elefanten halten kann oder nicht mit einem Schwan 4 Hände hält. Je eher ich eine Geschichte sinnhaft rekapitulieren kann, desto besser ist es für meine Gedächtnisleistung.

Die Loci-Methode (eine Mnemo-Technik)

Die Geschichte, wie Simonides die Gedächtniskunst erfand, schildert Cicero recht anschaulich in seinem Rhetoriklehrbuch ‚De oratore', einer der drei Hauptquellen über die antike Gedächtniskunst:

„Bei einem Festmahl, das von einem thessalischen Edlen namens Skopas veranstaltet wurde, trug Simonides zu Ehren seines Gastgebers ein lyrisches Gedicht vor, das auch einen Abschnitt zum Ruhm der Götter Kastor und Pollux enthielt. Der sparsame Skopas teilte dem Dichter mit, er werde ihm nur die Hälfte der für das Loblied vereinbarten Summe zahlen, den Rest solle er sich von den

Zwillingsgöttern geben lassen, denen er das halbe Gedicht gewidmet habe. Wenig später wurde dem Simonides die Nachricht gebracht, draußen warteten zwei junge Männer, die ihn sprechen wollten. Er verließ das Festmahl, konnte aber draußen niemanden sehen.

Während seiner Abwesenheit stürzte das Dach des Festsaals ein und begrub Skopas und seine Gäste unter seinen Trümmern. Die Leichen waren so zermalmt, dass die Verwandten, die sie zur Bestattung abholen wollten, sie nicht identifizieren konnten. Da sich aber Simonides daran erinnerte, wie sie bei Tisch gesessen hatten, konnte er den Angehörigen zeigen, welcher jeweils ihr Toter war. Die unsichtbaren Besucher, Kastor und Pollux, hatten für ihren Anteil an dem Loblied freigebig gezahlt, indem sie Simonides unmittelbar vor dem Einsturz vom Festmahl entfernt hatten".[10]

Hierauf beschreibt er die Loci-Methode: „Wer diese Seite seines Geistes zu trainieren suche, müsse deshalb bestimmte Plätze wählen, sich die Dinge, die er im Gedächtnis zu behalten wünsche, in seiner Phantasie vorstellen und sie auf die bewussten Plätze setzen. So werde die Reihenfolge dieser Plätze die Anordnung des Stoffs bewahren, das Bild der Dinge aber die Dinge selbst bezeichnen, und wir könnten die Plätze an Stelle der Wachstafel, die Bilder statt der Buchstaben benützen."[21]

---

[21] Vgl. Wikipedia ‚Loci-Methode

Die Idee der Loci-Methode geht also auf die alten Griechen zurück. Die Studierenden und Philosophen mussten damals viel mehr auswendig lernen, da Bücher als Handschriften teuer und selten und zudem Techniken wie ein Teleprompter nicht existent oder die Nutzung der ‚Johannes B. Kerner-Gedächtniskarten' nicht gewünscht waren. Es gab auch keine IPhones, die heute dazu führen, dass die Nutzung des Gedächtnisses immer unbedeutender zu werden scheint.

Auch Redner in der Antike nutzten diese Technik, um ihre Reden auswendig zu lernen. Cicero schritt dabei gedanklich die Umgebung des Forums in Rom ab.

Die Loci-Technik wird als eine Methode beschrieben, die relativ wenig Aufwand benötigt. Sie baut auf der Annahme auf, dass es für viele Menschen schwierig ist, sich ohne Hilfstechniken eine Abfolge von Dingen zu merken. Daher werden in der Loci-Technik Lerninhalte in eine fiktive Struktur „eingeordnet" bzw. mit Hilfe dieser Struktur auch miteinander verknüpft.
Dabei definiert man sich gewissermaßen geistige „Variablen" wie z. B. Punkte an einem Weg oder Dinge in einem Raum, die dann mit verschiedenen Inhalten verknüpft werden können. Diese Variablen sind in eine übergeordnete Struktur eingeordnet, so dass es möglich wird, bei der Wiedergabe der Inhalte eine Reihenfolge einzuhalten.

Diese Struktur kann ein bekannter Weg sein (z.B. der tägliche Arbeits- oder Schulweg), aber auch ein (realer oder auch fiktiver) Raum. Der Weg bzw. Raum, in dem die Gedächtnisinhalte abgelegt werden sollen, muss eine ausreichende Anzahl an Details aufweisen, damit genügend Ankerpunkte als Variablen vorhanden sind. Bei beiden Varianten ist es notwendig, eindeutige Plätze auszuwählen, die später mit den einzelnen zu merkenden Inhalten verknüpft werden. Zusätzlich kann man diesen Plätzen noch Nummern zuweisen.

Anschließend kann man an den geistig vorbereiteten Plätzen das zu Merkende in Form lebendiger Bilder ablegen. Traditionell wird an einem Ort/Platz nur ein Begriff/Bild platziert.

Mögliche Plätze:

- Wohnung, Häuser
- Öffentliche Plätze
- Straßen
- Tagtäglicher Arbeitsweg
- Museen
- Level von Computerspielen
- Eigener Körper
- Mutmaßlicher Ursprung

Einprägung per Spaziergang

Man schreibt den Lernstoff auf Merkzettel, begibt sich mental auf einen Spaziergang (eine

bestimmte Tour) und hält dann an bestimmten Orten an (beispielsweise auf einer Bank, an einer Bushaltestelle, bei einem Brunnen, bei einem Restaurant, bei einem markanten Baum) und merkt sich den Stoff eines bestimmten Merkzettels.
Auf dem Merkzettel wird notiert, an welchem Ort der Inhalt gelernt wurde.
Man wiederholt den Spaziergang (mit immer denselben Stationen) so lange, und vertieft dadurch die Information der Merkzettel, bis man das Thema beherrscht.
In einer Prüfungssituation reicht es dann, sich gedanklich auf den Spaziergang zu begeben und man erinnert sich verhältnismäßig mühelos an das Gelernte.

Das Faszinierende ist einfach, dass man sich besser an Dinge oder Fakten erinnert, die man mit etwas anderem wie etwa einem Ort, einem Geruch oder einer Person verknüpft hat.

Das Farbenprachtakronym – allgemeine Gedächtnisprinzipien

Ein besonders schönes gehirngerechtes Beispiel ist das Farbenprachtakronym. Grundsätzlich ist ein Akronym einfach ein sinnhaftes Spiel mit den Anfangsbuchstaben vieler Worte, die zusammengesetzt wieder ein Wort ergeben. Im Fall der Farbenpracht geht es darum, wie Inhalte besonders reizkräftig ins Gedächtnis gelangen. Durch das Entwickeln eines Wortes ist die Wahrscheinlichkeit größer, dass man über die einzelnen Buchstaben die gesuchten Wörter rekapituliert.

- **F**antasie
- **A**lle Sinne einsetzen
- **R**eihenfolge und Ordnung (Das Belegen und Ordnen mit Zahlen bzw. Bildern)
- **B**ewegung (Das Vorstellen eines lebhaften Videos, anstatt eines bloßen Bildes)
- **E**rotik (Das Einsetzen sexueller Vorstellungen)
- **N**ummerierung (Das Verwenden von Zahlen)
- **P**ositive Vorstellungen (Wir neigen dazu, Negatives zu verdrängen)
- **R**eichtum an Farben
- **A**ssoziation
- **C**odes
- **H**umor
- **T**iefere Eindrücke (Das bewusste und konzentrierte Wahrnehmen; ein genauer Vorgang)

Im Bereich der Rhetorik werden Sie auf das Wort ‚elocutio' – zu Deutsch: Ausdruck – treffen. Es geht hierbei wiederum eigentlich nur um das eine: Informationen gehirngerecht zu verpacken, damit sie leichter und schneller ins Langzeitgedächtnis gelangen können. Reime, Bilder, Wiederholungen von Anfangsbuchstaben, Emotionen, Assoziationen – all das sorgt für ein besseres Erinnern. Leider werden wir nicht wirklich in der Kindheit und Jugend dahingehend ausgebildet, nach diesen

Ideen zu lernen – eine Vernachlässigung, die uns unser ganzes Leben begleiten wird.

Fazit zum Thema Gedächtnis:

In meinem Leben geht es immer wieder darum, Inhalte und Gedanken in meinem oder dem Gedächtnis meines Gegenübers zu platzieren. Ich möchte verstanden werden. Ich möchte mich weiterbilden. Ich möchte meinen Kindern ein Wissen vermitteln, das sie auf das Leben vorbereitet. Ich möchte meine Mitarbeiter ausbilden und besser machen. Ich möchte meiner Partnerin vermitteln können, was mir wirklich wichtig ist. Und ich möchte, dass all diese Personen sich auch später daran erinnern können.
Wie will ich das aber umsetzen, wenn ich keine Ahnung von der Funktionsweise des Gedächtnisses habe? Wenn ich nicht weiß, wie Informationen am besten abgespeichert werden? Wenn mir die Eingeschränktheit meines Kurzzeitgedächtnisses nicht bewusst ist? Wenn ich nichts über die störende Funktion von Stress weiß? Wenn mir keine vereinfachenden Modelle bekannt sind, um meine Gedächtnisleistung zu verbessern?
Die Beschäftigung mit diesem Thema ist ein wesentlicher Auftrag für alle Lehrer, Erzieher und Ausbilder. Ich habe bei meinen Seminaren Manager erlebt, die fast zusammengebrochen sind, als sie erfahren mussten, was sie bislang alles falsch gemacht oder nicht gewusst hatten.

Die Bestandteile der Matrix 2 – Wahrnehmungspsychologie

Der Begriff Wahrnehmung wird im Allgemeinen als der Vorgang definiert, Reize aufzunehmen und zu verarbeiten. Diese können äußeren Einflüssen aus der Umwelt unterliegen oder auch vom Körper selbst kommen. Der jeweilige Gesamteindruck entsteht durch die Zusammenführung verschiedener Reize und deren Interpretation. Da die Verarbeitung der Reize sowie die hieraus resultierende Informationsgewinnung einer strengen Filterung unterliegen und basierend auf dem jeweiligen Wissensstand und Erfahrungsschatz erfolgen, ist jede Wahrnehmung subjektiv.

Für die betreffende Person entsteht allerdings oftmals der Eindruck von Objektivität, weil die Reizverarbeitung üblicherweise unbewusst und somit unbemerkt stattfindet.[22]

[22] https://www.fernstudium-psychologie.com/wahrnehmung-definition/#:~:text=Wahrnehmung%20Definition.%20Der%20Begriff%20Wahrnehmung%20wird%20im%20Allgemeinen,durch%20die%20Zusammenf%C3%BChrung%20verschiedener%20Reize%20und%20deren%20Interpretation.

Theorie von Hajos

1. Primäre Wahrnehmung
   = Aufnahme von Reizen durch unsere 5 Sinne

2. Sekundäre Wahrnehmung
   = Weiterverarbeitung der Information d
   Erfahrung und Vernunft

Was hat sich Hajos dabei gedacht?

Grundsätzlich sind jedem Menschen die gleichen Sinnesorgane naturgemäß gegeben. Die Menschen sehen, hören, fühlen, riechen und schmecken. Darüber werden Informationen aufgenommen und ans Gehirn weitergeleitet. Menschen mit schwächeren Sinnesorganen behelfen sich mit Brillen oder Hörgeräten. Also ist unsere primäre Wahrnehmung in der jeweiligen Situation grundsätzlich identisch. Und trotzdem gibt es 8 Milliarden Realitäten auf der Welt[23]. Jeder Mensch schickt die aufgenommenen neutralen Reize noch durch die sehr subjektive Brille seiner Erfahrungen. Und diese sekundäre Wahrnehmung macht alles so kompliziert.

Beispiel:
Ein Chef kommt in ein Büro und sieht die Unordnung, die sein Mitarbeiter verursacht hat. Er schimpft rum und verlässt wütend das Büro. Daraufhin schaut sich der Mitarbeiter um und muss feststellen, dass sein Chef ja

---

[23] Bei angenommenen 8 Milliarden Menschen auf unserer Erde

irgendwie Recht hatte und sein Büro wirklich chaotisch aussieht.
Für ihn war es jedoch wesentlich wichtiger, seinen Aufgaben nachzukommen, so dass er das Aussehen seines Büros – obgleich natürlich primär wahrgenommen – sekundär als wenig wichtig bewertet hat – ganz entgegen der sekundären Wahrnehmung seines Chefs. In diesem Zusammenhang wird dann auch gern der Begriff der Betriebsblindheit genannt. Wir bekommen in unserem direkten Umfeld, das wir täglich erleben, nicht mehr mit, was wir in einem fremden Umfeld eigentlich sofort als störend bewerten würden.

Wenn ich nicht weiß, wie mein Gegenüber Informationen aufnimmt, wie seine kognitive Landkarte aufgebaut ist, welche Erfahrungen er in seinem Leben gemacht hat, welche Themen ihn interessieren, welche Sicht er auf das Leben hat, dann werde ich große Schwierigkeiten bekommen, meine Inhalte, meine Thesen, meine Ideen, meine Argumente ihm zugänglich zu machen.
Stellen Sie sich ihr Gegenüber wie eine Blackbox vor. Sie sehen die Reaktion, aber Sie wissen nicht, was ihn zu dieser Reaktion getrieben hat.
In der Soziologie wird daher der Prozess der Sozialisation intensiv beleuchtet:

Sozialisation bezeichnet meist die Gesamtheit all jener durch die Gesellschaft vermittelten Lernprozesse, in denen das Individuum in einer bestimmten Gesellschaft und ihrer Kultur sozial handlungsfähig wird - also am sozialen Leben teilhaben und an dessen Entwicklung mitwirken kann. Sozialisation ist somit ein lebenslanger

Prozess. Gruppen, Personen und Institutionen, welche die sozialen Lernprozesse des Individuums steuern und beeinflussen, bezeichnet man als Sozialisationsinstanzen oder -agenten.

Sozialisationsprozess

Es werden analog zur Wahrnehmung auch bei der Sozialisation die primäre und die sekundäre Sozialisation unterschieden.[24]

Sozialisation ist ein Prozess, der nie abgeschlossen ist. Im Zentrum steht die Entwicklung der menschlichen Persönlichkeit sowie der sozialen Beziehungen einer Person. Zur Persönlichkeit gehört einerseits die Individualität, die den Einzelnen von allen anderen unterscheidet, andererseits die Intersubjektivität, die die Mitglieder einer Gesellschaft oder Gemeinschaft miteinander teilen (z. B. Werte, Normen, soziale Rollen).

Primäre Sozialisation

Die primäre Sozialisation (Soziabilisierung) findet vor allem in der Familie – aber auch in Beziehungen zu Gleichaltrigen – statt und wird mit der Herausbildung einer personalen Identität des Individuums abgeschlossen. Ein Kind entwickelt normalerweise in dieser Phase das sogenannte Urvertrauen – durch die liebevolle

[24] Vgl. Die gesellschaftliche Konstruktion der Wirklichkeit. Berger und Luckmann. Fischer Taschenbuch 1980. S. 139-204

Zuwendung (körperlich und emotional), die es durch seine Familie erfährt. Damit wird es ihm erst ermöglicht, sozial handlungsfähig zu werden und offen für weitere Sozialisationsschritte.

Sekundäre Sozialisation

Die sekundäre Sozialisation (Enkulturation) bezeichnet die "Menschwerdung in einer Gesellschaft", also den Prozess der Vergesellschaftung. Das Kind lernt in dieser Phase alle Normen, Techniken, Regeln und Fähigkeiten der eigenen Kultur (durch Familie, Schule, Freunde, Medien ...). Von besonderer Bedeutung ist auch das Erlernen der eigenen Sprache (einschließlich der Symbolsprache). Die in dieser Phase verinnerlichten Normen, Werte und Verhaltensweisen gelten als stabil, können sich aber in einer tertiären Sozialisation noch ändern (z. B. bei Kontakt mit anderen Wertegemeinschaften).

Tertiäre Sozialisation

Die tertiäre Sozialisation (Individuation) findet im Erwachsenenalter statt und bezeichnet die Anpassungen, die das Individuum in Interaktion mit seiner sozialen Umwelt ständig vornimmt. Da Sozialisation als ein lebenslanger Prozess des Lernens und der Anpassung verstanden werden muss, kann schließlich auch im beruflichen Bereich (berufliche Sozialisation) und darüber hinaus von einer tertiären Sozialisation gesprochen werden.

Subjektiver Konstruktivismus im beruflichen Alltag

Die Schwierigkeit im Umgang mit Personal ist vor allem dadurch begründet, dass wir uns nicht auf die Reaktionen unserer Mitarbeiter verlassen können. Die Standardvorgehensweise zeichnet sich dadurch aus, dass wir immer von unseren eigenen Vorstellungen, unseren Wünschen und Erfahrungen ausgehen und eben daraus Erwartungshaltungen in Bezug auf die Umsetzung von Arbeitsaufträgen entwickeln.

Beispiel:

Durch meine Erziehung und eine 12-jährige Bundeswehrzeit habe ich eine besondere Vorstellung von Pünktlichkeit. „5 Minuten vor der Zeit ist des Soldaten Pünktlichkeit.“ Diese Vorstellung ist mir oftmals nicht einmal selbst bewusst, trotzdem fordere ich sie unbewusst als Selbstverständlichkeit bei meinen Mitarbeitern. Wenn nun ein Mitarbeiter, der aus einem Elternhaus stammt, in dem klare Zeiten und Strukturen als nicht so wichtig angesehen wurden und der eine Ausbildung auf einem Bauernhof[25] gemacht hat, wo Pünktlichkeit eher in halben Stunden gemessen wurde, der hat überhaupt keine Vorstellung davon, dass seine Idee

[25] Dieses Beispiel ist nicht empirisch belegt.

von Pünktlichkeit meiner Idee extrem widerspricht. So sind Konflikte vorprogrammiert.
Frei nach dem Motto von Pippi Langstrumpf „Ich mach die Welt, wie sie mir gefällt.“ gibt es auf der Welt über 8 Milliarden unterschiedliche Vorstellungen der Realität. Ziel des Personalführers muss es aber sein, die Realität seines Mitarbeiters zumindest ansatzweise zu kennen, dem Mitarbeiter die Besonderheiten seiner eigenen Realität und der daraus resultierenden Forderungen für den betrieblichen Alltag bewusst zu machen und vor allem der Tatsache der Individualität und der diesbezüglich unbedingt erforderlichen Pflicht zur Toleranz stets Rechnung zu tragen.

Die Kernthese des **subjektiven Konstruktivismus** besagt, dass Lernende im Lernprozess eine individuelle Repräsentation der Welt schaffen. Was jemand unter bestimmten Bedingungen lernt, hängt somit stark, jedoch nicht ausschließlich, von dem Lernenden selbst und seinen Erfahrungen ab.

Was bedeutet also die Sozialisation für den Prozess des Führens?

Führung beinhaltet den führenden und den geführten Mitarbeiter. In Bezug auf die Sozialisation muss also jede Führungssituation dahingehend beleuchtet werden, dass beide Akteure in ihrer Sozialisation untersucht werden.
Der Vorgesetzte muss sich im Klaren sein, dass seine Sicht der Dinge sehr subjektiv sein kann. Er muss überprüfen, ob der Sinn seiner Anweisungen zum Erfahrungshorizont seines Mitarbeiters passt.

Beispiel:
Ich bin Verkaufsleiter in einem Autohaus. Ich schnappe mir einen meiner Verkäufer und bitte ihn, alle Fahrzeuge mit neuen Preisschildern auszustatten. Ich weise ihn nicht ausdrücklich darauf hin, dass er auch alle CO2-Schilder zu den jeweiligen Fahrzeugen beizufügen hat.
Mein Mitarbeiter hingegen hat bei seinen letzten drei Arbeitgebern gelernt, dass selbstständiges Arbeiten und konstruktive Kritik am Vorgesetzten nur Stress und Ärger verursachten. Also hat er gelernt, Aufträge gewissenhaft nur wortgetreu auszuführen.
Fazit: Ich ärgere mich über den fehlenden Weitblick meines Mitarbeiters und mein Mitarbeiter versteht die Welt nicht mehr, weil er genauso gehandelt hat, wie seine letzten Vorgesetzten es von ihm verlangt haben.

Es soll eine besondere Bipolarität in der Sozialisation angesprochen werden – die Unterscheidung **von Sozialwerdung und Sozialmachung**. Es ist wichtig zu verstehen, dass wir uns als Sozialisationsgeber, als Eltern, Vorgesetzte oder Lehrer sehr gern etwas vormachen in Bezug auf unsere bewusste Einflussnahme auf die Erziehung oder Ausbildung der uns Anvertrauten. Es ist leider so, dass wir die 80 zu 20-Regel hier mindestens anwenden müssen: Über 80% dessen, was unsere Kinder, Auszubildende und Schüler von uns lernen, wird von uns nicht bewusst gesteuert – die Schule vielleicht ausgenommen, da hier ein strikter Lehrplan besteht. Diese Art von Erziehung kann als Sozialwerdung bezeichnet werden. Unsere Anvertrauten werden sozial durch Beobachtung, Imitation und Analyse unseres Verhaltens, ohne dass wir in der Situation bewusst miterleben, dass wir gerade lehren. Und somit lernen sie natürlich all die Dinge von uns, die wir ihnen wahrscheinlich nicht beibringen wollen. Es sollte unser Ziel sein, jederzeit automatisch uns so zu verhalten, dass unser Vorbild dann auch ein Vorbild ist. Die aktive bewusste Erziehung wird als Sozialmachung bezeichnet. Stellen Sie sich aber selbst einmal vor, wie oft am Tag – jeden Tag in der Woche – Sie Ihr Kind bewusst erziehen, ihm bewusst beibringen, wie es sich zu verhalten hat, wie es sitzen sollte, was es sagen möge, etc. Da wären 20% Ihrer Zeit schon ein wirklich hoher Wert – der echte liegt eher bei 5%:

Klassische Kognitionsfallen[26] und Beobachtungsfehler

In der Betrachtung der Wahrnehmung kommen wir nicht um die Beschreibung der verschiedenen Wahrnehmungsfehler herum. Im Anschluss sind ein paar von ihnen aufgeführt, die ihnen verdeutlichen sollen, wie einfach und menschlich es ist, in seiner Wahrnehmung total danebenzuliegen.

[26] Vgl. ManagerSeminare, Heft 159, Juni 2011, S. 53 http://www.paradisi.de/Freizeit_und_Erholung/Bildung/Gehirntraining/Artikel/22127.php

1. **Framing-Fehler**
    - Die Präsentation einer Information – also der vorgegebene Rahmen – bestimmt die Wirkung der Information. Frei nach dem Motto ‚Je schwächer der Inhalt ist, desto stärker muss die Präsentation sein' lassen sich die meisten ‚Wahrnehmer' von Äußerlichkeiten, rhetorischen Tricks, der Ausstrahlung des Präsentierenden, etc. ablenken. Es wird nicht das Bild, sondern der Rahmen gekauft. Denken Sie dabei an Wahlen oder Restaurants oder Verkaufsläden – der Rahmen überstrahlt den Inhalt oftmals!

2. **Rückschaufehler**
    - Nachdem man die richtige Lösung einer Aufgabe präsentiert bekommen hat, neigt man dazu, diese Lösung mit seiner eigenen, ursprünglichen Einschätzung zu vermengen und diese Lösung mit der Zeit in der Rückschau auf die Bewältigung der Aufgabe fast kongruent zu seinem eigenen Lösungsansatz zu erinnern. Dieser Fehler steht in engem Zusammenhang mit der uns eigenen Selbstüberschätzungs-tendenz. Insbesondere in Bereichen, die uns wichtig und ICH-nah sind, streben wir nach Leistung und Qualität als Basis unseres eigenen Selbstbewusstseins. Ist mir ein Bereich nicht wichtig, so habe ich auch überhaupt kein Problem

damit, in diesem Schwächen zuzugeben. Sollte mir also ein Kunstkritiker ins Gesicht sagen, dass ich keine Ahnung von moderner Kunst habe, dann würde ich zustimmen, ohne mich angegriffen oder beleidigt zu fühlen. Mein Bedürfnis nach Sicherheit wäre nicht bedroht, so dass ich also ohne Probleme mit diesem Unwissen leben könnte. Sollte mir dieser gleiche Kunstkritiker aber vorwerfen, ich wäre kein guter Vater, dann könnte er sich eines Zornesausbruchs gewiss sein – selbst dann, wenn er Recht gehabt hätte. Die Rolle des Vaters ist nun einmal eine, der ich sehr viel Gewicht beimesse, und die essenzieller Teil meines Selbstbewusstseins ist. Kritik in diesem ‚weichen' Bereich lasse ich nicht ohne Kampf zu. Und auch bei dem Rückschaufehler verändere ich meine erinnerte Wahrnehmung zugunsten meines Egos. Spannenderweise funktioniert diese Selbstlüge dermaßen unauffällig unbewusst, dass jeder von uns voll mit den Früchten ihres Wirkens ist.

3. Validierungsfehler

- Unsere Wahrnehmung ist sehr selektiv. Das äußert sich u.a. auch darin, dass wir mitunter wenige Beobachtungen als maßgeblich und ausreichend für die Entstehung eines Vorurteils betrachten und wir eben dieses Vorurteil durch weitere Wahrnehmungen der gleichen Art verstärken. Im Zuge dieser Suche nach ‚zählbaren' Hinweisen zum empirischen Beweis unseres Vorurteils merken wir allerdings gar nicht, dass wir die Hinweise, Indizien oder auch Beweise für eine entgegen gesetzte These überhaupt nicht mehr erkennen und wahrnehmen. Auch hier sortiert unser UKZG als Werkzeug des Unbewussten all die Erfahrungen heraus, die unserer Überzeugung abträglich sein könnten.

4. Halo-Effekt

- Der wohl bekannteste Wahrnehmungsfehler beschreibt die Besonderheit der Menschen, Eigenschaften, die eigentlich vollkommen unabhängig voneinander oder zumindest mit einem geringen Korrelationsfaktor zueinander erfahrbar sind, als zusammenhängend wahrzunehmen. Eine starke Eigenschaft überstrahlt die anderen. So werden attraktive Personen stets auch als erfolgreich, nett oder pfiffig wahrgenommen – ohne dass es tatsächliche Hinweise darauf gibt. Gerade im Vertrieb wird dieser Effekt gnadenlos ausgenutzt. ‚Sex sells' oder ‚Kleider machen Leute' sind nur 2 Beispiele für die universelle Einsatzfähigkeit dieser zur Manipulation einladenden menschlichen Eigenart.

5. **Primär- bzw. Rezenzeffekt**
    - Entsprechend unserer Merkkurve von Gedächtnisinhalten bleiben uns sowohl die ersten als auch die letzten Erlebnisse besonders im Gedächtnis. Die Macht des ersten Eindrucks geht auf den Primäreffekt, die Wirkung des letzten Patzers oder Erfolges auf den Rezenzeffekt zurück. Analog zur Wirkungsweise unseres Gedächtnisses sind es insbesondere die zuletzt eingegangenen Informationen, die auf unsere Entscheidung wirken. Wer kennt die Führungskräfte nicht, die genau dem Recht geben, der zuletzt in ihrem Büro war?

Mach mir den Lorenz!

Anhand eines einfachen Zitats von Konrad Lorenz kann das Prinzip der individuellen Wahrnehmung im Betriebsalltag sehr einfach verdeutlicht werden:

Betriebliche Wahrnehmung nach Lorenz

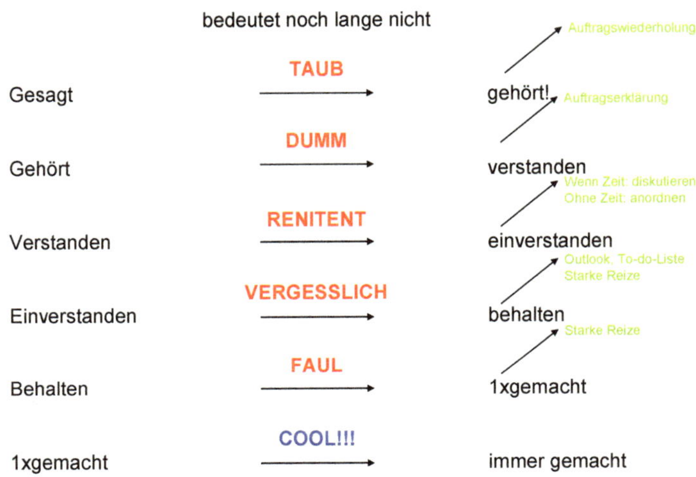

Dieses Zitat von Lorenz ist ein praktisches Hilfsmittel für die Personalarbeit. Mit ihm entfernen wir uns von dem allzu häufig angewandten Grundsatz: Ich hab ihm doch klar gesagt, was er tun soll. Und wenn es nicht umgesetzt wurde, dann hat er Schuld!
Die Standardreaktion des Personalführers ist heute wie früher das Anheben der Stimme, gepaart mit einer geradezu unheimlichen Selbstverleugnung der eigenen Defizite bei der Erteilung des Auftrags.

Lassen Sie uns diese Checkliste einmal zusammen durchgehen:

Zu 1. Der Mitarbeiter hat nicht gehört, was ich gesagt habe.

Das Hören und auch die sekundäre Wahrnehmung[27] setzen Aufmerksamkeit und ‚freie Gedanken' voraus. Viele Personalführer gehen bei der Bewertung der Situation leider nur von ihrer eigenen Aufmerksamkeit aus und verkennen oft genug die Situation, in der sich der Mitarbeiter befindet.

Beispiel: Ist das Arbeitsumfeld geprägt durch laute Maschinen oder sitzt der Mitarbeiter gebannt vor seinem Rechner, liest er gerade ein Memo oder verursacht der Vorgesetzte selbst eine Angstreaktion bei seinem Mitarbeiter, die dazu führt, dass dessen Aufnahmekapazität drastisch reduziert ist – immer dann ist der Personalführer selbst schuld daran, dass seine Anordnungen nicht so umgesetzt werden, wie er es sich vorstellt. Leider ist die richtige Einschätzung der eigenen Verantwortung eine absolute Seltenheit. Ein wesentlicher Grund dafür ist nicht nur die konsequente Unschuldsvermutung, die ein Vorgesetzter für sich selbst grundsätzlich annimmt, sondern vor allem die Tatsache, dass er sich dieses Aufmerksamkeitsproblems und der daraus resultierenden eigenen Verantwortung überhaupt nicht bewusst ist. **Fazit: Meine Schuld, wenn der Mitarbeiter meinen Auftrag nicht hört!!**

---

[27] Vgl. Modell der Wahrnehmung nach Hajos

Zu 2. Der Mitarbeiter hat nicht verstanden, was ich gesagt habe.

Auch in diesem Fall wird der Vorgesetzte in der Regel von seinem eigenen Wissen und seiner eigenen Erfahrung ausgehen. Beides sorgt oft genug dafür, dass der Mitarbeiter gar keine Chance hat, den Auftrag so zu erledigen, wie der Personal-führer es sich vorstellt.

Beispiel: Ich gebe meinem Mitarbeiter den Auftrag, die Halle zu fegen. Ich habe mich bewusst darauf konzentriert, dass er mir auch in die Augen schaut, während ich ihm davon erzähle. Ich sage ihm, er möge es bitte direkt nach seinem eigentlichen Arbeitsende noch erledigen. Er hört mir zu und denkt sich dabei, dass er später noch ein Treffen mit seiner Freundin hat und beschließt deswegen, den Auftrag gleich morgen früh vor seinem Dienstbeginn zu erledigen, da ich als Vorgesetzter dann sowieso noch nicht da sein würde. Leider fehlte ihm mein Wissen, dass heute Abend mein CEO noch vorbeikommen wollte, um sich die Arbeitsplätze der Mitarbeiter anzuschauen. Ich werde also angeschnauzt und reagiere ‚menschlich' und gebe diesen Anpfiff in mindestens der gleichen Stärke an den Mitarbeiter weiter, der an für sich, auf Basis seiner Fakten eine ordentliche Lösung des Auftrags umgesetzt hätte. Ein Wort von mir allerdings, dass sich der Oberboss angesagt hatte, wäre für ihn als Information für seinen eigenen Lösungsansatz wichtig gewesen. **Fazit: Meine Schuld!!**

Zu 3. Der Mitarbeiter ist nicht einverstanden mit dem, was er verstanden hat.

Beispiel: Ich habe einen mitdenkenden, vielleicht sogar sehr kritischen und für Gerechtigkeit einstehenden Mitarbeiter. Dieser erhält von mir den Auftrag, eine schwierige und zeitaufwendige Arbeit durchzuführen.
Meine Idee dabei ist, dass ich ihm in einer Phase des Zeitdrucks nicht so viel erklären müsste und er diese Aufgabe aufgrund seiner Routine und Ausbildung am besten erledigen könnte. Seine Überlegungen dazu unterscheiden sich aber deutlich. Er denkt, warum er diese Aufgabe denn schon wieder erledigen solle. Er hat keine Probleme zu verstehen, dass und wie diese Aufgabe zu erledigen ist, er fragt sich nur, warum er es machen muss. Dieser Mitarbeiter ist wertvoll für einen Vorgesetzten, da er mitdenkt, er ist allerdings auch schwieriger zu führen, er benötigt deutlich mehr Zuwendung als ein ‚normaler' mitlaufender Mitarbeiter. Als sein Vorgesetzter habe ich in solch einer Situation grundsätzlich erst einmal anhand seiner Körpersprache und seiner Reaktion einzuschätzen, wie er auf den Auftrag reagiert. Ist alles positiv – wunderbar. Erkenne ich aber Ärger und Missmut, muss ich eingreifen. Wenn ich Zeit genug habe, komme ich um eine Diskussion mit dem Mitarbeiter nicht herum. Es ist sein Recht, dass ich mir die Zeit dafür nehme, seine Einschätzungen anhöre und eventuell auch in meine Handlungsweise integriere. Habe ich jedoch keine Zeit, dann mache ich ihm das klar und sage: Ich habe erkannt, dass du nicht wirklich einverstanden mit dieser Aufgabe bist. Jetzt ist allerdings nicht die Zeit zur Diskussion – das muss

schnell und kompetent erledigt werden. Komm aber bitte im Laufe des Tages später zu mir, dann höre ich mir gern deine Beweggründe an.
Sollte ich dieses Vorgehen nicht anwenden, reduziere ich die Motivation meines potenziell guten und mitdenkenden Mitarbeiters, der oft genug auch eine zentrale Rolle in der sozialen Struktur meines Teams innehat, dramatisch. Ich erhalte dann Schlechtleistung und negative Stimmung in meinem Team.
Fazit: Zu mindestens 70% meine Schuld!

Zu 4. Der Mitarbeiter hat gehört und verstanden, was er tun soll – und ist zudem noch einverstanden, aber er hat es vergessen.

Beispiel: Ein Mitarbeiter soll zum Ende des Tages die Post wegbringen. Er arbeitet an der Serviceannahme in einem Autohaus, also ist es grundsätzlich Teil seiner Arbeit. Er hat verstanden, warum er es tun soll, ist einverstanden damit und trotzdem finden Sie am nächsten Morgen die Post immer noch da, wo sie am Tag davor lag. Nach dem Grund befragt, antwortet Ihr Mitarbeiter nur mit einem lapidaren ‚Sorry. Vergessen!'.
Vielen Vorgesetzten entgeht in solchen Situationen ihre eigene Verantwortung für diese Situation. Klar sollte man denken, dass ein erwachsener Mann in der Lage wäre, eine derart einfache Aufgabe zu erledigen, aber es ist einfach menschlich, mitunter auch Dinge zu vergessen. Vielleicht war er im Stress, als Sie ihm den Auftrag erteilten? Oder er gehört zu den Menschen, die sich Dinge aufschreiben müssen, um sie nicht zu vergessen? War ihm die Wichtigkeit dieser Anweisung

vielleicht nicht bewusst? Egal. Wenn Sie diese Vergesslichkeit schon öfter bei Ihrem Mitarbeiter erlebt haben, dann ist es Ihre Aufgabe zu handeln.
Sorgen Sie für starke Reize, dafür, dass Ihr Mitarbeiter mitbekommt, welche Konsequenzen seine Vergesslichkeit hat. Lassen Sie ihn sich persönlich entschuldigen bei dem, der seine Post zu spät bekommen hat. Jeder Anruf, den er tätigen muss, bleibt in seinem Gedächtnis. Ein noch stärkerer Reiz wäre ein direkter Kontakt mit demjenigen, der wegen seiner Vergesslichkeit einen Nachteil hatte. Lassen Sie ihn einen Blumenstrauß besorgen und sich persönlich entschuldigen. Das wirkt Wunder.
Fazit: Wenn Sie nichts getan haben, ihm bei seiner Vergesslichkeit zu helfen, dann haben Sie immer noch zur Hälfte eine Mitschuld als Vorgesetzter.

Zu 5. Der Mitarbeiter hat es gehört, verstanden, ist einverstanden und hat es auch nicht vergessen, er hat es einmal gemacht, danach aber nicht wieder.

Jetzt wird es spannend. Wir nähern uns denjenigen Mitarbeitern, die für ein ganzes Team und Sie als Vorgesetzten gefährlich werden können.
Beispiel: Sie haben ein neues Controllingtool[28] eingeführt. Am Anfang überwachen Sie die Vorgänge noch persönlich und in kurzen Abständen. Nach einiger Zeit erkennen Sie, dass sich Automatismen entwickelt haben und stellen das Controlling ein. Einer Ihrer

---

[28] Ein CRM-System zur Kontrolle der Aktivitäten Ihrer Mitarbeiter, das von diesen geführt werden muss

Mitarbeiter bekommt das mit und entscheidet für sich selbst, dass die neue Arbeitsweise viel anstrengender ist als die alte. Also kehrt er zum ursprünglichen Modus zurück, ohne dass es Ihnen auffällt. Aber andere Mitarbeiter bekommen es mit. Oft sonnt sich dieser Mensch in der Aufmerksamkeit und der Bewunderung seiner Kollegen und spornt diese – auch unbewusst – dazu an, die alten Verfahrensweisen wieder zu übernehmen.
Sollten Sie etwas Ähnliches schon einmal miterlebt haben, dann helfen nur sehr starke Reize, Reize, die ihn vor seinen Kollegen diskreditieren. Sie werden anmerken, dass das gefühlt fast einem Mobbing gleichkommt, aber Sie machen nichts heimlich. Sie veröffentlichen seine Sperenzien im Gruppenrahmen, machen deutlich, wie sehr er mit seinem Verhalten der Gruppe oder dem Team schadet. Manchmal helfen diese Rosskuren im Zusammenwirken mit einem sehr langen und gut vorbereiteten motivationalen Konfliktgespräch, aber meistens gilt es hier, das faule von dem gesunden Obst zu trennen.

Fazit: Auch wenn Sie noch eine geringe Mitverantwortung in der Entwicklung dieser Situation tragen, ist manchmal gegen faule, negative, berechnende und manipulierende Menschen kein Kraut gewachsen. Und dann heißt Personalführung Personalentlassung!

Zu 6.
Das sind die Mitarbeiter, wie wir sie uns erhoffen. Wir sprechen eine Aufgabe an und sie verstehen sie, sind einverstanden, vergessen sie nicht und

machen sie nicht nur einmal, um uns Sand in die Augen zu streuen, sondern erledigen sie verlässlich.
Der Weg zur Ausbildung und Motivation dieser Mitarbeiter ist jedoch lang und führt nur über einen integrativen Ansatz.
Das folgende Zitat trifft diese Arbeit am Mitarbeiter genau. Wir möchten mit harter Arbeit Gedanken säen und nach einiger Zeit sollen die Früchte unserer Arbeit aus dem Boden sprießen.

Wer heute einen Gedanken sät,
erntet morgen die Tat,
übermorgen die Gewohnheit,
danach den Charakter und
endlich sein Schicksal.

(Gottfried Keller)

Zum Abschluss dieses Kapitels möchte ich noch auf eine Besonderheit der Wahrnehmung eingehen, die uns immer wieder ins Fettnäpfchen treten lässt – egal ob in der Beziehung oder im Betrieb.

Absenz und Präsenz

„Absenz ist viel schwieriger zu erkennen als Präsenz. Anders ausgedrückt: Was da ist, hat mehr Gewicht als das, was nicht da ist.“ [29]

Überprüfen Sie sich einmal selbst. Schauen Sie sich an Ihrem Arbeitsplatz um. Wir nehmen immer Reize auf, insbesondere optische Reize. Diese Bilder fallen uns auf, wenn sie etwas Besonderes sind. Dann kommen sie durch unseren Filter Ultrakurzzeitgedächtnis hindurch und landen im sensorischen Gedächtnis, im KZG. Sie sehen also, wenn etwas nicht ins Bild passt, sie erkennen den Fehler. Daher sprechen wir auch so gut, gern und oft Fehler bei unseren Mitmenschen an. Dinge, die funktionieren, haben eine deutlich geringere Reizstärke.
Mir ist dieses Wahrnehmungsproblem immer wieder bei meiner zweiten Frau aufgefallen:
Wenn ich nach Hause kam und sie wieder diesen besonderen Blick hatte, dann wusste ich, dass ich etwas übersehen hatte. Zumeist waren es die neuen frischen Blumen im Haus oder – noch schlimmer – ihre neue Frisur. Ich habe es nicht wahrgenommen, weil es gut war, weil es sich richtig angefühlt hat. Wenn ich aber nach Hause kam und der Staubsauger noch im Flur stand, dann habe ich gefragt, warum er hier noch stünde. Ich hätte wohl lieber anmerken sollen, wie schön sauber das Haus gewesen ist.

---

[29] Rolf Dobelli. Die Kunst des klugen Handelns. Hauser 2012. S. 193

Checken Sie sich selbst und Sie werden mir zustimmen, dass es Ihnen selbst auch oft so ging.
Gehen Sie in Ihr Büro und schauen Sie, was nicht da ist. Überlegen Sie vorher, was da sein sollte und was nicht. Und dann machen Sie die Probe aufs Exempel. Sie werden überrascht sein. Sie erkennen eher, dass es etwas herumliegt, als dass etwas fehlt.
„Wir haben Probleme, Nichtgeschehnisse (nonoccurrences) zu denken. Wir sind blind für das, was nicht ist."[30]

Mitarbeiter sind Ratten!

An dieser Stelle möchte ich Sie noch mit einem sehr besonderen Experiment konfrontieren, das mich schon sehr lange verfolgt – das Rattenexperiment von Curt Richter aus den 60er Jahren:

Lassen Sie es mich in meinen eigenen Worten kurz darstellen.

Grundsätzlich hat Richter Ratten in ein Fass mit Wasser geworfen und dann die Zeit genommen, die sie brauchten, um unterzugehen. Ratten können gut schwimmen, aber die Atmosphäre allein in einem dunklen Fass war nicht wirklich positiv stimulierend. Also sind die Ratten in weniger als einer Stunde untergegangen. An dieser

---

[30] Rolf Dobelli. Die Kunst des klugen Handelns. Hauser 2012. S. 195

Stelle möchte ich noch einmal betonen, dass Psychologen und Pädagogen nicht nur gefährliche Elternteile, sondern – wie man hier sieht – auch gefährliche Haustierbesitzer sein können.

Aber Richter hatte eine besondere Idee hinter seinem Experiment.

Nachdem er herausbekommen hatte, wie die durchschnittliche Ertrinkensdauer einer Ratte war, nahm er eine Ratte kurz vor dem Untergehen aus dem Fass heraus, hüllte sie in ein Handtuch, rubbelte sie trocken, gab ihr noch ein Küsschen und warf sie wieder ins Fass. Diesen Vorgang wiederholte er, kurz bevor die Zeit wieder reif war – und warf die Ratte erneut hinein.
Die Frage, die ich dann an meine Seminarteilnehmer stelle, lautet: Wie lang konnte die Ratte noch schwimmen? Die Antworten waren dann i.d.R.: ‚Noch eine Stunde.' oder ‚Vielleicht etwas länger.' Aber die wahre Antwort schockierte alle: Noch 48-60 Stunden!

Und dieses Experiment lässt sich auf uns Menschen transferieren.[31] Genau wie die sehr intelligenten Ratten sind auch wir Hoffnungsträger. Hoffnung gibt uns Kraft. Nicht umsonst war auch das Letzte, was aus Pandoras Büchse herauskam, nach all den Übeln wie Arbeit, Krankheit und Tod, die Hoffnung. Auch wenn Nietzsche mal wieder sehr negativ darauf eingegangen ist: ‚Zeus

---

[31] Gestatten Sie mir bitte, dass ich den Bogen von Todesangst zum Vertrauensaufbau in einer Ausbildung spanne – aber es passt hervorragend: Auszubildende ohne Hoffnung geben deutlich häufiger auf!

wollte nämlich, dass der Mensch, auch noch so sehr durch die anderen Übel gequält, doch das Leben nicht wegwerfe, sondern fortfahre, sich immer von Neuem quälen zu lassen. Dazu gibt er dem Menschen Hoffnung: sie ist in Wahrheit das übelste der Übel, weil sie die Qual der Menschen verlängert.'

Nichtsdestotrotz haben wir – genau wie die Ratten – Hoffnung, dass noch alles besser werden wird. Nur muss die Hoffnung befeuert werden. Im übertragenen Sinne müssen beispielsweise Ausbilder ihre Mitarbeiter wie diese Ratten[32] behandeln. Es geht darum, in der ersten Zeit der Ausbildung Vertrauen aufzubauen, Nähe zu leben und dem Auszubildenden Sicherheit, Bindung und Anerkennung anzubieten. Der Auszubildende muss merken, dass er sich auf seinen Ausbilder verlassen kann, dass dieser auch in schwierigen Situationen für ihn da sein wird, dass er mit Problemen nicht alleingelassen wird.
Dieses Gefühl des Vertrauens manifestiert sich in den ersten 2 Wochen einer Ausbildung. Es startet mit einem guten Willkommen, viel Zeit für den Auszubildenden durch den Ausbilder – und nicht nur durch andere Auszubildende oder andere Mitarbeiter – und sehr vielen Gesprächen. Nur durch dieses intensive Erleben von Respekt, Wertschätzung und ehrlichem Interesse für das Wohlergehen des neuen Schützlings wird eine Basis dafür gelegt, dass dieser Auszubildende auch bei Problemen – die unweigerlich entstehen werden – nicht

[32] Die frottierten und geküssten Ratten

aufgibt, weil er weiß, dass sich jemand um ihn kümmert und für ihn da ist.

Diese Art der Aufmerksamkeit ist übrigens auch die beste Form von Prophylaxe gegen Mobbing. Mein Sohn Lukas ist Erzieher geworden und mit sehr viel Einsatz dabei. Und sein Lieblingsthema für seine Schützlinge ist die Prävention gegen Mobbing. In diesem Zusammenhang haben wir sehr viel über Resilienz gesprochen, die psychische Widerstandskraft, auch schwierige Lebenssituation zu überstehen. Und dieses Rattenexperiment ist ein Leuchtfeuer für die Entwicklung von Resilienz. Lassen Sie Ihre Schützlinge, Mitarbeiter, Anvertraute ganz bewusst und unbewusst wahrnehmen, dass sie nicht allein sind. Machen Sie es zu Ihrer Aufgabe, gerade in der ersten Zeit, sehr viel Zeit dafür zu investieren. Dieses Investment wird sich für Sie alle lohnen.

Die Bestandteile der Matrix 3 – Vertriebspsychologie

Es war mir wichtig, im Sinne der Betonung der Praxisorientierung dieses Buches ein Kapitel einzuflechten, das den Vertrieb zum Thema hat. Ich bin seit über 20 Jahren im Vertrieb unterwegs und hatte so die Möglichkeit, etliche der angesprochenen Themen direkt in der Praxis anzuwenden, auszuprobieren und weiterzuentwickeln.

Das Thema Vertriebspsychologie ist dabei eine Weiterentwicklung des ursprünglich in meinen Schulungen als dritter Punkt der Matrix verankerten Themas über die Funktion von Eingangskanälen.

Worum geht es genau?
Um die verschiedenen Einsatzarten von Psychologie im Verkauf. Es geht um Führung im Verkaufsprozess, es geht aber auch um Manipulation. Welche Theorien lassen sich besonders gut auf Verkaufssituationen übertragen? Welche Anwendungen finden regelmäßig ihren Einsatz im Vertrieb?

Um der Sache ein wenig auf den Grund zu gehen, lassen Sie uns einmal anschauen, wie wir überhaupt Informationen aufnehmen.

Im Kapitel über die Wahrnehmung wurde von primärer und sekundärer Wahrnehmung gesprochen, wobei sich die primäre auf die 5 Sinne bezieht. Diese 5 Sinne sind die Eingangskanäle für alle Informationen, Reize, etc., die wir in uns aufnehmen, die dem Gehirn zur Bearbeitung und zur vernunftbasierten Überprüfung vorgelegt werden.

Schauen wir sie uns etwas genauer an:

Die Eingangskanäle

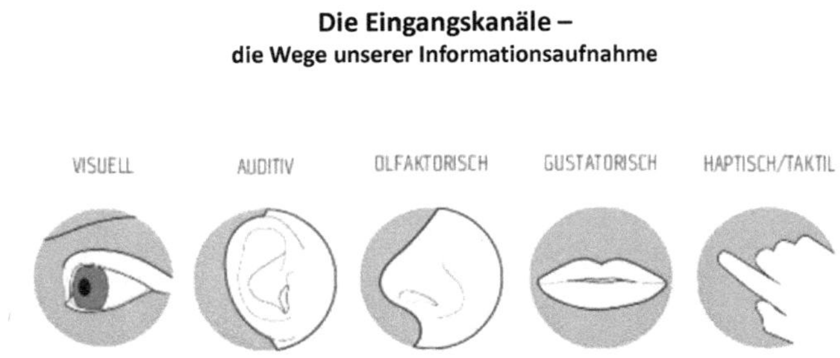

Jeder kennt die 5 Sinne. In diesem Fall der genaueren Beschäftigung mit ihnen macht es aber Sinn, die Fachbezeichnungen zumindest einmal gehört zu haben, um sie auch gegebenenfalls im Netz nachzuschlagen und die Arbeit mit ihnen zu intensivieren.

Alles, was wir an Informationen aufnehmen, kommt über diese 5 Sinne hinein in unser System. Also müssen wir uns auch mit der grundsätzlichen Funktionsweise vertraut machen.

Die meisten Informationen nehmen wir unbewusst auf. Sie werden durch unseren Filter UKZG (siehe Kapitel 1) bewertet und bei positiver Verwendungswahrscheinlichkeit an die anderen Gedächtnissysteme weitergeleitet.

Wir können bewusst nur sehr schwer unterschiedliche Informationen des gleichen Eingangskanals zur gleichen Zeit aufnehmen, d.h. wir können zwar gerade noch am Computer etwas eingeben und gleichzeitig einem Kollegen zuhören, aber es ist fast nicht möglich, gleichzeitig zwei Kollegen zuzuhören, die auch noch unterschiedliche Themen ansprechen.

In der heutigen Zeit sind durch Internet, Smartphones und Fernsehen immer mehr Informationen über das Visuelle zu erhalten. Das sorgt für ein Nachlassen insbesondere des auditiven Aufnahmevermögens. Erklärung ohne Bilder wird immer schwieriger, vielen Menschen fällt es heute sehr schwer, aus dem rein Gehörten Informationen im Langzeitgedächtnis zu speichern.
Die folgende Grafik verdeutlicht das mit einer fast schon verstörenden Klarheit. 9 Zehntel unserer gesamten Informationsaufnahme erfolgt über den visuellen Kanal!

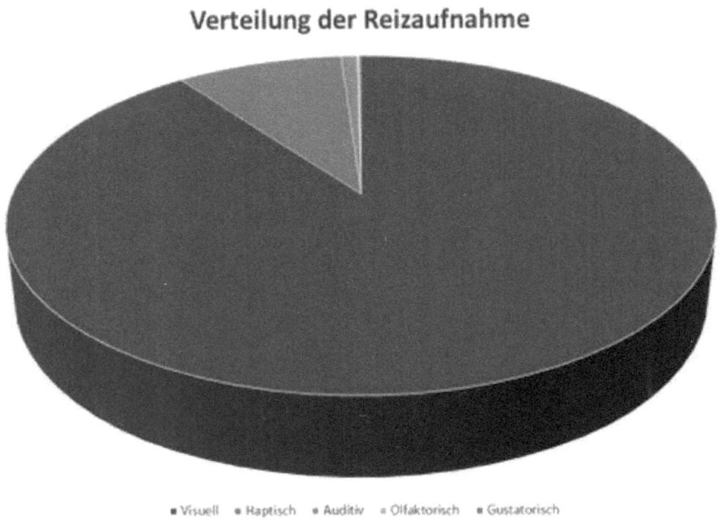

Konsequenz aus diesen Überlegungen:
Wenn Sie nicht wissen, welcher bevorzugte Eingangskanal für die Verarbeitung von Reizen und Informationen bei Ihrem Gegenüber genutzt wird und zudem gleiche Eingangskanäle innerhalb einer Kommunikation für eine bessere Verständigung sorgen, dann ist es unbedingt erforderlich, die wesentlichen drei Eingangskanäle visuell, haptisch und auditiv in jeder Situation einzusetzen, in der Sie möchten, dass Ihre Inhalte auch wirklich ihr Ziel erreichen sollen.

Der Vertriebsdreiklang[33]

Eine direkte Anwendung dieser Überlegungen findet sich in der Betrachtung der folgenden Darstellung aus der Verkäuferausbildung.

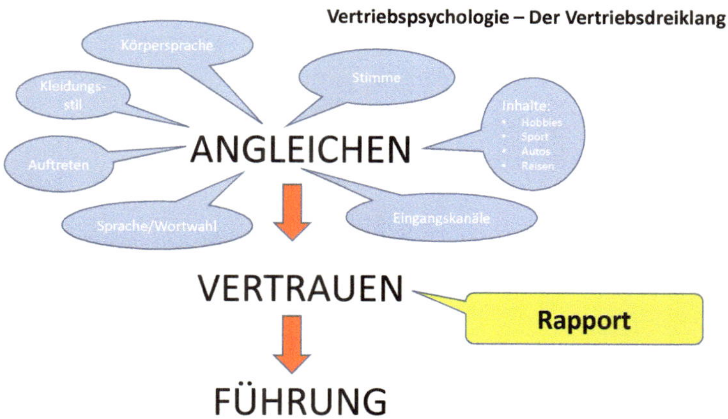

Angleichen-Vertrauen-Führung – das ist die Erfolgsformel des Vertriebs. Wir müssen uns angleichen, um Vertrauen zu erlangen, um den Zustand des Rapports, also einer geistigen, sogar emotionalen Verbindung zu dem anderen, aufzubauen. Erst dann überlässt sich der Kunde unserer Führung. Und als Verkäufer will und muss ich ihn in die Richtung meines vorhandenen Produktes und des Abschlusses führen!!

Aber insbesondere das Angleichen verursacht den meisten Anwendern große Probleme. Warum überhaupt muss ich mich angleichen? Was bringt mir das?

---

[33] Ein Basiselement aus jeder Verkäuferausbildung!

Wie soll es mir denn gelingen, mich anzugleichen? Ist Angleichen nicht Anpassen oder gar der Verlust von Authentizität?

Grundsätzlich sind wir Menschen so gestrickt, dass uns andere Menschen anziehen, wenn wir an ihnen Ähnlichkeiten oder auch Kontraste erkennen. Kontraste sind eher spannend. Gerade in Beziehungen sucht man sich oft diejenigen Partner aus, die total anders sind. Man möchte sich ergänzen. Eine Beziehung soll aufregend sein, erregend, neu.

Wenn es aber um den Verkauf – gerade teurerer Waren - geht, dann sind wir zumeist sehr konservativ. Es geht um Vertrauen. Wir überlassen uns nur der Führung von Menschen, denen wir auf irgendeiner Ebene Vertrauen entgegenbringen. Wir suchen Koryphäen auf ihrem Gebiet, erfahrene Experten, die uns weiterhelfen, die uns leiten, weil sie uns mit ihrem Wissen weit voran sind. Aber gerade im Verkauf wollen wir das Vertrauen zu diesen Menschen auch spüren.
Wir möchten, dass diese Menschen ähnlich ticken, ähnlich reden, sich ähnlich bewegen. Und wir möchten das zumeist, ohne dass wir wissen, dass wir es möchten.
Eben diese Sehnsucht nach einer gleichen Wellenlänge, nach Verkäufern, zu denen wir aufgrund irgendwelcher Gemeinsamkeiten schnell Vertrauen aufbauen können, sorgt dafür, dass wir anfällig sind für Manipulationen, für psychologische Tricks, für Spiele mit unserem Unbewussten.

In der Grafik werden einige Ideen aufgezählt, wie wir uns anderen Menschen gegenüber angleichen können – zumeist wieder, ohne dass es ihnen überhaupt bewusst auffällt.

Die einfachste Art ist die Wahl der **Kleidung**. Durch meine Kleidung sende ich eine ständige Botschaft an alle aus, die mich sehen. Anzug und Hemd stehen für ein konservatives, durch Werte untermauertes Auftreten. Es kann aber auch Steifheit und Distanz andeuten. T-Shirt und Sneakers stehen für Offenheit und eine entspannte Atmosphäre, drücken aber nicht unbedingt Professionalität und Würde aus. Ich kann die Kunden durch die Auswahl meiner Kleidung in eine bestimmte, ihnen nicht bewusste Richtung navigieren.

Auch meine Art, mich zu bewegen, meine **Gestik, Körperhaltung**, das Herum-wedeln mit meinen Armen, die gefurchte Stirn, das Lächeln oder Aufstehen zur Begrüßung, meine gewählten **Gesprächsthemen**, die Lautstärke und die Geschwindigkeit meines **Sprechens**, der Dialekt – all das verarbeitet mein Gegenüber unbewusst und baut sich ebenfalls unbewusst daraus ein Bild von mir auf, eine Stimmung bezogen auf meine Person, ob er Vertrauen hat, sich von mir im Gespräch führen zu lassen. Das Spannende dabei ist, dass der Eindruck der ersten Minute noch eine sehr lange Zeit aufrechterhalten wird – selbst wenn wir später sogar negativere Signale gesendet bekommen.

Eine weitere Möglichkeit, Vertrauen über Angleichen aufzubauen, ist die Nutzung **gleicher Eingangskanäle**.

Jeder Mensch hat einen bevorzugten Eingangskanal, über den er hauptsächlich seine Informationen und Reize aufnimmt. Dabei muss es nicht immer der visuelle sein, weil über diesen die meisten Reize aufgenommen werden. Es kann sein, dass ich es mit auditiven Menschen zu tun habe, die insbesondere über die Sprache animiert werden, qualitativ wichtige Informationen aufzunehmen. Bei diesen muss ich mehr auf meinen auditiven Ausdruck achten. Deutlicher sprechen, mehr Pausen, die Sprechgeschwindigkeit und die Lautstärke an mein Gegenüber anpassen und sogar Worte wählen, die einen auditiven Touch haben. Auch könnte mir ein haptischer Mensch gegenüberstehen, der Dinge anfassen muss, um Informationen besser aufzunehmen, der auch Worte nutzt, die dem Haptischen entsprechen. Er wird eher auf das Wort ‚begreifen' als auf das Wort ‚verstehen' reagieren, da es besser zu ihm passt. Einem haptischen Kunden gebe ich eine Preisliste in die Hand oder lasse ihn das Verkaufsobjekt berühren oder ausprobieren. In einem Autohaus gehe ich mit ihm zu einem Ausstellungsfahrzeug und lasse ihn sich hineinsetzen, damit er das Leder, das Lenkrad und die Sitze spürt.

Der Eingangskanal bestimmt also, wie die Inhalte der Wahrnehmung weiterverarbeitet werden. Jeder Mensch hat bevorzugte und weniger bevorzugte Sinneskanäle.

Wahrnehmungsfilter

Der Mensch ist nicht in der Lage, alle ihn umgebenden Informationen aufzunehmen. Um der Reizüberflutung zu entgehen, reagiert die menschliche Wahrnehmung darauf mit Filtermechanismen. Aus den daraus wahrgenommenen Informationen wird dann unser „Bild der Welt“ konstruiert.[34]
Ein Reiz, der auf einen bevorzugten Sinneskanal trifft, hat eine größere Chance, wahrgenommen zu werden, als ein Reiz, der einen nicht bevorzugten Sinneskanal anspricht.
Wird ein Reiz auf einem nicht bevorzugten Sinneskanal wahrgenommen, dann geht dieser Reiz evtl. verloren oder ein „innerer Übersetzer“ überträgt die Information auf einen bevorzugten Sinneskanal. Dies erfordert Zeit für den Empfänger der Nachricht; er wird eine gewisse Zeit evtl. nicht voll auf das Gespräch konzentriert sein. Die Barrieren der Informationsaufnahme bei Ihrem Kommunikationspartner sind deutlich schwächer, wenn über den bevorzugten Eingangskanal gesendet wird.

Hinweise in der Sprache[35]

Die Sprache und das Verhalten eines Menschen zeigen an, wie dieser Mensch bevorzugt seine Informationen

[34] Vgl. Kapitel 1 – die Funktion des Ultrakurzzeitgedächtnisses
[35] Ich habe die Aufstellungen der nächsten Seiten aus einer mir nicht mehr reproduzierbaren Quelle übernommen. Sie verdeutlichen sehr gut, wie Sprache Ausdruck unserer Eingangskanäle wird.

verarbeitet und das heißt auch dargeboten bekommen möchte.

Beispiel	Interpretation
„Ich sehe das nicht ein!“	visueller Typ
„Das hört sich nicht gut an!“	auditiver Typ
„Laß uns die Argumente nochmals durchgehen.“	Kinästhetischer/haptischer Typ
„Das stinkt zum Himmel.“	olfaktorischer Typ
„Diese Alternative schmeckt mir schon besser.“	gustatorischer Typ

Auf den Folgeseiten finden Sie weitere beispielhafte Auflistungen von Sprach-elementen und Verhaltensindikatoren, die auf bevorzugte Sinneskanäle hindeuten.

<u>Übung</u>
Nehmen Sie sich 2 Minuten Zeit und denken Sie darüber nach, wie Sie bevorzugt Informationen verarbeiten und wie Sie lernen. Einige Fragen sollen Ihnen dabei helfen:

- Müssen Sie in einer Präsentation die Informationen sehen oder erzählt bekommen?
- Wenn Sie etwas Neues lernen, reicht es aus, dieses zu lesen oder müssen Sie sich Notizen machen und in eigenen Strukturen zusammenfassen?

- Wenn ein Kunde Ihnen am Telefon Informationen gibt, müssen Sie diese notieren oder können Sie sich alles sofort merken und präzise wiedergeben?
- Welche Fächer haben Ihnen in der Schule früher am meisten Spaß gemacht und wie hat Ihr Lehrer den Stoff vermittelt?

Beispiele für Redewendungen

Visuell	Auditiv	Kinästhetisch	Olfaktorisch/ Gustatorisch
Das ist einleuchtend.	Das stimmt.	Das fühlt sich gut an.	Das riecht gut.
Ich sehe Licht am Ende des Tunnels.	Das hört sich gut an.	Das liegt auf der Hand.	Das schmeckt mir.
Mir scheint …	Ich bin ganz Ohr.	Ich glaube, wir kommen voran.	Eine bittere Pille.
Klarheit gewinnen.	Daher pfeift der Wind.	Ein Stein fällt mir vom Herzen.	Ich habe die Nase voll.

Ich sehe was du meinst.	Um die Wahrheit zu sagen …	Aus der Haut fahren.	Sauer aufstoßen.
Bei Licht besehen …	Es ist nicht gesagt …	Ich kann nicht folgen	Es stinkt mir.
	Ich frage mich …		Auf den Geschmack kommen.

Beispiele für Verhaltensindikatoren

Visuell	Auditiv	Kinästhetisch
Hohe Tonlage, eher schnelles Sprechtempo.	Eher klare und ausdrucksstarke, rhythmische Stimme.	Eher tiefe Stimme, langsamer Sprechrhythmus, lange Pausen.
Braucht in der Unterhaltung das vollständige Bild; die Details sind wichtig.	Liebt Diskussionen, ist redselig, neigt zu Gedankensprüngen und Weitschweifigkeit; reißt evtl. das Gespräch an sich.	Spricht kurz und treffend, benutzt Worte, die aktives Tun beschreiben. Viele Gesten und Bewegungen.

Lebendige bildhafte Phantasie.	Hört Töne und Stimmen.	Agiert die Vorstellung aus; stark intuitiv; ist schwach bei Details
Ist eher aufmerksam.	Redet viel (auch mit sich selbst), um Gedanken zu strukturieren.	Wird unruhig bei zuviel Passivität.
Ist ruhig.	Kann leicht abgelenkt werden.	Berührt andere, sucht Nähe.
Liest schnell und überfliegt den Text.	Bewegt beim Lesen die Lippen und vokalisiert, dreht evtl. das Ohr zum Sprecher.	Liest ungern lange Texte; zeigt beim Lesen auf den Text.
Beobachtet viel.	Kann gut wiederholen.	Bewegt sich viel.
Erinnert sich schlecht an mündliche Anweisungen.	Erinnert mündliche Anweisungen sehr gut, kann Tonfall, Stimme und Klangfarbe nachahmen.	Lernt auswendig, während er geht und anderes betrachtet.
Lernen: braucht Überblick und ein Ziel. Stellt sich Details bildlich	Lernt durch zuhören. Dialogisiert intern und extern. Alternativen	Lernt durch ausprobieren und selber tun.

vor. Ist vorsichtig, bevor alles klar ist. Lernt durch lesen.	werden verbal ausprobiert (innerer und äußerer Dialog).	
Erinnert Gesehenes. Merkt sich Überblick und Zusammenhänge.	Erinnert Besprochenes. Merkt sich die Reihenfolge.	Erinnert sich gut an die Gesamteindrücke.
Hat den Überblick.	Merkt sich die Reihenfolge der Schritte	Muss Dinge in die Hand nehmen.

- Problem- und Situationsbeschreibungen *nehmen* besonders in der Anfangsphase eines Gespräches einen *breiten Raum* ein. (*Kinästhetischer Satz*)

- In dieser Phase kann aufmerksames *Zuhören* Ihnen *sagen*, wie Sie Ihren Gesprächspartner am besten *ansprechen* können. (*Auditiver Satz*)

- *Sehen* Sie diese Hinweise als Wahrscheinlichkeiten und *fokussieren* Sie sich damit auf Ihren Gesprächspartner. (*Visueller Satz*)

- *Betrachten* Sie jedoch aufmerksam weitere *Aussagen* und *passen* Sie Ihre Strategie entsprechend an. (*Gemischter Satz*).

Visuell	Auditiv	Kinästhetisch
	Das hört sich (nicht) gut an.	Das paßt nicht. Das fühlt sich nicht gut an.
Ich sehe da ein Problem		Mein Bauch zeigt mir, dass das nicht geht.
Die Situation sieht folgendermaßen aus.	Für mich klingt das wie …	
Es ist mir schleierhaft, wie wir diese Frage lösen sollen.		Ich spüre nur Frustration, wenn ich daran denke.
Betrachten Sie das Ganze mal von dieser Seite.	Wie klingt denn dieser Vorschlag? …	
	Diese ganze Situation hört sich an, also ob …	Ich stecke da in einer Situation…
		Wir sind da auf folgendes Problem gestoßen: …

Übung

- Finden Sie in der obigen Tabelle in den freigelassenen Zellen adäquate Ausdrücke für das jeweilige Repräsentationssystem.
- Finden Sie weitere Sprachelemente für Problem- und Situationsbeschreibungen aus Ihrem Berufsalltag.
- Stellen Sie sich Kunden vor, mit denen Sie in den letzten Tagen und Wochen zu tun hatten. Welche Repräsentationssysteme benutzten diese Menschen bevorzugt?

Um Vorschläge und Lösungen zu vermitteln sowie um zu erreichen, dass diese akzeptiert werden, sollten sie auf den bevorzugten Sinneskanälen des Kunden gesendet werden. Sie werden damit vom Gesprächspartner schneller verstanden, seine Nachfragen nehmen ab und generell ist eine höhere Akzeptanz zu erwarten.

Visuell	**Auditiv**	**Kinästhetisch**
Wie sehen Sie folgendes?		Könnte Ihnen folgendes passen?
	Meine Intuition sagt mir …	Da gibt es noch folgendes: …
In einem anderen Licht gesehen.	Das ist im Einklang mit …	

	Ich sage mir immer …	Es juckt mich in den Fingern.
Am Horizont sehe ich …		Mir kommt da eine Idee.
Nach meiner Ansicht/Einsicht…	Eine leise Ahnung haben.	
Ich habe da eine Erleuchtung / einen Gedankenblitz …		Lassen Sie uns doch folgendes anpacken / angehen …
Ich habe die Absicht…	Am besten klingt für mich …	
	Diese Alternative kling doch gut!	Ich bin auf folgende Alternative gestoßen: …
Das ist eine glänzende Idee.		Das liegt auf der Hand.
	Wie klingt folgender Vorschlag für Sie?	Was halten Sie von folgendem Vorgehen?
Erscheint Ihnen folgendes …	Wie hört sich folgende Lösung für	

einleuchtend?	Sie an?	

Übung

- Finden Sie in der obigen Tabelle in den freigelassenen Zellen adäquate Ausdrücke für das jeweilige Repräsentationssystem.
- Finden Sie weitere Sprachelemente für Lösungsformulierungen aus Ihrem Berufsalltag.

Wollen Sie den Redefluss eines Gesprächspartners unterbrechen, um selbst wieder die Führung des Gesprächs zu übernehmen, dann müssen Sie den Gesprächspartner direkt erreichen. Unterbrechen Sie ihn auf seinen bevorzugten Sinneskanälen, und umgehen Sie sozusagen den „inneren Übersetzer". Die Wahrscheinlichkeit, auf diese Weise schneller wahrgenommen zu werden, ist deutlich größer.

Visuell	**Auditiv**	**Kinästhetisch**
Wie sieht … aus?		Was halten Sie von …?
	Was würden Sie sagen, wenn …?	Wie fühlt sich … an?
Lassen Sie uns mal nach vorne schauen.	Eine innere Stimme sagt mir, wir sollten uns auf die Lösung	

	fokussieren.	
Schauen wir doch mal folgende Alternative an: …	Lassen Sie uns doch mal folgende Alternative durchsprechen: …	
Richten wir unser Augenmerk doch einmal auf …		Legen wir … doch erst mal beiseite und … greifen wir zu …
	Ich müsste zuerst Ihre Kundennummer hören.	Geben Sie mir bitte zuerst Ihre Kundennummer.
Das sehe ich aber ganz anders.	Da muss ich Ihnen widersprechen.	
	Ich muss jetzt hier mal „Stopp“ rufen.	Ich muss Sie jetzt mal unterbrechen.
Lassen Sie mich Ihnen kurz folgendes zeigen: …		Lassen Sie mich kurz folgendes andeuten: …

Übung

- Finden Sie in der obigen Tabelle in den freigelassenen Zellen adäquate Ausdrücke für das jeweilige Repräsentationssystem.
- Finden Sie weitere Sprachelemente für Unterbrechungen und Aufforderungen aus Ihrem Berufsalltag.

Die hier aufgeführten Sprachmuster und ihre Interpretationen sind Teil der Ausführungen zur Neurolinguistischen Programmierung. NLP spaltet die Wissenschaft, da Modelle aus allen Wissensgebieten zusammengenommen und zu einer neuen ‚Religion' verbaut wurden. Aber ohne NLP zu kennen, werden Sie von NLP-Nutzern manipuliert – und man kann nicht die Wirksamkeit von NLP im Ganzen in Frage stellen.
Einzelne Ideen sind fragwürdig und der Einsatz von manipulativen, ursprünglich für Therapeuten gedachten Werkzeugen ist oftmals in falschen Händen gefährlich. Aber wie sollen Sie sich schützen, wenn Sie nicht darüber Bescheid wissen? Bitteschön!

Neurolinguistische Programmierung

Man nehme einen grundsätzlich therapeutischen Ansatz, praktisch umsetzbare Theorien aus der Psychologie, eine gute Vertriebsstrategie und eine spannende Ausrichtung hin zur Beeinflussung, gebe dann dem Kind einen schwierigen Namen und eine griffige Abkürzung und voila – ein neues Must-have für Therapeuten,

Demagogen, Verkäufer und Personaltrainer/Coaches wurde geboren.
Verstehen Sie mich richtig, NLP funktioniert, es ist eine grandiose Zusammenstellung nützlicher Instrumente zur Beeinflussung von Menschen. Wird diese Beeinflussung weise und therapeutisch eingesetzt, dann ziehe ich den Hut davor. Aber der Ruf von NLP hat durch die intensive Ausbildung von Verkäufern gelitten. Auch die Herbeiführung von Trancezuständen und die Nutzung von Hypnose hat nicht zu mehr Vertrauen geführt.
Meiner Meinung nach ist NLP ein guter Werkzeugkasten für die Führung von Menschen. Und ich möchte an dieser Stelle noch einmal feststellen, dass Führung, Erziehung, Beeinflussung, Lenkung, Leading oder auch Manipulation in ihrer Grundaussage alle das Gleiche ausdrücken: Ideen, Vorstellungen, Motivationen, etc. so an andere weiterzugeben, dass sie tun, was wir wollen. Als Vater ist das eine gute Sache, wenn man es nicht übertreibt und dem Kind noch genügend Freiheit zur Entwicklung lässt, weil die Liebe eines Vaters oder einer Mutter vorausgesetzt wird. Und einen geliebten Menschen führt man ja nicht nur auf Basis seiner eigenen egoistischen Ideen. Bei Vorgesetzten und Verkäufern jedoch ändert sich die Einschätzung. Hier wird deutlich mehr Egoismus vermutet, so dass ähnliche Vorgehensweisen wie bei Eltern hier jetzt einen negativen Touch der Manipulation erhalten.
Insofern soll sich ein jeder seinen eigenen Eindruck von NLP machen. Ich habe mich dafür entschieden, Ihnen hier einen kleinen Überblick zu geben, damit Sie einerseits für die Idee und die Möglichkeiten interessiert und

andererseits für die Gefahren – auch Ihnen gegenüber – sensibilisiert werden.

Grundannahmen der NLP

Menschen reagieren auf ihre Abbildung der Realität, nicht auf die Realität selbst.

> Im Bereich Wahrnehmung bin ich darauf eingehend eingegangen. Sekundäre Wahrnehmung, subjektiver Konstruktivismus und Sozialwerdung sind nur ein paar Beispiele dafür.

Geist und Körper sind Teile des gleichen kybernetischen Systems – sie beeinflussen sich gegenseitig.

> Schon Réné Déscartes hat gesagt: Ein gesunder Geist in einem gesunden Körper! Geist und Körper stehen in einer engen Beziehung zueinander. Je kranker der Körper, desto schwieriger wird es auch für den Geist.

Die Bedeutung deiner Kommunikation ist die Reaktion, die du bekommst.

> In den Kapiteln 7 und 8 wird die Kommunikation eingehend untersucht, so dass sie anschließend dieser Aussage ebenfalls zustimmen werden.

Widerstand ist eine Aussage über den Therapeuten, nicht über den Klienten.

Ohne eine gleiche Wellenlänge werden Sie Widerstand verursachen. Und wer Widerstand verursacht, der sollte die Schuld oder Verantwortung nicht bei seinem Klienten, Mitarbeiter, Kunden oder auch Kind suchen.

So etwas wie Fehler oder Versagen gibt es nicht, es gibt nur Feedback.

Fehler sind die Stufen, auf denen der Kluge emporsteigt.[36]

Eine Vielfalt möglicher Verhaltensweisen ist wichtig, denn es wird dasjenige Element in einem System das kontrollierende Element sein, das über die meiste Flexibilität verfügt. Daher ist Wahlfreiheit besser als keine Wahlfreiheit.

Wissen ist Macht. Und weit gestreutes Handlungswissen sorgt für Sicherheit und Flexibilität.

Menschen funktionieren perfekt. Keiner ist ‚nicht in Ordnung', ‚hat einen Defekt' oder ‚ist kaputt'.

Man sollte nur herausfinden, wie der Mensch im aktuellen Moment funktioniert oder fühlt.

---

[36] Ein Zitat aus meiner Jugend, das mir ein wohlmeinender Lehrer in mein Poesiealbum geschrieben hat. Mir stellt sich die Frage, ob jüngere Leser überhaupt noch wissen, was ein Poesiealbum ist.

Menschen treffen immer die beste Wahl, die ihnen im geeigneten Moment und mit den jeweils vorhandenen Informationen möglich ist.

Schulungen, Trainings und natürlich auch NLP erhöhen die Anzahl der Wahlmöglichkeiten.

Hinter jedem Verhalten gibt es eine positive Absicht (für eine Funktion im eigenen Leben).

Wir müssen sie nur finden, um die Handlung zu verstehen. Jede Handlung ist motiviert – auch wenn uns das Wie nicht bewusst ist.[37]

Jedes Verhalten ist nützlich. Es gibt zumindest einen Kontext, in dem jedes Verhalten nützlich ist.

Gelernt ist gelernt.

Wenn ein Mensch es lernen kann, etwas Bestimmtes zu tun, können es prinzipiell alle.

Man muss nur die Wege der Wissensvermittlung beachten. Und natürlich die Talente, evolutionäre Vorgaben, Interesse, Erfahrungen, Intelligenz, etc.

---

[37] Vgl. Kapitel 5 - Motivation

Menschen verfügen schon über alle Ressourcen (Fähigkeiten, innerlich und im Verhalten nach außen), die sie brauchen, um die von ihnen angestrebten Veränderungen zu erreichen

Es fehlt die Möglichkeit, sie so zu organisieren, dass sie zum richtigen Zeitpunkt und am richtigen Ort Zugang zu ihnen haben. Das Wissen um die Funktionsweise des Gedächtnisses erweist sich hier als wirklich nützlich.

Als professioneller Kommunikator habe ich die Pflicht und Verantwortung, dafür zu sorgen, dass sich mein Kommunikationspartner (körperlich und geistig) in dem Zustand befindet, in dem er sein muss, damit er das, was ich von ihm verlange, auch tun kann.

Ein wunderbarer Satz für jeden Erzieher, Vorgesetzten, Partner, etc, dem wohl nichts hinzuzufügen ist!

Um aber etwas mehr Verständnis für die eigentliche Idee des NLP zu haben, erhalten Sie jetzt einen Überblick über einige wirkliche machtvolle Werkzeuge:

Spiegeln/Pacing

Menschen sind komisch. Wir neigen dazu, mittels unserer Spiegelneuronen[38] das Verhalten anderer Menschen zu imitieren.
„Sie nicht." sagen Sie? Verzeihen Sie, dass ich das nicht glauben kann. Die wenigsten Menschen sind in der Lage, ein gut gemachtes Spiegeln zu erkennen – vor allem natürlich, weil sie sich mit dieser Materie noch nicht wirklich beschäftigt haben -.

Ich habe in einer Folge der wunderbaren Serie ‚The Mentalist' ein tolles Beispiel für das Spiegeln gefunden. Es ging darum, dass ein Soziopath zu einigen wesentlichen menschlichen Handlungen nicht fähig ist – zum Beispiel zum Spiegeln.
In diesem Fall wurde ein Bewerbungsgespräch simuliert und die Hauptfigur Patrick Jane hat einem Polizisten gesagt, er möge sich als Personalchef ausgeben und ein Interview mit dem Verdächtigen durchführen. Zeitgleich hat er ihn noch auf einen Fleck – vielleicht ein Melanom – auf seiner Stirn aufmerksam gemacht. Der Polizist konnte nicht noch einmal in einen Spiegel gucken. Also hat er sich so verhalten, wie die meisten Menschen es unbewusst machen – er hat ständig mit

[38] Spiegelneuronen wurden bei Affen entdeckt und es ist wahrscheinlich, dass auch Menschen über sie verfügen und damit das Verhalten und auch die Empathie anderer zu imitieren versuchen. Die Untersuchungen stecken allerdings noch in ihren Kinderschuhen, werden uns in den nächsten Jahren aber noch sehr viele spannende Eindrücke über das menschliche Verhalten ermöglichen.

der Hand und den Fingern an seine Stirn gefasst, hat also unbewusst versucht, diesen Fleck zu verbergen. Jeder ‚normal' veranlagte Mensch wird nun im Zuge eines längeren Gesprächs dieses ‚An-die-Stirn-Fassen' irgendwann kopieren. Das liegt in unserer Natur. Dieser Soziopath jedoch hatte diese Fähigkeit des Spiegelns nicht. Er saß da, ganz starr mit den Händen auf dem Tisch, ein deutliches Indiz für eine soziopathische Persönlichkeit.

Wenn Sie glauben, dass Sie sich nicht an die Stirn gefasst hätten, dann denken Sie bitte darüber nach, wie Sie sich verhalten, wenn Sie mal einen Pickel im Gesicht haben oder hatten. Sie wären ständig dabei – oft, ohne es zu merken – mit Ihrer Hand diesen Pickel zu verdecken.

Das Spiegeln ist ein wirkkräftiges Instrument des Angleichens. Wie bereits beschrieben, zieht Gleiches Gleiches an und sorgt für eine gleiche Wellenlänge. Im NLP – gerade im therapeutischen Einsatz – ist diese Wellenlänge essenziell für den Erfolg der Behandlung.
Die Vokabeln aus dem NLP lauten dabei:
Über das Spiegeln entsteht Rapport. Und Rapport ist Grundvoraussetzung für Leading, für die Führung also!

Ein sehr schönes Beispiel für diesen Vorgang beschreibt Helmut Krusche in seinem
Buch ‚**Der Frosch auf der Butter**':

Ein bekannter Therapeut hat es mit einem Patienten zu tun, der unruhig ist, nicht gern sitzt, immer auf und ab geht. Der Therapeut geht darauf ein, fragt, ob er selbst auch aufstehen und laufen darf. Im Zuge des Gesprächs setzt er sich immer wieder mal und steht anschließend auf. Er redet mit dem Patienten in einem ruhigen Ton und bereitet ihn für das Hinsetzen vor. Zum Teil gehen sie im gleichen Tempo durch den Raum, sie gleichen sich einander an. Der Therapeut nimmt Rücksicht auf die Belange des Patienten und findet so einen Zugang. Und irgendwann setzt er sich hin und sein Patient folgt seinem Vorbild. In diesem Moment hat er basierend auf einem hergestellten Rapport das **Leading**[39] übernommen – es ist ein Vertrauen aufgebaut worden.

Das Ankern

Auch das Ankern ist ein relativ einfach zu nutzendes Werkzeug für den Therapeuten oder auch für den Vorgesetzten.

Wenn der Mitarbeiter aufgeregt oder demotiviert ist, wenn er Angst hat, sich nicht konzentrieren kann, dann hilft der Einsatz von Ankern ungemein. Der in diesem Zusammenhang genutzte Begriff ‚Moment of Excellence' ist wunderbar treffend. Es geht darum, eine Erinnerung sich vor Augen zu führen, wieder greifbar zu machen oder sich auch durch einen vertrauten Duft in einen anderen schönen und wunderbaren Moment zurückgleiten zu lassen, so dass nur durch die Erinnerung

[39] Die Führung

Endorphine und Dopamine ausgeschüttet werden und der Wirkung des Stresshormons Adrenalin als Glückshormone entgegenwirken.
Es gibt Techniken und Vorgehensweisen, die man im Zuge einer NLP-Schulung erlernen kann, um diese Methode des Ankerns professionell anzuwenden.

In einem anderen Zusammenhang ist das Ankern eine Technik zur Manipulation von Kaufentscheidungen. Es wird über die Werbung oder Gespräche ein Preis fallen gelassen, der einen Standard darstellt. Der Kunde nutzt diesen Preis als Anhalt für weitere Verhandlungen. Leider weiß der Kunde jedoch nicht, ob der Preis tatsächlich ein Standard ist.
Ein Beispiel: In einem Modehaus steht ein Preis von 350,- für ein Kleid an dem Preisschild. Dieser Preis ist im Zuge eines Sales durchgestrichen und durch die Zahl 160,- ersetzt worden. Für den geneigten Käufer sieht dieses Kleid nach einem wahren Schnäppchen aus – über 50% Nachlass. Der Käufer hat gerade bei nicht standardisierten Waren aber überhaupt keine Ahnung, wie diese 350,- zustande gekommen sind, ob diese tatsächlich angemessen waren. Für ihn sind die 350,- aber der Anker, die Basis für seine weiteren Kaufentscheidungen.

Reframing

Reframing heißt übersetzt ‚einen neuen Rahmen schaffen'. Diese Technik ist sehr wirksam in Personal- oder Beziehungsgesprächen einzusetzen, da es hier darum geht, dem Gegenüber seine eigene Position zu verdeutlichen, ihn dazu zu bewegen, sich in meine Situation hineinzuversetzen, sie selbst zu erleben, um dadurch seine Sicht der Dinge zu verändern.

In einem Personalgespräch mit einem verstockten Mitarbeiter habe ich diese Technik dahingehend eingesetzt, dass ich ihn aufforderte, den Platz mit mir zu tauschen, sich auf meinen Stuhl hinter meinem Schreibtisch zu setzen und eine andere Perspektive zu erhalten. Ich bin also über das rein visuelle ‚Stellen Sie sich vor' hinweggegangen und habe einen starken Reiz gesetzt, seinen haptischen Eingangskanal genutzt und ihm so eine tatsächlich andere Perspektive gegeben. Einerseits war der Mitarbeiter total perplex, da er so etwas noch nicht erlebt hat. Andererseits hat er es aber auch als einen integrativen Moment verstanden, als einen Vertrauensvorschuss, dass er in meinem Sessel sitzen konnte und war dadurch meinen Argumenten gegenüber wesentlich offener eingestellt.

Das Reframing wird auch gern in der Rhetorik als Mittel zum Lebendigmachen einer Rede eingesetzt, um die Zuhörer tatsächlich mit auf eine Reise zu nehmen, um sie an meinen Inhalten teilhaben zu lassen.

Weitere interessante Ansätze, den Verkauf betreffend

Daniel Kahnemann hat in seinem Buch ‚**Schnelles Denken, langsames Denken**‘[40] einen echten Meilenstein gesetzt. Grundsätzlich unterscheidet er bei uns Menschen zwei verschiedene Denksysteme. Das erste, das schnelle Denken, ist sehr oberflächlich, ohne lange Prüfung, es basiert darauf, ob es sich gut anhört, ob es plausibel klingt.
Sein wunderbares Beispiel für diese Art Denken habe ich an vielen Mitarbeitern oder Schülern ausprobiert. Und fast immer hat das schnelle Denken die Arbeit übernommen und ein falsches Ergebnis präsentiert. Es geht folgendermaßen: Ein Schläger und ein Ball kosten zusammen 1,10$. Der Schläger ist einen Dollar teurer als der Ball? Was kostet der Schläger?

Es hört sich für uns richtig an, ein Dollar zu sagen. Das Ergebnis ist allerdings 1,05$. Hätte der Gefragte sein langsames Denken, sein analytisches Denken hinzugezogen, dann wäre wahrscheinlich das richtige Ergebnis dabei herausgekommen. Nur beschreibt Kahnemann das langsame Denken als einen eher faulen Apparat, der froh ist, wenn das schnelle Denken schon einmal eine Lösung vorgeschlagen hat.

---

[40] Daniel Kahnemann. Schnelles Denken, langsames Denken. Siedler Verlag 2012

Das schnelle Denken basiert auf Vorurteilen, Heuristiken[41] und natürlich auch Emotionen, die uns schnell in Richtungen bringen wollen, die sich gut anhören, richtig anhören. Nur ist der schnelle Denkapparat beispielsweise nicht in der Lage, statistisch zu denken. Auf die Frage 'Gibt es mehr Bibliothekare oder Bäckereiangestellte, die Shakespeare lieben? reagieren die meisten Schnelldenker sofort auf die Bibliothekare, da diese per se schon einen verstaubten Ruf des Klassikerverschlingers innehaben. Nur überlegen Sie einmal, wie wenige Bibliothekare es im Vergleich zu Bäckereiangestellten gibt. Ist es nicht viel wahrscheinlicher, dass es bei den Millionen Bäckereiangestellten auf der Welt nicht tatsächlich mehr Shakespeareliebhaber gibt als bei den vergleichsweise wenigen Bibliothekaren?
Kahnemann beschreibt in seinem Buch auch die faszinierende Wirkung des Primings. Es handelt sich hierbei um eine Handlungsvorbereitung, die der Handelnde i.d.R. nicht bewusst erkennt. Wir beeinflussen sein Verhalten durch Worte und visuelle Eindrücke.

Beispiel:
Studenten sollten aus bestimmten Worten sogenannte Vierwortsätze konstruieren. Dazu haben einige von ihnen Wörter erhalten, die etwas mit Rentnern zu tun haben, ohne dass die Worte alt oder Rentner selbst genannt wurden – z.B. Florida (als amerikanisches

[41] Definition Heuristik: Als Heuristik oder heuristisches Vorgehen bezeichnet man in der Psychologie eine einfache Denkstrategie für effizientere Urteile und Problemlösungen, die meist schneller, aber auch fehleranfälliger ist als ein Algorithmus. (vgl. Online Lexikon für Psychologie und Pädagogik)

Rentnerparadies) oder langsam oder grau, etc. Anschließend wurden die Gruppen zu einem Nebenraum geführt, um dort auf die Ergebnisse zu warten. Spannenderweise haben die Studenten der ‚Seniorenworte' deutlich länger gebraucht, um den anderen Raum zu erreichen, als die anderen Gruppen. Die Beschäftigung mit Worten zum Alter haben sie tatsächlich dahingehend beeinflusst, dass sie in einem langsameren Tempo gegangen sind.

Das Standardbeispiel für **Priming** ist ebenfalls sehr faszinierend und soll dann auch den Übergang zum nächsten Thema markieren – der Tiefenpsychologie:
In einer Universitätsteeküche wurden Tee und Kaffee angeboten. Eingezahlt wurde in eine sogenannte Vertrauenskasse, d.h. jeder Mitarbeiter oder Student dort hat eingezahlt, was er bereit war zu zahlen – obgleich ein Preisschild mit 70 Cent angegeben war. Daraufhin wurde eine Kampagne zur Verschönerung der Teeküche gestartet – es wurden Bilder von Blumen und anderen Motiven jeweils eine Woche lang aufgehängt. Als jedoch ein Auge zum Motiv wurde – direkt über der Getränkeausgabe aufgehängt – da hat sich der finanzielle Umsatz bei gleicher Ausgabemenge verdreifacht. Die Menschen haben sich durch das Bild des Auges unbewusst beobachtet gefühlt und daher mehr gezahlt als vorher.

Diese und ähnliche Beispiele – auch viele Experimente zu Heuristiken – finden Sie in Kahnemanns beeindruckendem Buch – es lohnt sich.

Die Bestandteile der Matrix 4 – Tiefenpsychologie

Wenn man den Begriff Tiefenpsychologie liest, dann denkt man in der Regel zuerst an Freud, Jung oder Adler.

Insbesondere Siegmund Freud hat eine riesige Veränderung in dem Verständnis von Denk- und Verhaltensprozessen bewirkt.

In meinen Schulungen habe ich gern einen Ausflug in die Allgemeinbildung gemacht – wie es von einem Oberlehrer so erwartet wird. 😊

Ich fand es beispielsweise faszinierend, der Frage nachzugehen, durch wen die katholische Kirche in erster Linie in einen Erklärungsnotstand bezüglich ihres Welt- und Menschenbildes gebracht wurde. Für mich sind Kopernikus, Darwin und Freud drei passende und wirkungsvolle Rebellen in diesem Zusammenhang.

Das ptolemäische Weltbild mit der Erde als Scheibe, oben Himmel, unten Hölle ist genauso in der Bibel wiederzufinden. Jeder, der vorher angedeutet hätte, dass die Erde nicht Zentrum des Universums wäre, hatte unerfreulichen Besuch von der Inquisition. Und dann kommt Kopernikus und beweist, dass die Planeten sich um die Sonne drehen und die Erde natürlich eine Kugel ist. Er bewies das heliozentrische Weltbild und verwarf das geozentrische. Das war die erste Ohrfeige für die Kirche. Erst im 20. Jahrhundert wurden Urteile über

Ketzer, die etwas Derartiges behauptet haben, zurückgenommen.

Im 19. Jahrhundert dann kam Darwin und erzählte allen, dass der Mensch vom Affen abstamme und zudem noch eine zufällige Mutation wäre, die sich im Krieg der Rassen besser durchsetzen konnte. Der Mensch ein Affe? Was für ein Schlag ins Gesicht der Kirche. Und nebenbei wurde auch noch bewiesen, dass die Erde nicht – wie von der Kirche behauptet – nur einige tausend Jahre, sondern 4,6 Milliarden Jahre alt sein müsse.

Und schließlich fing ein Wiener Arzt davon an, dass der Mensch – nicht mehr Zentrum des Universums, nur ein weiterentwickelter Affe – jetzt auch noch nicht einmal mehr der Herrscher seiner eigenen Handlungen wäre. Gemäß Freud ist der vorherrschende Teil aller menschlichen Handlungen nicht bewusst gesteuert, d.h. wir handeln zumeist, ohne zu denken, basierend auf unserem Unbewussten. Folgende Grafik soll einmal Freuds bahnbrechende Aussage verdeutlichen.

Bewusst oder Unbewusst?

Die Realität des Bewussten nach Freud

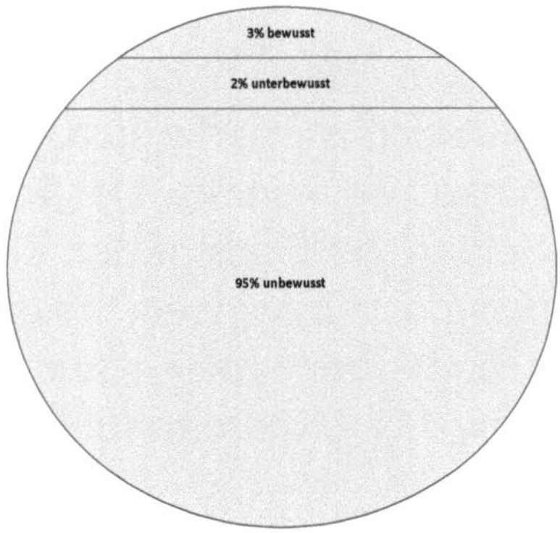

Das **Bewusste** versteht er als Inhalte, die nach Belieben in den Fokus der Aufmerksamkeit gerückt und wieder beiseitegelegt werden können.

Das **Unterbewusste** oder auch Vorbewusste sind Inhalte, auf die man nicht zugreifen kann, die jedoch emotional schon irgendwie erfassbar sind. Worte, die auf der Zunge liegen, Handlungen, die man nicht vollziehen sollte, obwohl die Logik dafürspräche, Ahnungen, Intuitionen, Inhalte also, die kurz vor dem Bewussten sind, sich jedoch noch dem Zugriff entziehen.

Das **Unbewusste** schließlich ist wie ein tiefer dunkler Brunnen. Es ist da, wir können aber nichts erkennen. Keine willentliche Anstrengung vermag es, Inhalte aus dem Unbewussten direkt bewusst zu machen.
Nur über Mittel der Psychoanalyse, der Traumdeutung, Trance und Hypnose kann man in die Tiefen des

Brunnens hinabsteigen – aber nicht allein. Unsere menschlichen Prinzipien, all das, was uns als Mensch schon durch unsere genetischen Vorgaben ausmacht, all das entzieht sich unserer Kontrolle. Wir nutzen Inhalte aus dem Unbewussten im Zuge von Automatismen unter Umgehung des Kurzzeitgedächtnisses, ohne darüber nachzudenken.

Aber es gibt noch Licht am Ende des Tunnels. Wir können auch ohne einen Psychiater an unserer Seite Rückschlüsse auf unser ‚Seelenleben' erhalten – und zwar durch die Analyse der Konsequenzen unseres Verhaltens auf andere.

Im Zuge meiner Trainerausbildung bei der Cicero-Unternehmensberatung[42] in Hamburg vor etwa 20 Jahren wurde mir die Funktionsweise des Aufstiegs eines zunächst unbewussten Prinzips oder Bedürfnisses in das Bewusstsein mittels folgender Grafik verdeutlicht:

[42] An dieser Stelle danke ich meinem Trainer und Veränderer Claus Diers, der mir 2 Dinge vor allem vor Augen geführt hat: Zum einen war meine emotionale Seite deutlich unterrepräsentiert in meinem Denken und Verhalten. Und zum anderen wird durch Aufregung die beste Veränderung erzielt. Noch einmal vielen Dank. Sie kamen nach 12 Jahren Bundeswehr genau zum richtigen Zeitpunkt in mein Leben.

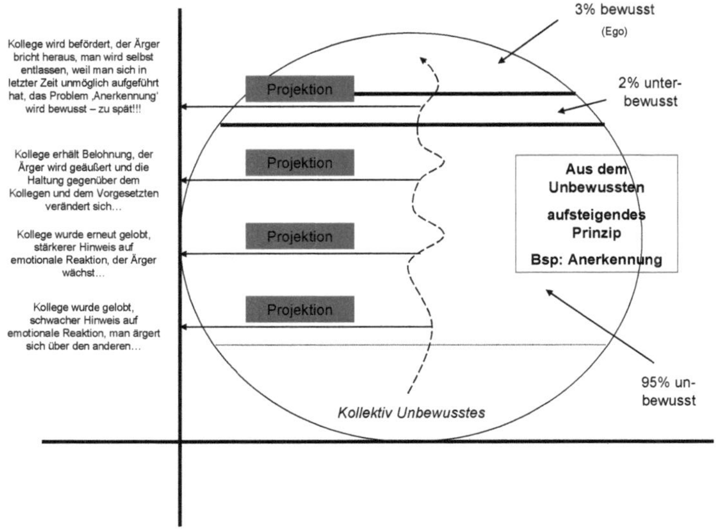

Aus dem kollektiv Unbewussten steigt das Bedürfnis ‚Anerkennung' langsam an die Oberfläche. Ein Bedürfnis, von dem der Betroffene nicht einmal weiß, dass es bei ihm gerade aktiv ist, dass er also unter zu wenig Anerkennung leidet.

Der Nachteil des Unbewussten ist per Definition, dass es unbewusst ist. Wir erhalten nur Hinweise auf das Rumoren dieses Bedürfnisses durch Beobachtung anderer Personen in unserem Umfeld. Durch eine Projektion, eine Übertragung unserer eigenen unbewussten Bedürfnisse auf Situationen und Personen außerhalb bilden wir quasi unser Seelenleben auf andere ab.

Wenn wir das Gefühl haben, nicht anerkannt zu werden, ärgern wir uns über die Anerkennung anderer, die es unserer Meinung nach nicht so verdient hätten wie wir. Dieses Ärgern ist wohl das einzige Zeichen, das wir außerhalb unseres Unbewussten erkennen könnten.

Wir ärgern uns quasi so lange, bis das Bedürfnis befriedigt ist oder unsere Projektionen auf andere derartig intensive Reaktionen oder Echos hervorgerufen haben, dass diese schließlich in unserem Bewusstsein angekommen sind.
Leider ist das Ankommen im Bewusstsein oft genug schon zu spät, um noch irgendetwas an seinem eigenen Verhalten ändern zu können – soll heißen, dass das man sich durch die Projektionen der eigenen Unzufriedenheit wegen der Nichterfüllung des eigenen Bedürfnisses in der Gruppe der Kollegen und gegenüber den Vorgesetzten schon in die Nesseln gesetzt hat.

Übrigens:
Wenn Anerkennung kein Thema ist, dann gönnen wir anderen Erfolg, weil wir ihn selbst haben. Untersuchen Sie dieses Phänomen einmal bei Kindern.
Geben Sie einem Kind ein Stück Erdbeerkuchen und bitten Sie, es mit seinen zwei Freunden zu teilen. Viel Spaß mit der Laune des Kindes. Sollten Sie dem Kind jedoch einen ganzen Erdbeerkuchen geben, dann werden Sie in der Regel beobachten, wie sich das Kind in der Geberrolle sonnt – weil es selbst genug davon hat!

Grundaussage dieses Modells:
Immer, wenn ich mich über andere ärgere, sollte ich den Grund für diesen Ärger lieber einmal bei mir suchen.
Damals vor 20 Jahren hat mich diese Aussage empört, heute finde ich sie immer wieder bestätigt.
Wenn ich meinem Sohn einen Auftrag gegeben habe, sein Zimmer aufzuräumen und er es nicht macht, dann ärgere ich mich über ihn. Der Fehler liegt jedoch bei mir,

da wahrscheinlich mein Bedürfnis nach Respekt nicht befriedigt wurde. Und inzwischen rufe ich mir vor dem Aufregen noch einmal das Modell von Lorenz[43] ins Gedächtnis, um meine Verantwortung zu hinterfragen und mich selbst in einer Reaktion zu mäßigen.
Das schöne und befreiende Aufregen über andere verliert deutlich an Wert und an Wirkung, wenn man die ganze Zeit ahnt, dass man sich eigentlich über sich selbst und seine eigenen unerfüllten Prinzipien, unbefriedigten Bedürfnisse aufregt.

Das Hemisphärenmodell

Kommen wir nun zu einem populärwissenschaftlichen Ansatz zum Verständnis der Funktionsweise und des Aufbaus des Gehirns. Wieder einmal möchte ich betonen, dass dieses Buch die praktische Anwendbarkeit als klares Ziel vor Augen hat. Und dieses Ziel bedeutet oft genug, einfache Erklärungsmuster darzustellen, die anwendbar sind – auch wenn sie zu einfach dargestellt sind, sie nicht mehr den Status Quo der Wissenschaft darstellen oder auch zum Teil widerlegt wurden.

Mein Freund und Lektor Dr. Hans Schelchshorn hat als in der Gehirnforschung promovierter Psychologe darauf hingewiesen, dass er die fragwürdige und nicht beweisbare Vereinfachung des Hemisphärenmodells eher gruselig findet. Und ich stimme ihm im Namen der Wissenschaft auch vollständig zu.

---

[43] Vgl. Kapitel 2 - Wahrnehmung

Sehr deutlich wird in diesem Zusammenhang der Hirnforscher Henning Beck[44], der in seinem Buch ‚Hirn-Rissig' in einem eigenen Kapitel dazu Stellung bezieht und das Wort ‚gruselig' von Herrn Dr. Schelchshorn zu ‚Mumpitz' weiterentwickelt.

Die ursprüngliche Idee der 2 Hälften

Beide Gehirnhälften haben unterschiedliche Spezialisierungen. Nur die linke Gehirnhälfte hat Zugang zum Bewusstsein und verarbeitet rationale, sprachliche und logische Prozesse, während die rechte Gehirnhälfte ganzheitlich, bildhaft, kreativ, intuitiv und emotional ist.

Diese Lokalisierungen von Spezialisierungen treffen nicht zu 100% zu, aber es lassen sich Muster für Kommunikation, Lernen und Motivation daraus ableiten.

Lernen funktioniert nach diesem Modell am besten, indem beiden Hirnhälften entsprechendes Datenmaterial angeboten wird.

Beispiel:
Eine Rede bedient primär den auditiven Sinneskanal. Die Rede besteht aus Wörtern, also Sprache. Wenn in der Rede nun auch noch viele Zahlen vorgetragen werden, so wird nur die eine Hälfte des Gehirns (die linke) bedient, die rechte bleibt untätig. Wird hingegen die

---

[44] Hirn-Rissig. Henning Beck.50ff. Hanser Verlag 2014

Rede durch eine Folie mit einem Diagramm unterstützt, so wird über das Diagramm, das als Bild die rechte Hirnhälfte aktiviert, der Speicher- und Lernvorgang verbessert. Wichtig dabei: Die Folie muss ein Bild enthalten, nicht die Zahlen nochmals aufgeschrieben, denn die Zahlen sind der linken Hirnhälfte zugeordnet!
Diese Aufteilung ist nicht als absolute Wahrheit zu nehmen, sondern als ein Denkschema, als eine Landkarte, die helfen soll, uns zu orientieren.

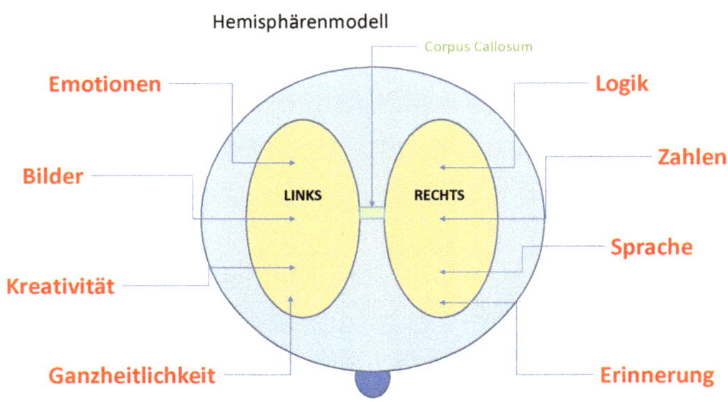

Diese Ableitungen haben zu einer wahren Flut von Ratgebern geführt und sind auch eingeflossen in die Lehrpläne von Trainern und Coaches.[45]
Wer aber basierend auf einer nicht nur ‚nicht bewiesenen', sondern wirklich falschen Theorie Tipps und Tricks für das richtige Verhalten anbietet, der sollte sich einen anderen Job suchen.

---

[45] Hinweis: Der Trainer und Coach ist kein geschützter Begriff. Jeder kann sich grundsätzlich Trainer nennen. Also achten Sie darauf und hinterfragen Sie Kompetenzen, Studien und Erfahrungen!

Gehen wir von dem Hemisphärenmodell einmal zu einer verwandten Thematik – der Mann-Frau-Kommunikation.
Irgendetwas muss daran sein. Warum sonst würde das alles so plausibel klingen? Warum ticken Männer anders als Frauen?

Wer einmal wirklich interessante und humorvolle Einblicke in die Unterschiede zwischen Mann und Frau erhalten möchte, dem empfehle ich, das Theaterstück ‚Caveman' zu schauen. Sie werden auf unterhaltsame Weise ihr Wissen über Kommunikation vertiefen und einige schöne Anekdoten für ihre eigene gehirngerechte Wissensvermittlung erhalten. Der Fehler war nur, diese Aussagen auf das Hemisphärenmodell zurückzuführen.

Warum habe ich dieses Modell trotz aller zutreffenden Kritik in mein Buch eingebaut?

Zum einen ist es populärwissenschaftlich und sollte erwähnt und kritisiert werden, damit nicht jedermann auf fehlerhafte Aussagen hereinfällt - wie etwa, dass das Corpus Callosum (Verbindung zwischen rechter und linker Gehirnhälfte) bei der Frau 18fach stärker entwickelt ist als beim Mann und somit erklärt, warum Frauen bildhafter denken und Gefühle mehr in ihre Handlungen integrieren.

Zum anderen beschreibt es in seiner Auslegung Klischees, die oft genug zutreffen und nicht zuletzt Comedians wie Mario Barth zu ihrem Erfolg verhalfen. Hätte er nur Dinge von sich gegeben, die keinen Menschen zum Nicken brächten, dann hätte er bestimmt nicht den Erfolg gehabt, den er nachweislich hatte.

In meiner Trainerausbildung wurde mir dieses Modell nähergebracht und zur Erklärung von kommunikativen Unterschieden zwischen Männern und Frauen herangezogen. Auch, wenn die Zweiteilung des Gehirns nicht der Grund dafür war, habe ich dieses Modell immer im Hinterkopf, wenn mir die Besonderheiten der Mann-Frau-Kommunikation mal wieder in Gesprächen auffallen. Es ist fest assoziiert und verknüpft.

Durch dieses Modell habe ich Toleranz gelernt, wurde mir klar, dass es sinnvoll ist, die Unterschiedlichkeit anderer anzuerkennen. Ich wurde vertraut gemacht mit der Beschäftigung mit meiner eigenen Emotionalität und der Beschränktheit der schulischen Ausbildung in unserer Gesellschaft - Lernen durch Wiederholung und nicht etwa Lernen durch Bilder und Emotionen. Was für eine Erfahrung!

Und das Prinzip der Ganzheitlichkeit wurde mir nicht zuletzt durch ein Caveman-Beispiel verdeutlicht.
Wenn männliche Neandertaler früher durch die Wälder zogen und auf einen See trafen, dann fingen sie an, Bäume zu fällen, um einen Floß zu bauen und diesen See zu überqueren.
Wenn weibliche Neandertaler durch die Wälder zogen, dann haben sie schon während der Wanderung nach links und rechts nach Pilzen und Obst oder anderen brauchbaren Dingen geschaut. Und wenn sie den See

erreichten, dann sind sie eben drum herumgegangen, wenn er nicht zu groß war.

Dieses Beispiel ist mir im Kopf geblieben und das Hemisphärenmodell ist mir eine ständige Mahnung, die Besonderheiten von Männern und Frauen nicht zu vergessen und diesen stets Rechnung zu tragen.
Und es ist mir eine ständige Mahnung, nicht alles zu glauben, was irgendwelche Lehrer mir so beibringen wollen.

Die Beschäftigung mit der Gehirnforschung

Unser Vorteil gegenüber den alten Philosophen ist eindeutig die grandiose Verbesserung unserer Technik zur Analyse menschlichen Verhaltens, zur Visualisierung von Prozessen im Gehirn durch entsprechende Apparaturen und Computer. Dies hat zur Folge, dass wir die Bereiche des Gehirns genau benennen können, in denen entsprechende Vorgänge ablaufen:
Die folgende Grafik unterteilt das Unbewusste daher auch in autonome Kognitionen, Emotionen und das Nervensystem. Wir haben also in allen drei Bereichen Wissen gespeichert, das wir nutzen können, ohne zu wissen, dass wir es haben. Und hier werden uns auch die lokalen Zentren dieser Funktionssysteme genannt.

Funktionssysteme des bewussten und unbewussten Verhaltens

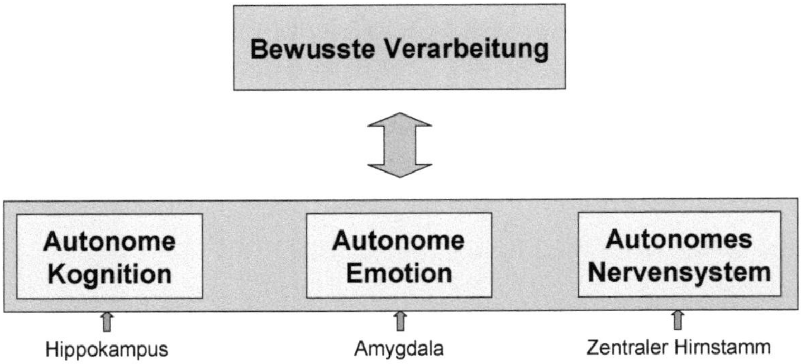

Unbewusstes Verhalten ist demzufolge genauer zu unterscheiden. Die autonome Kognition (vgl. Kahnemanns ‚Schnelles Denken‘) sorgt für direkt abgerufene, aber nicht durchdachte bzw. verifizierte Handlungen oder Äußerungen, die eine schnelle Aktion oder Reaktion ermöglichen. Die autonome Emotion verfolgt uns unser ganzes Leben lang. Wir fühlen, ohne zu denken. Wäre unsere Emotion mehr durch das Denken geleitet, könnte aufgrund der knappen Kapazität unseres Gedächtnisses zur bewussten Verarbeitung von Informationen (7+-2) der Mensch aber gar nicht funktionieren. Die autonome Emotion dominiert und verändert dabei natürlich auch die autonome Kognition.

Beispiel:
Ich gehe abends allein in ein dunkles altes Haus, das ich nicht kenne und das einen sehr schlechten Ruf hat. Also verspüre ich Angst. Und diese Angst, die ganz ohne mein bewusstes Zutun mein Inneres erfüllt, verändert natürlich auch die autonomen Kognitionen. Angst

lässt uns über Angriffe, Gespenster, seltsame Phänomene, alte Horrorfilme, etc. denken. Und dann steigert sich das Unwohlgefühl. Eine Bewusstmachung dieser Angst auslösenden und nicht reellen Faktoren jedoch könnte unsere autonome Kognition in Richtung Architektur, Möbel, Bilder, etc. verschieben.

Der Weg des Lernens

Ich möchte an dieser Stelle noch einen kurzen Transfer in die Lernpsychologie erörtern.

Was genau ist denn das Ziel all unseres Lernstrebens? Was müssen Sie als Chef bei Ihren Mitarbeitern erreichen, als Vater oder Mutter bei Ihren Kindern?
Es geht immer darum, dass Sie sie auf das Leben, auf den Job vorbereiten. Und dazu müssen Sie zunächst wie Sokrates agieren.

Sokrates, dieser wunderbare neugierige, alles hinterfragende Weltweise ist schon 400 vor Christus seinen Mitmenschen – insbesondere den Honoratioren seiner Stadt Athen – gehörig auf den Geist gegangen, indem er seinen Schülern aufgetragen hat, alles erst einmal zu hinterfragen.
Von ihm stammt das Zitat: ‚Ich weiß, dass ich nichts weiß.‘ Nicht, dass er nichts wusste, aber es war ihm klar, dass er nur wenig wusste, dass er immer weiterlernen wollte, dass er nichts auf Aussagen geben wollte, die schon immer Gültigkeit hatten, wenn sie ihm keiner erklären konnte.

Und eben dies sollen Sie jetzt auch tun. Erkennen Sie bei sich selbst, dass Sie nichts wissen und viel mehr hinterfragen müssen. Und machen Sie das auch Ihren Anvertrauten klar. Dieses Erkennen der eigenen Wissensgrenzen ist der erste wesentliche Schritt zur Entwicklung wahren Wissens.

Zunächst also hat jeder von uns keine Ahnung davon, dass er eigentlich nichts weiß.

1. unbewusstes Unwissen

Nachdem die Erkenntnis erfolgt ist (Sokrates), weiß der Anvertraute nun, dass er nichts weiß und lernen muss.

2. bewusstes Unwissen

Und er lernt vornehmlich bewusst, über die 7+-2 Gedanken, über Auswendiglernen, über ein System, das bei Stress grundsätzlich aufhört zu funktionieren. Er fängt an, das, was er bisher gelernt hat, dahingehend zu untersuchen, ob es richtig oder falsch ist. Er analysiert bewusst sein Handlungswissen.

3. bewusstes Wissen

Aber erst, wenn wir es schaffen, auf unser Wissen unbewusst zuzugreifen und auch unbewusst zu lernen, erhalten wir die beste Grundlage, die ein Mensch nur haben kann – die Möglichkeit, ohne darüber nachzudenken, richtig und gut zu handeln.

4. unbewusstes Wissen

Das **Ziel des Lernens** ist es also unbedingt, eine Umgehung des ‚7-Gedanken-Hohlweges' Kurzzeitgedächtnis und der bewussten Verarbeitung von Inhalten zu erreichen, um echtes, jederzeit abrufbares automatisches Wissen zu nutzen!

Die Bestandteile der Matrix 5 - Motivationspsychologie

Warum beschäftigen wir uns mit Motivation?

Jede Handlung ist motiviert. Wie wir im vorangegangenen Kapitel aber gesehen haben, sind mindestens einmal 97% dessen, was wir so machen, un- oder unterbewusst. Wir kriegen also überhaupt nicht mit, warum wir das tun, was wir gerade tun, weil wir quasi durch unser eigenes System übersteuert werden.

Mein Problem:
Ich möchte wissen, warum ich etwas tue, damit ich falsche Entscheidungen auch verhindern kann.
Und wenn ich wissen will, wie meine Entscheidungen zustande kommen, dann setzt das eindeutig voraus, dass ich weiß, wie Motivation funktioniert.

Zur Begriffsklärung:
Motivation leitet sich ab von dem lateinischen Wortstamm ‚motivare' – etwas bewegen[46]. Und so bewegt uns die Motivation, die Interaktion unserer diversen Motive zu einer bestimmten Handlung.
Wenn es mir jetzt gelingt, meine Motive zu hinterfragen, sie ggf. zu ersetzen gegen bessere Motive, dann verändert sich mein Verhalten grundsätzlich.

---

[46] https://www.krupa.biz/motivation-auf-den-punkt-gebracht/

Beispiel:
Ich müsste für eine Prüfung lernen.

Mir stehen grundsätzlich sehr viele Handlungen offen. Ich kann richtig lernen, ich kann oberflächlich so tun, als würde ich lernen, ich kann Fernsehen, ich kann ein Computerspiel spielen, ich kann rausgehen und einen Spaziergang machen, und so weiter.
Für jede dieser Handlungen habe ich in meinem Inneren Motive und ‚Anti-Motive', Pros und Kontras. Ich habe kognitive und affektive, emotionale Motive. Es kann sein, dass ich 10 kognitive Motive für eine Handlung habe, ein emotionales dagegen und ich mache es trotzdem nicht, weil das emotionale überwiegt. Gerade das Motiv ‚Faulheit' wird dort immer wieder gern genommen.
Auch zum Zwecke der Selbstreflexion ist es immer wieder sinnvoll, eine Analyse wie in der folgenden Grafik vorzunehmen, denn: Je mehr ich davon weiß, warum ich etwas tue, desto besser kann ich Motive finden, die ich mir bewusst machen kann.

Motivationale Entscheidungen und Motivbündel

Handlung: Lernen oder nicht!

Pro	Kontra
• Gute Zensur/Prüfung • Wissen bringt Spaß • Ansehen und Anerkennung • Geld von den Eltern • Regelmäßiges Lernen hilft, um später einen guten Abschluss zu bekommen	• Gutes Wetter, um raus zu gehen • Keine Lust zu lernen • Freunde haben angerufen, um sich zu treffen • Was hab ich davon? Meine Noten sind eh nicht gut.

Und bewusste Motive dienen der Erreichung eines gesteckten Zieles umso mehr. Wir nutzen sie als ständiges Controlling dafür, ob wir unser Ziel erreicht haben, ob das Ziel für uns nicht zu weit entfernt ist, ob wir das Ziel anpassen müssen. Ohne Bewusstmachung der Motive passiert es auch oft, dass uns die mächtigen emotionalen ‚Anti-Motive' wie Faulheit, Zeit mit der Familie, Hobbies nachgehen, Ausruhen, etc. alle anderen sinnvollen Motive zerschießen und uns vom Weg abbringen.

In der Analyse unserer Motive kommen wir nicht an der Beschäftigung mit unseren Bedürfnissen und Trieben vorbei.

Abraham Maslow hat als Wegbereiter der Motivationspsychologie schon erklärt, dass der Aufbau von Stärke als ein evolutionärer Lösungsansatz zur Befriedigung der grundsätzlichen Bedürfnisse im menschlichen Handeln umgesetzt wird. [47]

Wir finden die Stärke bei Nietzsche wieder. Das Recht des Stärkeren wurde unendlich oft von Diktatoren und Aggressoren als Rechtfertigung für ihr Verhalten angesprochen. Stärke gibt uns Macht. Und Macht sorgt dafür, dass wir Sicherheit erhalten – auf Kosten der anderen. Max Weber beschreibt in seinem Werk ‚Wirtschaft und Gesellschaft' 1922 Macht als jede Chance, innerhalb einer sozialen Beziehung den eigenen Willen auch gegen Widerstreben durchzusetzen, gleichviel worauf diese Chance beruht.

In der Psychologie und auch der Soziologie wird ständig von Bedürfnissen, Prinzipien und auch Trieben gesprochen.
Gerade die Triebe haben dabei ein sehr negatives Image. Dabei sorgen diese grundsätzlich für das Überleben unserer Spezies.
Bei den Trieben unterscheidet Freud den Selbsterhaltungs- und den Fortpflanzungstrieb. Beide beeinflussen unser Verhalten. Aus ihnen heraus bilden sich die Bedürfnisse, die uns Menschen ausmachen.
Und bei den Bedürfnissen wird es dann spannend, wenn Sie Personal führen oder Ihr Kind erziehen wollen. Um diesen Aufgaben auch wirklich nachkommen zu können, ist es zwingend notwendig zu erkennen, welche Bedürfnisse eventuell nicht befriedigt sind. Nicht

---

[47] Vgl. Totmotiviert. Steffen Kirchner. Gabal 2. Auflage 2015. S.70ff

befriedigte Bedürfnisse können Führung und Erziehung blockieren oder sogar zerstören, wenn sie nicht erkannt werden.
Wieder einmal sind wir an einem Punkt angekommen, wo es Sinn macht, ein wenig innezuhalten und uns klarzumachen, dass wir Wissen benötigen, um Situationen verstehen und einschätzen zu können.

Wenn ich nicht weiß, welches Bedürfnis bei meinem Gegenüber nicht befriedigt ist, dann wird es sehr schwer, ihn für andere Dinge zu begeistern.

Der Altmeister der Motivation, Abraham Maslow (1908-1970), hat ein wunderbares, heutzutage leicht antiquiertes Modell entwickelt, nach dem Bedürfnisse in einer Hierarchie angeordnet sind, und zwar Bedürfnisse, die für uns alle gelten und somit als Grundbedürfnisse aller Menschen angesehen werden können.

Motivationsmodell nach Maslow - die Bedürfnispyramide

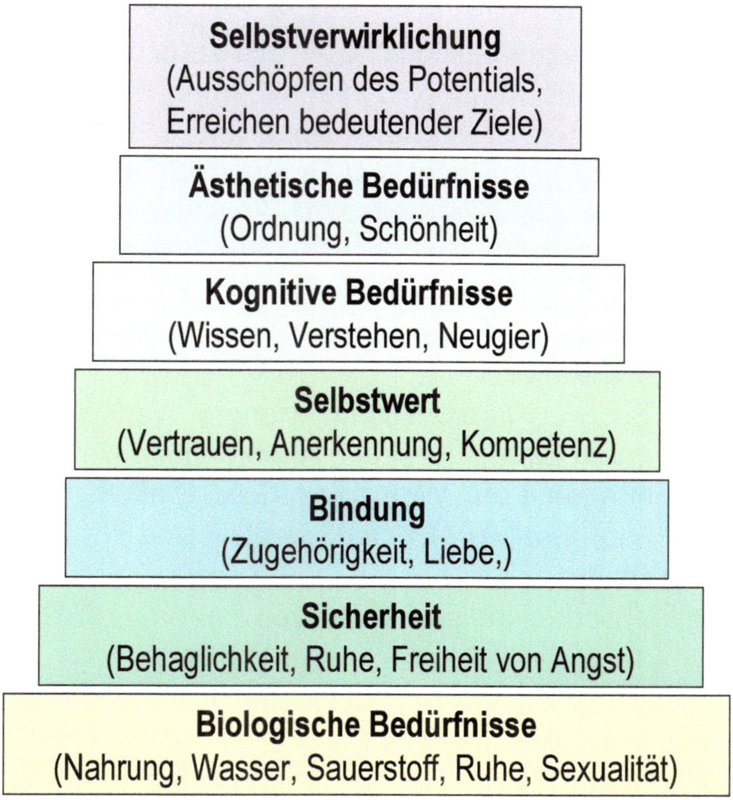

Die menschlichen Bedürfnisse bilden die „Stufen“ der Pyramide und bauen dieser eindimensionalen Theorie gemäß aufeinander auf. Der Mensch versucht demnach, zuerst die Bedürfnisse der niedrigsten Stufe zu befriedigen, bevor die nächste Stufe zum neuen und stärkeren Bedürfnis wird. Ein starkes Bedürfnis erhöht die Motivation es zu befriedigen.

Beispiele für die 7 Stufen der Pyramide:

- Körperlich-biologische Existenzbedürfnisse, Freiheit, Atmung, Schlaf, Nahrung, Wärme, Gesundheit, Wohnraum, Sexualität.
- Sicherheit, Recht und Ordnung, Schutz vor Gefahren, fester Arbeitsplatz, Absicherung, Freiheit vor Angst
- Bindung, Soziale Beziehungen, Familie, Freundeskreis, Partnerschaft, Liebe, Intimität, Kommunikation.
- Soziale Wertschätzung, Höhere Wertschätzung durch Status, Respekt, Anerkennung (Auszeichnungen, Lob), Wohlstand, Geld, Einfluss, private und berufliche Erfolge, mentale und körperliche Stärke.
- Wissen, Neugier, kognitives Erfahren, Weiterbildung
- Ästhetik, Luxus, Aussehen, Genuss, Bequemlichkeit
- Selbstverwirklichung, Individualität, Talententfaltung, Perfektion, Freiheit, Verwirklichung von Lebensideen

Für die prinzipielle Darstellung von Bedürfnissen in der Verkaufspsychologie und als einfaches praktisches Modell zum besseren Verständnis von Mitarbeitern im Bereich der Personalführung und Konfliktbewältigung wird das Modell von Maslow heute noch häufig verwendet.

Zum Verständnis der Pyramide:

Alle Bedürfnisse bauen auf den biologischen Grundbedürfnissen auf. Wir müssen essen, schlafen und trinken, damit unser Körper funktioniert. Wir müssen uns schützen, damit dieser Körper nicht beschädigt wird und wir verspüren in uns den Drang, unsere Gene in die nächste Generation zu retten.
Beispiel:
Wenn mir jemand in einem Krieg eine Pistole an den Kopf setzt und sagt, ich möge wie ein Hahn krähen, dann werde ich das mit großer Wahrscheinlichkeit tun, da ich überleben möchte. Die Albernheit meines Betragens und die Demütigung wären mir in diesem Fall total nebensächlich. Ich mache fast alles, um zu überleben.

Erst, wenn die biologischen Grundbedürfnisse befriedigt sind, fange ich an, offen für die weiteren Bedürfnisse zu werden.

Als Vorgesetzter oder auch als Vater möchte ich meinem Zögling Wissen vermitteln, um ihn besser auf die Welt vorzubereiten. Gemäß der Bedürfnispyramide ist Wissen aber erst auf Stufe 5. Wenn ich Erfolg haben möchte, dann muss ich dafür sorgen, dass die unteren, wichtigeren Bedürfnisse auch befriedigt sind.
Zum Glück leben wir hier in Deutschland in einer Gesellschaft, in der Hunger i.d.R. keine große Rolle spielt, d.h. wir können davon ausgehen, dass unsere Mitarbeiter zuhause genug zu essen erhalten. Auch gehen wir automatisch davon aus, dass unsere Mitarbeiter Schlaf erhalten und ihr Leben nicht gefährdet ist.

Daher konzentrieren wir uns in der Analyse insbesondere auf die nächsten drei Stufen – die sogenannten sozialen Grundbedürfnisse.

Hier finden wir nun die praktische Anwendung von Maslow. Ich nutze ihn ganz bewusst als Checkliste für die Unterhaltung mit meinen Mitarbeitern. Immer, wenn ich bemerke, dass der Mitarbeiter nicht konzentriert arbeitet, eine abweisende oder auch aggressive Körperhaltung hat oder Fehler über Fehler macht, dann ist es meine Verantwortung, sein Verhalten zu hinterfragen, und zwar mit Hilfe der nächsten 3 Bedürfnisse.

Fast immer finde ich Gründe für sein Fehlverhalten in der fehlenden Befriedigung seiner sozialen Bedürfnisse. Finanzielle Sorgen, Stress in der Beziehung zuhause, Mobbing in der Firma, das Leben eines Außenseiters – all das sind Gründe dafür, dass mein Mitarbeiter nicht performt.

Entscheidend für den guten Personalführer ist nun jedoch, dass ich mich für meine Mitarbeiter interessiere, dass ich einen vertrauensvollen Umgang pflege, dass sie mich einbeziehen in ihre Sorgen und Nöte und dass ich an ihrem Verhalten und an ihrer Körpersprache jederzeit erkenne, dass etwas mit ihnen nicht stimmt.
Ich habe schon Vorgesetzte getroffen, die mich gefragt haben, ob ich das wirklich ernst meinen würde. Sie hätten keine Lust, keine Zeit und auch keine Nerven, sich mit den privaten Sorgen ihrer Mitarbeiter zu beschäftigen. Arbeit ist Arbeit, privat bleibt privat.

Diese Einstellung sorgt leider dafür, dass Sie Ihre Mitarbeiter niemals besser kennenlernen werden. Und das Kennenlernen, das Einschätzen-Können sind wesentliche Voraussetzungen für vertrauensvolle und funktionierende Führung.

Beispiel:
Ein Mitarbeiter wird von seinen Kollegen gemobbt. Ständig machen sie sich über ihn lustig und verunglimpfen seine Art zu reden und sich zu kleiden. Der Mitarbeiter baut eine Ablehnung zur Arbeit auf, da diese für ihn einen ständigen Kampf bedeutet.
Und nun kommen Sie und möchten ihn für eine Weiterbildung am Wochenende erwärmen, der einzigen Zeit, in der er Ruhe vor seinen Kollegen hat? Was meinen Sie wohl, wie es da um seine Motivation bestellt ist?

Oder stellen Sie sich einen Mitarbeiter vor, der ständig zu spät kommt. Sie sagen ihm nach einer gewissen Zeit, dass es so nicht weitergehen könne, und verhängen Sanktionen gegen ihn. Und er kommt ständig weiterhin zu spät.

Eine Beschäftigung mit seinen Bedürfnissen könnte erklären, warum er so handelt. Vielleicht ist bei ihm zuhause gerade Streit in der Partnerschaft, so dass er denkt, dass jede einzelne Minute zuhause kostbar wäre und er für den Arbeitgeber sowieso nichts mehr richtig leisten wolle. Vielleicht hat er finanzielle Sorgen und trägt morgens zusätzlich zur eigentlichen Arbeit noch Zeitungen aus.

Entscheidend für eine Lösung ist nun, dass Sie seine Situation verstehen lernen, so dass Sie ihm vielleicht Hilfestellungen an die Hand geben können, um seine Bedürfnisse zu befriedigen.

Die Beschäftigung mit den Bedürfnissen Ihrer Mitarbeiter ist anstrengend, herausfordernd, setzt Vertrauen in der Beziehung und Empathie Ihrerseits voraus. Aber für jegliches Erreichen eines mehr mitarbeiterorientierten Führungsstiles müssen Sie sich zwingend mit den Bedürfnissen Ihrer Mitarbeiter beschäftigen.

Und es ist absolut erfüllend, wenn Ihre Mitarbeiter ein gutes Vertrauensverhältnis zu Ihnen aufgebaut haben – und zudem auch noch gut für Umsatz, Ertrag, Teamklima, Weiterentwicklungsprozesse, Mitdenken, etc.

Im betrieblichen Alltag hat es sich herausgestellt, dass insbesondere die drei grundsätzlichen sozialen Bedürfnisse in erster Linie die Probleme im Miteinander verursachen. Insofern ist das Modell von Maslow auch eine Checkliste für ein kritisches Gespräch mit einem Mitarbeiter, der seine Leistung nicht abruft oder auch durch seine negative Art den Teamzusammenhalt gefährdet.

Wie kann man sich eine Maslow-Checkliste vorstellen?
Sie werden in einem Gespräch nicht fragen, ob Sicherheit oder Bindung oder Anerkennung sein Problem ist. Aber Sie können Fragen wählen, die diese Bedürfnisse abbilden. ‚Was hast du am Wochenende gemacht?' ist beispielsweise eine sehr offene Frage an den Mitarbeiter, durch die viele verschiedene Antworten kreiert

werden können. Die Antwort ‚Nur zuhause vorm Fernseher gehangen.' ist für einen Familienvater eine auffällige Aussage zum familiären Zusammenhalt oder vielleicht auch zur finanziellen Situation des Mitarbeiters, da Ausflüge oder Unternehmungen im Familienrahmen durchaus kostspielig sein können. Wenn diese Antwort häufiger genannt wird, dann sollten Sie versuchen, mehr über diesen Mitarbeiter in Erfahrung zu bringen und ihm irgendwie beizustehen.

Ich habe in der Vergangenheit so häufig die Worte ‚Ich trenne Privates vom Geschäftlichen!' gehört, dass ich da nur noch müde lächeln kann. Das letzte Kapitel ‚Tiefenpsychologie' hat deutlich aufgezeigt, dass diese Aussage totaler Schwachsinn ist. Wir können nur 3% - wenn überhaupt – unserer Handlung kontrollieren.

Wie also sollen private Sorgen konstant ausgeblendet werden können? Je mehr Stress im Job vorhanden ist, desto weniger können Sie bewusst kontrollieren, desto mehr übernimmt das Unbewusste die Handlung. Und schätzen Sie einmal, wie das Unbewusste in Ihnen, das genervt ist von der Situation zuhause, das Angst hat vor finanziellen Problemen, das sich gemobbt fühlt in seinem Freundeskreis, in einer geschäftlichen Situation reagiert? Dieses Unbewusste wird keine angemessene, rationale und vorsichtige Reaktion auslösen, es wird verschlossen, aggressiv, verletzend oder total verunsichert sein - alles Verhaltensformen, die einem beruflichen Erfolg absolut abträglich sind!

Maslows Modell trifft nicht zu 100% zu. So gibt es bestimmt einige Menschen, die ihre Freiheit (Stufe 7: Selbstverwirklichung) über die finanzielle Sicherheit (Stufe 2: Sicherheit) stellen, in dem sie alles aufgeben, um auf Hawaii Surflehrer zu werden. Die Frage ist nur, wie viele Menschen sich dafür entscheiden und wie viele andere Menschen sich sagen, dass dieser Schritt viel zu gefährlich wäre. Kritik an dem Modell finden Sie überall in der entsprechenden Fachliteratur. Es basiert auf den Erfahrungen einer westlich orientierten Gesellschaft und ist auch schon ein wenig in die Jahre gekommen.
Aber darf ich Ihnen ganz offen etwas sagen? Das ist mir persönlich als Personalführer vollkommen egal. Es geht mir um praktische Personalführung. Es geht mir um einfache bewährte Modelle, die sich in die Praxis übertragen lassen.

Und dann kann es mir nur um hohe Wahrscheinlichkeiten gehen. Mit hoher Wahrscheinlichkeit soll das Modell funktionieren. Mit hoher Wahrscheinlichkeit sollen Sie durch das Modell Rückschlüsse auf das Verhalten Ihrer Mitarbeiter erhalten können. Und das erhalten Sie mit Maslow. Seine Idee funktioniert und lässt sich bei fast allen Handlungen erkennen: **Ich beschäftige mich erst mit der nächsthöheren Bedürfnisebene, wenn die unteren Ebenen befriedigt sind!**

Die Zuordnung der Bedürfnisse auf bestimmte Handlung ist oftmals nicht eindeutig, weil Verhalten in der Regel multipel motiviert ist, d.h. einer Ablehnung des Nachkommens seines Jobs können fehlende Bindung (keine Zugehörigkeit zur Gemeinschaft), fehlende Anerkennung (Mobbing durch die anderen Kollegen) und fehlendes Wissen (Ausbildung für Arbeitsaufträge mangelhaft) zugrunde liegen.

Grundsätzlich hat Maslow mit seinem Modell viel zum Verständnis der Aufgabe der Motivation im menschlichen Verhalten beigetragen.
Als geflügeltes Wort hat sich bei meinen Schulungen ‚den Maslow machen' entwickelt. Wenn in einem Betrieb oder auch einer Familie Probleme entstehen, dann wird die Frage ‚Hast du schon den Maslow gemacht?' zwischen den Vorgesetzten oder den Eltern gestellt, um klarzustellen, dass eine Beschäftigung mit den Motivationen unumgänglich ist.

Das Modell von Maslow ist sehr allgemein und hat also keinen direkten Bezug zum betrieblichen Alltag. Frederick Herzberg hat in seinem Modell der Zwei-Faktoren-Theorie 1959 aber insbesondere Motivationen für den Beruf untersucht und diese in einem spannenden, immer noch aktuellen und überaus anwendbaren Modell veranschaulicht.

Zweifaktorenmodell nach Herzberg

Herzberg wollte uns Anwender seines Modells wahrscheinlich bewusst verärgern, indem er ein Wort wie Hygienefaktoren zur Beschreibung eines motivationalen Kontextes genutzt hat. Auf der anderen Seite habe ich in meinen Seminaren oft genug feststellen dürfen, dass eben dieser Begriff dann auch im Gedächtnis der Zuhörer angekommen ist.[48]

Was also ist die eigentliche Idee von Herzberg?

Er geht davon aus, dass Motivation durch 2 Faktoren bestimmt ist. Zum einen gibt es die Hygienefaktoren. Das sind diejenigen Bedürfnisse, die wir haben, deren Befriedigung von uns als normal oder selbstverständlich angesehen wird. Das bedeutet, dass wir keinen besonderen Motivationshype daraus ziehen, wenn in diesem Bereich alles passt. Wenn es allerdings nicht passen sollte, dann ist die Demotivation aber auf jeden Fall gegeben.
Mir hat die Bezeichnung ‚Nicht-Unzufriedenheit' in diesem Zusammenhang immer am besten gefallen. Wenn man nicht unzufrieden ist, ist man aber auch nicht zufrieden. Zufriedenheit startet mit Emotionen. Und dann sind es gem. Herzberg die Motivatoren, die uns wirklich für den Job motivieren.
Die Übernahme von Verantwortung, Spaß an der Arbeit, ein tolles Team, in dem wir aufgehen, eine Leistungsherausforderung, Freiheit in der Gestaltung des Jobs, Neugier und Interesse, etwas weiterzuentwickeln, Anerkennung für die Art und Weise, wie man seinen Job ausfüllt – das sind die Bedürfnisse, deren Erfüllung uns zufrieden macht, uns gern zur Arbeit kommen lassen.

---

[48] Vgl. die Funktion der starken Reize in Kapitel 1 (LZG) und Kapitel 2 (Lorenz)

Ich habe einmal in einem Kennenlerngespräch zum Zwecke einer Schulungseinheit in einer Druckfirma im Norden Hamburgs mit den Gesellschaftern zusammengesessen, um ihnen mein Trainingskonzept vorzustellen. Einer der Herren war ganz besonders stolz auf die Aufstellung der Firma in Sachen Mitarbeiter-unterstützung. Er sagte, dass die Firma eine Kantine hätte, über die besten Werkzeuge verfügte und jeder Mitarbeiter neue Arbeitskleidung von der Firma gestellt bekommen würde. Auch das Thema Arbeitssicherheit und das Lohnniveau wären besonders hervorzuheben.
Sie können sich vorstellen, wie sparsam er geschaut hat, als ich ihm erklärte, dass diese Leistungen der Firma vor allem Hygienefaktoren waren, die leider recht wenig mit der Zufriedenheit der Mitarbeiter an der Beschäftigung zu tun hätten.
Auf meine Frage nach Aktionen wie etwa Teambuildingmaßnahmen, Weiterbildungen für interessierte Mitarbeiter, Jobenrichment zur Erhöhung der Arbeitsqualität, Homeoffice zur Verbesserung der Freiheit, Wettbewerben zur Erhöhung des Unterhaltungsfaktors, etc., die die Motivatoren befeuern würden, kam nur seine Frage, ob man das Geld, was in die Hygienefaktoren gesteckt wurde, denn da jetzt raus und mehr in Motivatoren investieren könnte.
Meine Antwort hat ihm nicht gefallen. Ich sagte: ‚Sorry. Zu spät. Wenn Sie Ihren Mitarbeitern etwas wegnehmen, was sie schon hatten, dann erhöhen Sie wieder die Unzufriedenheit.‘

Insbesondere größere Firmen verwöhnen ihre Mitarbeiter bei den Hygienefaktoren. Es ist eine Maßnahme zur

Bindung dieser Mitarbeiter an die Firma, da es draußen auf dem Markt nicht selbstverständlich ist, dass Ähnliches angeboten wird. Ich war einmal in Hamburg bei Google. Dort gab es Ruheräume, Massagesitze, 2 Kantinen, wobei die eine spezialisiert auf gesundes Essen war, einen Kicker und noch viel mehr wunderbare Leistungen der Firma für ihre Mitarbeiter. Hier erkennen wir dann auch die Problematik in der Anwendung von Herzberg. Google hat Erfolg mit diesem Konzept, da eine derartige Ansammlung von Hygienefaktoren neue Motivatoren erzeugt: Teamzusammenhalt durch Forcierung des Gedankens des sozialen Miteinanders. Sicherheit durch gute Gehälter und Anerkennung durch das Gefühl des Verwöhnens.

Was sagt uns das?
Die Unterscheidung von Hygienefaktoren und Motivatoren ist subjektiv und individuell, aber es lohnt sich, intensiv darüber nachzudenken.

So hat eine kleine Firma wenig Chancen, so viel für ihre Leute zu tun. Hier helfen insbesondere die Motivatoren, da diese auch ohne ein großes Budget entwickelt werden können. Eine tolle Teamatmosphäre erreichen Sie durch ein integratives, auf die Mitarbeiter eingehendes Führen. Sie haben eine Nähe zu Ihren Mitarbeitern, die in einer großen Firma schlichtweg nicht möglich ist. Die Verbesserung von Leistungsanreizen, die Gewährung von Freiheiten, da Sie die Leute auch wirklich gut kennen und einschätzen können, Anerkennungen durch kleine Präsente und Aufmerksamkeiten, die Verbesserung der Wohlfühlatmosphäre durch ein wertschätzendes und respektvolles Führen – es gibt viele Motivatoren, die auch mit kleinem Geld oder persönlichem Einsatz die Motivation Ihrer Mitarbeiter deutlich verbessern können.

In der folgenden Tabelle sind einmal Ereignisse aufgeführt, die zu einer Veränderung von Zufriedenheit führen.[49]

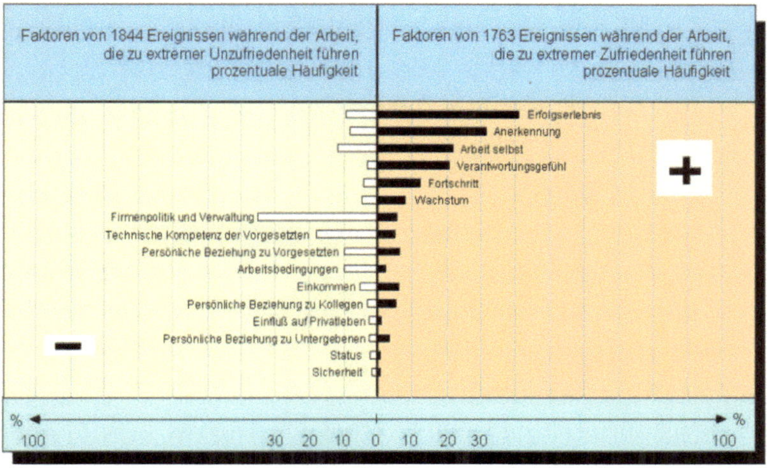

Unter Hygienefaktoren versteht Herzberg also Faktoren, welche bei positiver Ausprägung die Entstehung von Unzufriedenheit verhindern, aber nicht zur Zufriedenheit beitragen. Häufig werden diese Faktoren gar nicht bemerkt oder als selbstverständlich betrachtet. Sind sie aber nicht vorhanden, empfindet man dies als Mangel. Zu den Hygienefaktoren zählen insbesondere

[49] Vgl. Wikipedia.de – Herzbergs Zweifaktorentheorie

- Entlohnung und Gehalt,
- Personalpolitik,
- zwischenmenschliche Beziehungen zu Mitarbeitern und Vorgesetzten,
- Führungsstil,
- Arbeitsbedingungen,
- Sicherheit der Arbeitsstelle und
- Einfluss auf das Privatleben.

Der Begriff des Hygienefaktors lässt den wesentlichen Gedanken der Theorie erkennen. Die Faktoren der Unzufriedenheit sollen aus der Umwelt des Menschen entfernt werden, wie in der medizinischen Hygiene Gesundheitsrisiken aus der Umwelt des Menschen entfernt werden, um Krankheiten zu verhindern.
Dieser Ansatz erklärt auch, warum zu niedrige Löhne unglücklich machen, man die Motivation und die Zufriedenheit von Angestellten aber nicht über das Gehalt unbegrenzt steigern kann.
Das Gehalt ist tatsächlich eine Art Hybrid von Hygienefaktor und Motivator. Wenn es die Leistungsstärke abbildet, dann wird es zum Motivator – gerade bei Verkäufern, die auf Provisionsbasis arbeiten. In der Regel ist das Gehalt aber ein waschechter Hygienefaktor. Wir haben uns an das Gehalt gewöhnt, dass wir regelmäßig verdienen. Mehr ist immer gut, wird aber nach sehr kurzer Zeit im Alltag für die Motivation zur Arbeit vergessen.
Es ist mir in meiner Funktion als Geschäftsführer einer mittelständischen Autovermietung sehr oft passiert, dass mich Mitarbeiter schon kurz nach einer Gehaltserhöhung wieder auf mehr Geld angesprochen hatten. In

den Gesprächen kam dann heraus, dass diese Mitarbeiter das Gehalt nicht wirklich als motivationsfördernd gesehen haben, sie beschrieben es eher als Schmerzensgeld für den ganzen Aufwand. In diesen Situationen konnte ich die Mitarbeiter durch ein Abholen, durch Zuhören und durch Veränderungen wie etwa ein Jobenrichment, Hinweise zum Arbeiten mit Delegationen, Vorschläge für vereinfachte Prozesse wieder zurück in die richtige Spur bringen. Eine Gehaltserhöhung hätte sie niemals inhaltlich abgeholt und ihren Arbeitsalltag verbessert.

Motivatoren beeinflussen nach Herzberg die Motivation zur Leistung selbst und kommen schwerpunktmäßig aus dem Arbeitsinhalt. Motivatoren verändern also die Zufriedenheit, ihr Fehlen führt aber nicht zwangsläufig zur Unzufriedenheit. Das Streben nach Wachstum und Selbstzufriedenheit steht hier im Mittelpunkt. Zu den Motivatoren zählen insbesondere

- Leistung und Erfolg,
- Anerkennung,
- Spaß und Freiheit
- Arbeitsinhalte,
- Persönliche Weiterbildung
- Verantwortung,
- Aufstieg und Beförderung sowie
- Wachstum.

Zusammenspiel der Faktoren

Die Kombination von Hygienefaktoren und Motivatoren erzeugt vier mögliche Situationen:

1. Hohe Hygiene und hohe Motivation: Die Idealsituation, in der Mitarbeiter hoch motiviert sind und wenig Beschwerden haben.
2. Hohe Hygiene und geringe Motivation: Die Mitarbeiter haben zwar kaum Beschwerden, sind aber schlecht motiviert (Söldner-Mentalität).
3. Geringe Hygiene und hohe Motivation: Die Mitarbeiter sind motiviert, haben aber viele Beschwerden. Der Job ist aufregend und herausfordernd, aber die Arbeitsbedingungen sind nicht so gut.
4. Geringe Hygiene und geringe Motivation: Die schlechteste Situation. Unmotivierte Mitarbeiter mit vielen Beschwerden.

Einige der Motivatoren können auch als Hygienefaktoren wirken, also zu Selbstverständlichkeiten werden. Umgekehrt können Hygienefaktoren an Bedeutung gewinnen und Motivatoren werden, wenn sie länger gefehlt haben. Die Einordnung von einzelnen Faktoren in die Gruppe der Hygienefaktoren oder Motivatoren hängt also in Teilen auch von der spezifischen Situation sowie dem Erfahrungshintergrund des Einzelnen und der Gesellschaft insgesamt ab.

Fazit für Herzberg als weiteren Wegbereiter der Motivationspsychologie:

Es ist sinnvoll und wirksam, in der eigenen Firma und insbesondere für sich selbst Hygienefaktoren und Motivatoren voneinander individuell zu unterscheiden.

Die Formel für Zufriedenheit im Job ist recht simpel:

Erkennen Sie Ihren persönlichen Haupt-Motivator und richten Sie Ihr Arbeitsleben danach aus. Machen Sie einen Job, der Sie ausfüllt, lächeln lässt und Ihnen das gibt, was Sie benötigen.

Ein weiterer Transfer in Richtung der betrieblichen Betrachtungsweise

Ergänzend zu Herzberg möchte ich noch eine kleine Auflistung weiterer Maßnahmen zur Erhöhung der Motivation Ihrer Mitarbeiter anführen:

Talente stärken

Es ist entscheidend für Ihren Erfolg als Führungskraft, dass Sie sich mit dem Erfolgs- und Leistungspotential Ihrer Mitarbeiter beschäftigen. Entweder nutzen Sie dafür professionelle Tests oder Sie fangen langsam an und nutzen Ihre Beobachtungsgabe. Jeder Mitarbeiter hat seine ihm eigenen Talente. Wenn Sie sich nicht dafür interessieren, sondern von allen immer das Gleiche erwarten, dann werden Sie doppelt scheitern – zum einen an der Erfüllung Ihrer Aufgaben und zum andern an der fehlenden Motivation Ihrer Mitarbeiter.

Selbstverantwortung

Menschen werden besser, wenn sie Verantwortung übernehmen. Nicht nur ihr Engagement wächst deutlich, sie machen sich eigene Gedanken zu ihren Aufgaben, lernen aus ihren Fehlern und wollen Sie als ihren Vorgesetzten stolz machen, Ihnen zeigen, dass Sie sich für den richtigen Mitarbeiter entschieden haben.

Dialogische Zielvereinbarungen

Mitarbeiter mit Potential und eigenen Gedanken werden Sie nicht erreichen, wenn Sie sie bei der Formulierung ihrer Ziele ausschließen und ihnen fertige Ziele vorgeben. Alles, was ich mit entwickelt habe, wo ich mitreden konnte und was meinen Stempel mitträgt, ist motivational ein viel lohnenderes Ziel, da ich selbst der Mitgestalter war.

Wer Stärken stärkt, schwächt Schwächen.

Wir leben in einer Tadelgesellschaft und haben uns daran gewöhnt, Fehler anzusprechen und richtiges Verhalten als selbstverständlich vorauszusetzen. Und in der Tradition dieses falschen Gedankens unterschätzen wir immer wieder die Wirkung von Lob und Anerkennung.

Wenn ich einen Mitarbeiter stärke, in dem, was er tut, erhöhe ich seine Motivation, verstärke ich auch die Entwicklung von Automatismen und sorge dafür, dass er

sich schnell mit viel Anerkennung im Gepäck um seine Schwächen kümmern kann.
Hebe ich seine Schwächen hervor, ohne zuvor seine Stärken entwickelt zu haben, dann zerstöre ich sein Selbstbewusstsein und seine Motivation, betone das, was falsch läuft, und lasse ihm nicht die Möglichkeit, seine Stärken zu entwickeln. Diesen Mitarbeiter werde ich verlieren.
Wenn Sie zudem noch ein heterogenes Team führen, dann haben Sie noch die Möglichkeit, Mitarbeiter mit sich ergänzenden Stärken so einzusetzen, dass sie insbesondere im Bereich ihrer Stärken arbeiten.

Information
Informationen sind gefährlich. Wir neigen dazu, sparsam mit ihnen umzugehen, **a) weil wir nicht wissen, wie sich die Zukunft tatsächlich entwickelt, b) weil wir nicht daran denken, dass auch unsere Mitarbeiter Informationen benötigen, um motivierter zu arbeiten,** und schließlich **c) weil wir denken, dass ein Vorgesetzter einen Informationsvorsprung haben muss, um nicht angreifbar zu sein**.

Dazu sage ich folgendes:

Zu a): Sprechen Sie mit Ihren Mitarbeitern über mögliche Entwicklungen. Seien Sie offen, dass Sie es auch noch nicht wüssten, aber beziehen Sie Ihre Mitarbeiter zumindest ein wenig mit ein. Sie müssen selbst entscheiden, welche Informationen wichtig für Ihre Mitarbeiter sind.

Zu b): Versetzen Sie sich in die Lage Ihrer Mitarbeiter und bewerten Sie, wie Sie sich fühlen würden, wenn Ihr Chef Sie die ganze Zeit dumm sterben lassen würde.

Zu c): Wenn Sie als Vorgesetzter davon abhängig sind, dass Sie mehr Informationen haben müssen als Ihre Mitarbeiter, um Sie noch führen zu können, dann tun Sie mir leid. Führung durch Informationsvorsprung ist eine absolute Charakterschwäche eines Vorgesetzten.

Konfrontation mit Minderleistung

Jeder Mitarbeiter weiß, dass es Aufgaben gibt, die er nicht so gut beherrscht. Die Vogel-Strauß-Technik, die er selbst dabei oft genug anwendet, hilft ihm selbst in seiner Entwicklung überhaupt nicht. Auch die Verdrängungstechnik oder die Aggression im Hinblick auf solche Aufgaben machen alles nur noch schlimmer.

Wenn es mir als Vorgesetzter aber gelingt, über ein Stück Selbstoffenbarung meinem Mitarbeiter klarzumachen, dass ich selbst auch ähnliche Situationen erlebt und durchlitten habe, dass es mir gelungen ist – mit Hilfe meiner damaligen Chefs – diese Aufgaben mit Hilfe und Zuspruch zu bearbeiten und Lösungen und Handlungen zu automatisieren, dann kann ich meine Mitarbeiter abholen, aufbauen und entwickeln. Und stets bin ich derjenige, der ihnen als Vertrauensperson zur Seite steht. Diese Mitarbeiter sind für die Zukunft die treuesten und loyalsten Mitarbeiter.

Leistungen nicht nach allgemeinen Standards bewerten

Hier haben wir es mit einem Fehler zu tun, den jeder schon einmal bei sich erlebt hat. Wir neigen dazu, andere Menschen nach unseren eigenen Erfahrungen einzuschätzen und wahrzunehmen.
Jeder Mitarbeiter ist in seiner Entwicklung individuell und hat seine eigenen Lernkurven und Wissensstände. Es gibt Menschen, die langsam anfangen, sich auch nur langsam steigern, aber zu guter Letzt unsere stabilsten und zuverlässigsten Mitarbeiter werden. Andere Talente, die ganz schnell tolle Leistungen zeigen, verbrennen, weil sie das Tempo nicht halten können, weil sie vorher mehr wussten, aber nicht bereit waren, sich weiterzuentwickeln, oder weil sie sich als renitente Mitarbeiter herausstellten. Manchmal kommt es eben darauf an, Marathonläufer und keine Sprinter zu entwickeln. Und dazu benötigen Sie eine der wichtigsten Eigenschaften eines Vorgesetzten: Geduld!

Fördergespräche durchführen

Es reicht nicht, gemeinsam Ziele zu entwickeln und die Mitarbeiter sich dann allein entwickeln zu lassen. Sie müssen die Entwicklung begleiten und Ihre Mitarbeiter betreuen, mit ihnen über Fortschritte sprechen, sie in ein individuelles Personalentwicklungskonzept einbinden und ihnen die ganze Zeit über zur Seite zu stehen. Ein wunderbarer Kollege, Dr. Hans Schelchshorn, hat in unserer gemeinsamen Zeit fast schon gebetsmühlenartig sein Verständnis von Personalentwicklung mit uns geteilt: ‚**Die richtige Person mit der richtigen Qualifikation, Motivation und Persönlichkeit an der richtigen Position heute, morgen und übermorgen**!'

Diese Definition der PE-Arbeit muss Ansporn für jeden Vorgesetzten sein. Warten Sie nicht nur auf die Impulse und Vorschläge aus Ihrer Fachabteilung. Und machen Sie nicht den größten Fehler: Warten Sie nicht darauf, dass Ihr Mitarbeiter sich selbständig so entwickelt, wie Sie es sich vorstellen. Dann können Sie auch einen Stein anstarren und darauf warten, dass er zum David wird.

Intrinsische und extrinsische Motivation

„Kein Geld der Welt, keine Präsente oder andere Köder können eine so starke Motivation wecken wie die Überzeugung, einen wichtigen und sinnvollen Job zu machen."[50]

Ich möchte die Begriffe intrinsisch und extrinsisch an dieser Stelle aufgeführt haben, weil sich deren Sinn direkt aus meinen Ausführungen zur Motivation ergibt.

Die beste Motivation ist die **intrinsische**, die sich aus einem Menschen und seiner eigenen Struktur, seinem Charakter, seiner kognitiven Landkarte, seinen Motivatoren heraus entwickelt. Er braucht keine Anfeuerung, um seinen Job zu erledigen. Seien Sie glücklich, wenn Ihre Mitarbeiter, Kinder oder Partner diese Art der Motivation innehaben. Sie werden für ihren Job oder Sie da sein, ohne dass Sie ständig von außen motivieren müssen.

---

[50] Der Chef, den keiner mochte. Markus Jotzo. Gabal 2014. S. 95

Bei der extrinsischen Motivation, die zusätzlich zur intrinsischen gefördert werden sollte, geht es darum, dass Sie Anreize finden, um Ihren Anvertrauten von außen zu motivieren – durch Zuspruch und Lob, durch Zeit und Information, durch Geschenke, Weiterbildung, Prämien, Hygienefaktoren aller Art. Problem: Die Befeuerung durch Anreize erfolgt von außen, durch Sie. Es bedeutet einen ständigen Aufwand, um die Mitarbeiter oder Kinder bei Laune zu halten. Das erfordert Zeit, Gedanken, finanzielle Ressourcen und Ihren Willen, das Spiel zu betreiben.

Die Kombination der beiden Motivationsformen verspricht den meisten Erfolg. Die intrinsische Motivation zu erreichen, sorgt für ein Motivationslevel, das unabhängig von Ihren Bemühungen und Ihrer Zeit Erfolg verspricht. Beschäftigen Sie sich mit der Entwicklung von Motivatoren und der richtigen Auswahl an Mitarbeitern.

Bei Kindern und Partnern könnte der schnelle Austausch gegen andere etwas problematischer sein.

Zum Abschluss dieses Kapitels möchte ich noch ein neueres Modell der Motivation nennen – die **4 Emotionssysteme des Menschen**.[51]

---

[51] Vgl. Totmotiviert. Steffen Kirchner. Gabal 2. Auflage 2015. S.78ff

Das Dominanzsystem

Ich bin stark. Ich will Macht haben, besser sein, anderen meinen Stempel aufdrücken, sie führen, erziehen, manipulieren. Ich gebe den Weg vor.

Das Stimulanzsysterm

Ich will Freude haben, Bequemlichkeit, Luxus. Ich bin neugierig, auf der Suche nach dem Unbekannten. Ich möchte weiterentwickeln, ich brauche Abwechslung.

Das Sicherheitssystem

Schutz und Stabilität sind mir wichtig. Ich brauche Routinen und Gewohnheiten. Ich will überleben und keine Angst verspüren.

Das Sozialsystem

Ich bin Teil einer Gemeinschaft. Ich kann mich anlehnen, Freunde, Familie und soziale Kontakte sind mir wichtig. Ich kümmere mich um andere, sorge für sie, helfe ihnen.

Diese sehr griffigen Emotionssysteme nach Kirchner fassen Herzberg und Maslow neu wieder zusammen, aber die grundsätzlichen Inhalte sind die gleichen. Ich finde es aber spannend, diese Systeme auf die Werbung und den Vertrieb zu übertragen.

Das Motto heißt: Suche die richtigen Emotionssysteme für die Ansprache an deinen Kunden. Bei Audi heißt es ‚Vorsprung durch Technik', also Dominanz. Es geht darum, besser zu sein, wenn man einen Audi fährt. Bei BMW hingegen heißt der Slogan: ‚Freude am Fahren',

hier setzt man auf das Stimulanzsystem. Bei ‚meiner' Automarke[52] steht Sicherheit an erster Stelle. Abriegelung auf 180km/h Höchstgeschwindigkeit mit der Erklärung, dass keiner mehr im Volvo sterben soll, dazu Werbevideos von Fahrzeugen, die von einem Kran fallen und mit dem Umweltschutz verbunden werden – das ist die Werbeidee der chinesischen Schweden.
Und siehe da: Die Kunden reagieren individuell sehr intensiv auf diese Botschaften, die eng mit dem Kauf und dem Fahren dieser Autos verknüpft sind.

Hinweis für jeden Führenden (analog zu den Motivatoren von Herzberg)
Suchen und finden Sie die bevorzugten Emotionssysteme Ihrer Kinder, Partner, Mitarbeiter und Kunden. Und dann werden Sie die Erfolgswahrscheinlichkeit Ihrer Bemühungen drastisch erhöhen.

[52] Leitung eines Volvo-Autohauses seit 2020

Die Bestandteile der Matrix 6 - Lernpsychologie

Sage es mir, und ich werde es vergessen. Zeige es mir, und ich werde es vielleicht behalten. Lass es mich tun, und ich werde es können. (Konfuzius)

Die grundlegendste Definition für das Lernen lautet ‚**Erfahrungsbildung**'. Auch beim Lernen treffen wir wieder mit unserem altbekannten Spielverderber zusammen: dem Unbewussten.
Wir wissen in der Regel nicht, wie wir lernen. Wir bekommen zumeist nicht mit, was wir lernen. Und wir machen uns auch keine Gedanken, von wem wir lernen. Wir übertragen Anforderungen des Lernens nicht ins bewusste Denken, um uns Strategien für bestimmte Lernvorhaben zu entwickeln.
Wir kennen nicht unsere Eingangskanäle und verstehen auch nicht, wie wir biologisch vorprogrammiert sind, wenn es ums Lernen geht. Wir gehen also sehr naiv und laienhaft mit diesem wichtigen Thema um.

In meinem Studium der Pädagogik war das Thema Lernen natürlich ein Schwerpunkt. Immerhin geht es in der Erziehungswissenschaft darum, Kinder, Schüler und auch Erwachsene auf das Leben, Beziehungen und den Job vorzubereiten. In dieser Zeit habe ich das erste Mal von Frederic Vester gehört.
In seiner Untersuchung der Lernbiologie Ende der 70er Jahre hat er Abläufe und Fakten beschrieben, die mein

Weltbild von Schule und Erziehung drastisch verändert haben. Ein humanistisches Gymnasium in den 80er-Jahren hat sich nicht mit Kommunikation, Motivation und Lernen beschäftigt – es ging hauptsächlich um oftmals fragwürdige Inhalte, die später niemand mehr brauchen konnte.

Ich werde wohl nicht der Einzige sein, der sich kaum an die Inhalte aus seinem Abitur erinnert. Natürlich bin von Fächern wie Mathe, Deutsch und Geschichte überzeugt. Auch Sprachen sind wichtig – und zukünftig immer wichtiger – für unser Leben. Aber das humanistische Ideal einer sehr breit gefächerten Allgemeinbildung hat dann doch Zeit vergeudet für die wichtigen Inhalte im Curriculum.

Wie funktioniert das Lernen? Wie kann ich einen individuellen Lernstil entwickeln? Wie nutze ich mein Gedächtnis am besten? Welche Lernstörungen gibt es und wie kann ich sie verhindern? Wie muss meine Lernumgebung gestaltet sein? Etc.
Das sind nur einige Fragen aus dem Bereich Lernen, die ich niemals in der Schule unterrichtet bekommen habe. Dabei geht es aber in der Schule doch ums Lernen. Vom ersten Tag in der Grundschule lerne ich Dinge und Inhalte. Aber ich lernte nie, wie ich besser lernen könnte. Und erst im Studium, 15 Jahre später, lese ich Vester und denke mir: Hättet ihr mir das nicht früher erklären können?

An dieser Stelle möchte ich nur einmal auf Vesters 13 Regeln aus der Lernbiologie eingehen[53]:

Lernziele kennen

Als Lernender muss ich wissen, warum es sinnvoll ist, den Stoff zu lernen, wie ich ihn später anwenden kann. Ich muss aktiviert und animiert werden, ich benötige Emotionen zur Verankerung.

Beispiel Pythagoras:

Das Spiel mit Hypotenuse und Katheten habe ich gelernt und auch verstanden. Ich bin aber nie dazu gekommen, die nächste Lernzielstufe der Anwendung zu erreichen. Erst einige Zeit später im Jahr 2012, als ich meine Holzterrasse neu verlegen musste, kam mein guter Freund Matthias Westphalen dazu, um mir zu helfen. Als ich keinen Winkel zur Verfügung hatte, meinte er nur: Kein Problem, dann nutzen wir den guten alten Pythagoras. Und zum ersten Mal sah ich diese geniale Formel in einer praktischen Anwendung, die ich bis heute nicht vergessen habe.

Sinnvolles Curriculum

Wir wollen Lernstoff nutzen können. Nicht nutzbares Wissen wird in unserem Gedächtnis derart versteckt gespeichert, dass wir später gar keine Chance mehr haben, es abzurufen.[54]

---

[53] Frederic Vester: Denken, Lernen, Vergessen. Was geht in unserem Kopf vor, wie lernt das Gehirn und wann läßt es uns im Stich?, dtv 1978

[54] Vgl. Kapitel I. Modelle des Langzeitgedächtnisses. Das Lager der amerikanischen Armee.

Neugierde kompensiert ‚Fremdeln'

Ohne Aufmerksamkeit, die mein Interesse weckt, ohne das Wecken meiner Neugier auf neue Themen, ohne, dass ich den Wunsch entwickelt habe, mehr über dieses faszinierende Thema zu lernen, ohne all diese Anreize werden die Emotionen und somit die schnellen und starken synaptischen Verbindungen in unserem Gehirn nicht aktiviert. Es entsteht eher noch eine Abwehrhaltung gegen den neuen Lernstoff.

Neues alt verpacken

Ich freue mich über Inhalte oder Strukturen, die ich wiedererkenne. Also geht es darum, für den Lernenden einen Transfer zu entwickeln – von dem, was er kennt, auf die neuen Gebiete. Ähnliches existiert fast immer. Man muss sich als der Lehrende nur die Mühe mache, danach zu suchen.

Skelett vor Detail

Es geht darum, erst eine Struktur zu entwickeln und diese anschließend mit Themen zu füllen. Vom Allgemeinen zum Detail ist eine feste Grundregel aus der Pädagogik, da es immer wieder darum geht, das neue Wissen an altem Wissen ‚zu befestigen', um es besser rekapitulieren zu können.[55] Und die Struktur gibt mir Möglichkeiten zur Befestigung und für ein Verständnis des Gesamtprozesses.

---

[55] Vgl. Kapitel I. Modelle des Langzeitgedächtnisses. Das Spinnennetz.

Interferenz vermeiden

Es geht darum, ein neues Thema erst tief zu verankern, bevor man dem Lernenden weitere Details zu diesem Thema anbietet und ihn damit verwirrt.

Erklärung vor Begriff

Unsere Lernbiologie gibt vor, dass die Erklärung eines Begriffes in der Regel mit bereits vorhandenem Wissen verknüpft werden kann. Und der Begriff für dieses neue Wissen wird durch die Erklärung für uns spannend, wir werden neugierig auf ihn und können ihn dann zusammen mit der Erklärung und dem Vorwissen verknüpfen.

Zusätzliche Assoziationen

Wenn ich Bilder schaffe, die meine Wissensvermittlung begleiten, dann schaffen diese Bilder, Metaphern, Analogien, Beispiel, Übertragungen, etc. eine Verbesserung der späteren Abrufbarkeit dieser Inhalte aus dem Gedächtnis.

Lernspaß

Eine lernpositive Hormonlage reduziert Störungen und Hemmungen im Lernverhalten, sie reduziert Stress und fördert somit unsere Aufnahmekapazität.

Viele Eingangskanäle

Je mehr Eingangskanäle ich nutze, desto mehr Assoziationen sind möglich und desto größer werden Aufmerksamkeit und Lernmotivation.[56]

---

[56] Vgl. Kapitel III Vertriebspsychologie. Die Eingangskanäle

Verknüpfung mit der Realität
Über die Einbeziehung der Realität wird das Entstehen von Mustern in unserem Gehirn deutlich verstärkt. Durch den realen Bezug wird das Gelernte ständig mit Vergleichen aus unserer Realität befeuert und vertieft.

Wiederholung neuer Informationen
Wiederholung verstärkt den Lernerfolg. Wenn sie unterstützend und nicht als einzige Lernart eingesetzt wird, dann darf auf sie nicht verzichtet werden. Folgendes Zitat aus der Rhetorik macht das u.a. sehr deutlich:

Die Rhetorik-Formel

Tell the people what yo want them to tell.

Then tell them.

Then tell them what you told them!!

Wiederholung unterstützt die Festsetzung des Gelernten in unserem Gedächtnis.

Dichte Verknüpfung
Eine Verknüpfung von Lerninhalten oder auch eine Verknüpfung dieser 12 ersten Regeln der Lernbiologie fördern Gedächtnisspeicherung und –abruf.

Was also hätte dagegengesprochen, diese **13 Regeln der Lernbiologie** – vielleicht ab der 5. Klasse – in den Unterricht einzuflechten. Hatten die Lehrer damals zu viel Angst vor Schülern, die ihnen hätten aufzeigen können, dass sie an der Biologie vorbei lehrten? Oder waren unsere Lehrer zu sehr auf das eingestellt, was sie selbst 20 Jahre vorher von Leuten gelernt hatten, die es auch nicht besser wussten?
Es bringt nichts, diesen Zeiten hinterher zu weinen, aber es bringt sehr viel, diese und neuere Ideen in die Unterrichte der Schüler und auch Studenten mit einzuflechten, um sie besser auf die betriebliche Praxis vorzubereiten.

Basierend auf der Idee der besseren Vorbereitung ist es mir wichtig, Ihnen ein paar grundlegende Lernarten vorzustellen. Es handelt sich hierbei definitiv nicht um eine vollständige Aufzählung, aber um eine hinreichende, um sie später auch wirklich praktisch einsetzen zu können.

Wieder geht es mir darum, dass Sie nicht in alte Routinen verfallen und Ihren Mitarbeiter neues Wissen mit den Standards, die Sie erlebt haben, vermitteln. Erkennen Sie die Individualität von Personen und Situationen. Nutzen Sie die Werkzeuge, die passen.

Im übertragenen Sinne werden Sie ja auch nicht alle Hausarbeiten mit einem Hammer erledigen. Seien Sie flexibel im Denken und in der Vermittlung von Wissen.

5 Lernarten – eine praxisorientierte Auswahl

Starten wir nun also mit den zwei besonders in der betrieblichen Bildung eingesetzten Lernarten – dem Lernen durch Wiederholung oder auch Vormachen, Nachmachen, Üben und dem Lernen durch Versuch und Irrtum

Vormachen, Nachmachen, Üben – Lernen durch Wiederholung

Wer kennt es nicht, das urtypische Lernen aus der Schule oder aus jedweder praktischen Arbeit?
Es geht hierbei um die Ausprägung von Automatismen. Zunächst wird eine idealtypische Darstellung des zu Erlernenden von einem Ausbilder, Lehrer oder Elternteil präsentiert. Ich möchte im Folgenden ein Beispiel aus meiner Vergangenheit nutzen, das prädestiniert für diese Art Lernen ist: ein Ausschnitt aus der Handwaffenausbildung bei der Bundeswehr, das Zerlegen und Zusammensetzen des Gewehrs:

Es startet damit, dass ein Ausbilder Ihnen zeigt, wie das Gewehr zerlegt wird. Bauteil für Bauteil wird das Gewehr nach einer klar vorher festgelegten Reihenfolge auseinandergenommen. Anschließend wird es in der umgedrehten Reihenfolge wieder zusammengebaut, begleitet von den entsprechenden Meldungen zu Sicherheit und Funktionsfähigkeit. Nach diesem Vormachen bekommt jeder Soldat sein eigenes Gewehr, dass er – zunächst an einem Tisch entspannt im Sitzen nach den Anordnungen seines Vorgesetzten in einem gemächlichen Tempo – auseinandernehmen darf. Alle Soldaten sollen das Gewehr auf die gleiche Art und Weise zerlegen, der Weg ist klar durch die entsprechenden Vorschriften vorgegeben. Das Gleiche passiert beim Zusammensetzen des Gewehrs. Wieder sind die Schritte klar und werden von dem Vorgesetzten angesprochen.

Nach erfolgter Zusammensetzung der Gewehre bei allen Soldaten beginnt der dritte Teil – das Üben. Jeder Soldat arbeitet allein an seinem Gewehr und versucht, die Handgriffe nachzumachen. Eventuell ist vor an der Tafel die Reihenfolge aufgeschrieben oder an einer Pinwand sind die einzelnen Schritte abgebildet. Auf jeden Fall versuchen nun die Soldaten in vielen Wiederholungen die Abläufe zu verinnerlichen – mit dem Ausbilder als möglicher Informationsquelle oder Hilfestellung im gleichen Raum. Diese Ausbildung ist jedoch nicht nach einem Tag abgeschlossen, da sie in der Wertigkeit einer Armee sehr weit oben steht. Der Soldat soll – ohne nachzudenken – das Gewehr jederzeit unter allen Umständen zerlegen und zusammensetzen können. Also wird diese Übung wiederholt – und verschärft. Es wird die Zeit genommen, es wird im Liegen gearbeitet, es wird draußen im Liegen unter Zeitdruck gearbeitet, bis hin zu: Es wird draußen im Matsch liegend mit verbundenen Augen unter Zeitdruck das Gewehr zerlegt und zusammengesetzt. In meinem Falle habe ich diese Ausbildung so oft durchlebt, dass ich sogar jetzt – über 30 Jahre später – nach sehr kurzer Einweisung das Gelernte so abrufen könnte, dass mein Ausbilder von früher wieder zufrieden mit mir wäre. Sie kennen etwas Ähnliches vom Fahrradfahren. In unserer Jugend ist dieses Gefährt alles, was wir haben. Und wir nutzen es jeden Tag. Heute dann – selbst wenn wir Jahre nicht mehr gefahren sein sollten – setzen wir uns drauf und fahren direkt los. In unserem Gehirn wurden durch die häufige Wiederholung stabile synaptische Verbindungen konstruiert, auf die wir noch Jahre später ohne Probleme zurückgreifen können.[57]

Die **Vorteile** einer solchen Lernart liegen auf der Hand:

Zeit: Aufgaben lassen sich schnell erlernen, weil ich sie einfach von einem Original oder Vorbild kopieren kann.
Standards: Diese Lernart ist prädestiniert für die Entwicklung von Standards in einem Unternehmen. Auf Basis eines zu kopierenden Ausbildungsplans können Mitarbeiter unabhängig voneinander überall gleich ausgebildet werden.
Einfachheit: Ausbildungspläne werden einmal erarbeitet und anschließend immer wieder aus der Schublade geholt. Es bedarf keiner großartigen Vorbereitung seitens des Ausbilders. Insbesondere Mitarbeitern ohne Vorwissen können so leicht in ihre rudimentären Aufgabengebiete eingearbeitet werden.
Geringe Kosten: Wenig Aufwand, geringe Ausbilderqualität und ein überschaubares zeitliches Engagement sorgen für niedrige Etats.

Aber auch die **Nachteile** sind nicht schwer zu finden:

---

[57] Vgl. Kapitel 1 – das Modell des LZG nach Craig

Geringe Motivation: Vorgefertigtes zu kopieren setzt keine große Motivation voraus – und erzeugt auch keine Motivation für diese Tätigkeit. Analog zum Auswendiglernen in der Schule erzielt man daher auch nur Gedächtnisleistungen durch eine große Anzahl an Wiederholungen.

Keine Weiterentwicklung: Eine Kopie wird nicht besser als das Original, nur gleich gut oder schlechter, da das Original als Nonplusultra und Ziel vorgegeben wurde. Sie werden Ihre Standards also nicht verbessern durch diese Lernart.

Keine Flexibilität: Ihre Mitarbeiter werden nicht zum kritischen Mitdenken angeregt. In Variationen ihrer Aufgaben werden sie scheitern, weil sie nur den einen Weg vorgegeben bekommen haben und Veränderungen nicht gut begegnen können.

Keine qualitativen Aufgaben: Diese Lernart ist aufgrund ihrer Konzeptionierung auf einfache Arbeiten und Aufgaben beschränkt. Schwierige und anspruchsvolle Tätigkeiten, die ein hohes Maß an Mitdenken voraussetzen, lassen sich so nicht ausbilden.

Sie sehen also, diese Lernart ist nicht gut oder schlecht, sie ist nur definitiv nicht die alleinseligmachende Lösung.
Man kann hierüber also sehr einfach Standards erarbeiten, die unabhängig von der Qualität des Ausbilders über Vorschriften und Anweisungen auch in großen Unternehmen weltweit gleich ausgebildet werden können.

Sie ist gut geeignet für Schubladenlösungen und für die Ausbildung neuer Mitarbeiter ohne große Vorkenntnisse. Leider ruhen sich viele Betrieb auf ihren Standards aus und sind nicht kreativ genug für andere Lernarten. Im Zuge des ‚Das haben wir hier immer so gemacht' ist gerade in kleineren und mittelständischen Betrieben mitunter sehr viel Ausbildungsbedarf. Gerade bei technischen und handwerklichen Ausbildern ist der pädagogische Anteil in der Meisterausbildung oft genug nur mit sehr viel Distanz und Skepsis angenommen worden. Ich freue mich daher immer wieder über Techniker, Meister und auch Ingenieure in meinen Schulungen, die festgestellt haben, dass dieses Wissen für sie in ihrer alltäglichen Praxis als Führungskraft unverzichtbar ist.

Das Gegenstück zum Lernen durch Wiederholung ist die typisch wissenschaftliche Lernart, bei der es darum geht, etwas Neues zu erlernen –
die Lernart Versuch und Irrtum

Was steckt da genau dahinter?
In den Basisexperimenten von **Thorndike**[58] ging es um Katzen, die in einen Käfig eingesperrt waren. In den Käfigen waren zudem mehrere Tasten angebracht, von denen eine auch den Käfig öffnete. Nach anfänglich eher zufälligen Bewegungen und einer ganzen Menge Unruhe hatten die Katzen irgendwann einmal verstanden, dass diese eine Taste hilfreich war, um den Käfig

[58] Vgl. Handbuch der Arbeits- und Organisationspsychologie. Schuler und Sonntag (Hrsg). S. 43 ff. Hogrefe 2007

zu verlassen. Diese Katzen nutzten die Taste im Anschluss immer wieder und lernten somit aus einem zufälligen Ausprobieren.
Wenn ich keine Standards habe, weil ich nicht weiß, wie etwas funktioniert, dann ist das Lernen durch Wiederholung verständlicherweise aus dem Spiel. Es geht um Weiterentwicklung, um qualitativ hochwertiges Lernen, um Forschung und Entwicklung. Ich gebe ein Ziel vor, statte meine Mitarbeiter mit einem Budget – sowohl finanziell als auch zeitlich - aus und lasse sie frei arbeiten.
Eines der bekanntesten Beispiele für die nicht zielgenaue Funktionsweise dieser Lernart ist die Entwicklung der Teflon-Bratpfanne. Forscher aus der Weltraum- und Raketenforschung haben bei ihrer Suche nach hitzebeständigen leichten Materialien etwas gefunden, was jahrelang dann auch für die Beschichtung von Bratpfannen in unseren Küchen eingesetzt wurde.

Wie soll ich diese Lernart einsetzen, wenn ich keine Forschung betreibe?
Grundsätzlich hat jedes Unternehmen sich weiterzuentwickeln und seine Prozesse und Produkte ständig anzupassen und zu verbessern. Insofern muss auch Versuch und Irrtum genutzt werden.
Es ist allerdings auch bei einfachen Ausbildungen wie etwa bei einer Telefonschulung zu nutzen. Ich könnte einerseits nach dem üblichen Procedere die Schulung durchführen und meinen neuen Mitarbeitern Telefonleitfäden vorsetzen und sie auswendig lernen lassen. Eine nach der Lernbiologie tiefere Verwurzelung im Gedächtnis erhalte ich aber durch Versuch und Irrtum. Ich

baue auf die Logik und das Vorwissen meiner Mitarbeiter, gebe ihnen einen Rahmen vor und lasse sie zusammen einen eigenen Telefonleitfaden entwickeln.
Dadurch zwinge ich sie zu einer intensiveren Beschäftigung mit dem Thema und den Erfordernissen einer kundenorientierten Dienstleistung. Nach der Präsentation des von der Gruppe erarbeiteten Leitfadens nehme ich den bereits vorliegenden Leitfaden, stelle ihn der Gruppe vor, betone Gemeinsamkeiten und erkläre die Dinge, die sie nicht angebracht haben oder die aus ihrem Leitfaden nicht durchführbar sind. Dadurch verstärke ich ihr Gefühl für die Situation, ich habe sie über ein praxisnahes Problem nachdenken lassen, das sie direkt berührt.
Zudem habe ich mir die Zeit genommen, ihren Lösungsvorschlag zu analysieren, sie für die passenden Punkte zu loben, so diese Punkte zu verstärken und nur die fehlenden Punkte mit Erklärungen hinsichtlich der Umsetzbarkeit in meinem Unternehmen oder der speziellen Vorgaben meiner Dienstleitung oder meines Produktes zu erklären und zu verdeutlichen.
Durch diese Lernart werden die Mitarbeiter motivierter sein, das Erlernte geht tiefer ins Gedächtnis, sie könnten sogar den Leitfaden weiterentwickelt und verbessert haben. Die Schwierigkeiten liegen hier jetzt im Bereich der Zielerreichung. Es kann sein, dass sich Mitarbeiter im Versuch- und Irrtum-Modus in die falsche Richtung verirren. Sie werden wesentlich länger brauchen, um etwas zu entwickeln, da sie ja etwas Neues erarbeiten und nicht nur eine Schubladenlösung kopieren.
Und alles, was länger braucht und eventuell am Ziel vorbei geht, wird dann leider auch teurer.

Sie sehen also, die Nachteile von Versuch und Irrtum sind die Vorteile vom Lernen durch Wiederholung und umgekehrt. Es lohnt sich sehr, die bevorstehenden Aufgaben dahingehend abzuklopfen, ob auch Versuch und Irrtum eine nutzbare Lernart wäre.

Die dritte Lernart klingt immer etwas seltsam –
Lernen durch Nachdenken
Denke ich nicht auch bei den anderen Lernarten nach, mögen Sie denken. Na klar, hierbei geht es jedoch darum, dass Sie Probleme auf Basis Ihres Wissens analysieren und versuchen, Erfahrungen auf andere Bereiche zu übertragen. Daher wird dieses Lernen durch Nachdenken auch als **Transferlernen** bezeichnet.

Das einfachste Beispiel in meinen Schulungen war stets: ‚Sind Sie schon einmal in eine Pfütze getreten und Ihr Fuß wurde nass?' Nach der Bejahung seitens der Kursteilnehmer schloss sich die nächste Frage an: ‚Müssen Sie denn erst in einen Fluss treten, um zu erkennen, dass auch hier Ihr Fuß nass werden würde?'

Und nach dem ‚Nein' aus der Runde war es dann einfach, sie an das Transferlernen heranzuführen. Auch hier haben wir es wieder mit einer Lernart zu tun, die Erfahrung und Wissensqualität erfordert. Je mehr Situationen ich in meinem Leben erfahren habe, je mehr technische oder personaltechnische Probleme ich in meinem Leben lösen konnte, je mehr Wissen ich in verschiedensten Bereichen angehäuft habe, desto einfacher wird es für mich, nur auf Basis meines Wissens neue Handlungen zu ersinnen, ohne diese vorher zunächst ausprobiert zu haben.

Ich nutze diese Lernart am häufigsten beim Autofahren oder unter der Dusche, wenn ich zur Ruhe komme und Schulungssituationen oder Herausforderungen aus dem Arbeitsalltag durchdenke. Sehr häufig gelingt es mir dann, neue Lösungsansätze zu entwickeln, die dann wiederum mein Handlungsrepertoire erweitern.

Ein Beispiel aus dem betrieblichen Alltag:

Wenn Ihr Vorgesetzter immer nur dann nett und freundlich ist, wenn er Ihre Unterstützung benötigt, sich aber ansonsten eher asozial, als Narzisst, Machiavellist oder Psychopath[59] verhält, dann lernen Sie durch Ihre Einsicht sehr schnell, dass sein Verhalten nicht kongruent ist, dass er es nicht ehrlich meint und Sie nur zu manipulieren versucht. Nach dem Lernerfolg wird es für Ihren Vorgesetzten dann wesentlich schwerer, etwas Positives von Ihnen zu erbitten, da Sie sein Spiel durchschaut haben.
Zusammengefasst ist Lernen durch Nachdenken die ganz große Chance, ohne vorheriges Ausprobieren, nur auf Basis seines Wissens und seiner Erfahrungen Schmerzen, Fehler und unangenehme Situation zu vermeiden.

[59] Vgl. Emery Green. Dunkle Psychologie. Die hellen und dunklen Triaden

Sechs Phasen des Lernens durch Einsicht

Nach der kognitiven Lerntheorie von (u. a.) Wolfgang Köhler und Max Wertheimer gibt es sechs Phasen des Lernens durch Einsicht:

Auftauchen des Problems
Die Diskrepanz zwischen Ist und Soll (Ziel) erzeugt Spannung (Motivation) und somit das Suchen nach einer Lösung.

Probierverhalten
Das Ausprobieren bekannter und bewährter Handlungsstrategien. Bei Nicht-Erfolg erfolgt meistens eine Handlungspause.

Umstrukturierung
Das Situationsgefüge wird denkend neu erfasst und umstrukturiert. Versuch und Irrtum werden hierbei nicht in Wirklichkeit durchgeführt, sondern in Überlegung vollzogen. Der Vorteil im Gegensatz zu Konditionierung ist, dass Risiken bei Irrtum vermieden werden können.

Einsicht und Lösung
...bis sich die Elemente (oft plötzlich) zu einem sinnvollen Ganzen zusammenfügen ("Aha-Erlebnis").

Anwendung
Meistens setzt umgehend der Handlungsprozess ein. Bei Erfolg wird er beibehalten.

Übertragung
Die gefundene Lösung wird eingeübt und kann per Lerntransfer auf Ähnliches übertragen werden.

In der vierten Lernart unterscheide ich zwei sehr ähnliche, eher praktische Lernarten, die uns unser ganzes Leben lang begleiten, die jedoch im betrieblichen Alltag viel zu selten bewusst eingesetzt werden – **das Modelllernen und die Nachahmung**.

Das **Modelllernen** ist eine Lernart, die uns seit unserer frühesten Jugend begleitet.

„Menschen haben das Bedürfnis, sich mit anderen zu identifizieren. Aufgrund dessen können sie auch von der Erfahrung der Identifikationsfigur (Modell) profitieren.“ [60]

Wir lernen durch Kopieren unserer Eltern, Geschwister, Lehrer, Freunde, unserer sogenannten Sozialisationsagenten. Wir lernen alles von ihnen, da sie sich in der Regel ihrer Verantwortung als Lehrende in der jeweiligen Situation nicht bewusst sind. Der Vater mit den Füßen auf dem Tisch, die Mutter, die das Geschirr noch drei Stunden auf dem Tisch stehen lässt, die Schwester, die sich mit dem Bruder streitet, der Lehrer, der einen Mitschüler anschreit, weil er frech wurde, der Kumpel, der gelogen hat, um sich aus der Verantwortung zu stehlen – und natürlich auch die vielen positiven

---

[60] Lernpsychologie für den beruflichen Alltag. S. 51. Heineken/Habermann. 3. Auflage. Arbeitshefte Führungspsychologie. Band 14. I.H. Sauer-Verlag 1994.

Handlungen, die wir uns abgeguckt haben – und zwar ohne zu hinterfragen, ob diese gut oder schlecht, moralisch oder unmoralisch waren.

Wichtig ist bei dieser Lernart, dass das Modell, welches unbewusst durch den Mitarbeiter kopiert werden soll, für diesen auch eine gewisse Attraktivität besitzt. Jemand, den ich verachte oder ablehne, wird schwerlich zum unbewussten Modell für mich. Auch eine Abhängigkeit vom Modell, einer Ähnlichkeit zum Modell oder bei guten Erfolgsaussichten des Verhaltens des Modells verstärken die Verhaltensveränderung.

Das Unbewusste ist bei dieser Lernart die Herausforderung. Praktisch müssen Sie sich das so vorstellen, dass ich als Modell für meinen auszubildenden Mitarbeiter denjenigen meiner anderen Mitarbeiter erwähle, dessen Verhalten ich auch kopiert haben möchte. Kopiert werden im Übrigen sowohl die positiven als auch die negativen Verhaltensweisen des Modells, wenn beide lang genug und intensiv genug zusammenarbeiten.

Die Polizei nutzt dieses Modell seit ewigen Zeiten. Jeder erfahrene Schutzpolizist bekommt einen unerfahrenen Kollegen an seine Seite, der von ihm lernen kann. Und da wir mindestens 97% dessen, was wir tun, unter- oder unbewusst machen, merkt dieser erfahrene Kollege oft genug nicht, was er seinem Kollegen denn gerade beibringt. Und es wirkt gut bei positiven Modellen – nur leider auch bei negativen Modellen. Wenn Sie in einer Abteilung eine derartige Konstellation sehen, dass also ein Querulant einen neuen Mitarbeiter ausbilden soll, dann ist es Ihre Pflicht, schnell dazwischen zu gehen, bevor Sie auch noch den neuen Mitarbeiter verlieren.

Im betrieblichen Alltag nutzen Sie dieses Modell wahrscheinlich schon unbewusst. Überprüfen Sie aber bitte einmal, nach welchen Kriterien Sie Mitarbeiter zusammengesetzt haben – nur nach dem Wissensstand, nur wegen einer möglichen Vertretung, nur weil der Platz noch frei war, nur weil das Modell am längsten in der Firma ist, nur weil die beiden sich am besten vertragen haben?

Nutzen Sie bewusst das Unbewusste. Machen Sie Einteilungen von Gruppen, Partnern, Bürobelegungen nicht nur aus dem Bauch heraus, sondern machen Sie sich die möglichen Konstellationen bewusst. Nutzen Sie dafür Typologien[61] wie die **Biostrukturanalyse**, das **Riemann-Modell** oder das **DISG-Modell**.

Mit entsprechenden Typen können Sie die Fitting-Wahrscheinlichkeit deutlich erhöhen. So ist es beispielsweise sehr schwierig, einen Buchhaltertyp zusammen mit einem Verkäufertyp in ein Büro zu setzen. Der Buchhalter wird sich über die Energie, die Lautstärke und auch die Unzuverlässigkeit des Verkäufers beschweren. Und dem Verkäufer wird die Pedanterie

[61] Diese Modelle von Typologien werden in der Fortsetzung dieses Buches gezielt ausgerichtet auf ihre praktische Umsetzung beschrieben. Ein Hinweis dazu: Typologien sind gefährlich, einengend und zu simpel – aber vielleicht ist diese Welt auch zu konfus und zu kompliziert für das Weglassen von Vereinfachungen?

und die Stille seines Gegenübers irgendwann negativ aufstoßen. Die Wahrscheinlichkeit, dass der eine vom anderen lernen wird, ist äußerst gering.

Die Ergänzung zum Modelllernen – die Nachahmung.

Wir bereits in vorherigen Kapiteln angesprochen, sind Menschen sehr begabte und enthusiastische Kopisten. Wenn uns etwas gefällt, dann wollen wir das auch so machen. Sie zeigen Ihrem Kind andere Kinder im Fernsehen, die bei einer Talentshow aufgetreten sind, und spätestens nach der Sendung fängt Ihr Kind an zu singen oder zu tanzen.
Unsere Spiegelneuronen leisten uns einen guten Dienst.[62] Wir lernen unsere Sprache, indem wir unseren Eltern nachplappern. Wir haben die Idole unserer Jugend und wollen uns so kleiden wie die Stars oder so Fußball spielen wie Messi und Neymar. Wir übernehmen dabei auch die negativen Seiten dieser Stars und kopieren Sie ganz bewusst.
Wenn Neymar sich fallen lässt, um einen Freistoß zu erhalten, erkennen wir, dass es funktioniert, und werden es beim nächsten Spiel vielleicht auch versuchen. Wenn wir mitbekommen, dass man sich in der Schule durch aggressives Verhalten durchsetzen kann, nutzen wir aggressives Verhalten in der nächsten passenden Situation und danach immer wieder.

---

[62] Der Verweis auf die Spiegelneuronen ist beim aktuellen Wissenstand zu diesen Neuronen sehr spekulativ. Verzeihung! Das Spiegeln unserer Mitmenschen jedoch ist unbestreitbar ein wesentlicher Teil unseres menschlichen Lernvorgangs.

Unsere Idole werden von uns nicht immer danach ausgesucht, ob sie ein moralisches und vorbildliches Verhalten an den Tag legen, es geht vielmehr um Erfolg, Aussehen, Kleidung und Berühmtheit – inklusive der zumeist unbewussten Übernahme aller negativer Begleiterscheinungen dieser Kopiervorlagen.

Unsere Kinder ordentlich zu erziehen, ihnen gute Vorbilder zu sein oder ihnen auch andere gute Vorbilder zu präsentieren, ist eine schwierige Aufgabe für Eltern, Lehrer und Erzieher. Es ist immer wieder erstaunlich, dass man sich für das Autofahren einen Führerschein mit praktischer und theoretischer Ausbildung verdienen muss, während die Ausbildung von Kindern durch die Eltern ohne jegliche – abgesehen von der biologischen – Qualifikation vonstattengehen kann. Das Konzept eines verpflichtenden Elternführerscheins ist mir in diesem Zusammenhang schon sehr häufig in den Kopf gekommen.

<u>Zum betrieblichen Ansatz des Nachahmens:</u>

Fördern Sie Wettbewerbe unter Ihren Mitarbeitern. Gerade bei praktischen Tätigkeiten wird sich der Beste in der Regel durchsetzen und die anderen werden versuchen, seine Vorgehensweise zu kopieren.

Beachten Sie bitte, dass die Personalgespräche bei der Anwendung der Lernarten Modelllernen und Nachahmung sehr unterschiedlich sein müssen.

Beim Modelllernen möchten Sie ein passives Kopieren der Stärken des Modells erreichen. Das werden Sie Ihrem Mitarbeiter aber so nicht erzählen. Sie sollen ihn nicht anlügen. Sie werden den Kollegen aber nicht auffordern, so zu werden wie das Modell. Das würde bloß zum Aufbau von Lernbarrieren oder Ablehnung führen.

Sagen Sie ihm vielmehr, dass Sie glauben, dass beide Kollegen gut zueinander passen und harmonieren würden. Das ist keine Lüge und auf jeden Fall eine Nebenabsicht dieser Maßnahme.
Beim aktiven Nachahmen hingegen würden Sie dem kopierenden Mitarbeiter das ganz genau so sagen. ‚Mach es wie dein Kollege und du wirst erfolgreich sein!' Das ist die Message, die Sie vermitteln müssen – eine offene Aufforderung zum Kopieren des Verhaltens mit einem daran angelehnten Versprechen, einem Ziel, der Eröffnung einer Möglichkeit, einer Chance.

Die Konditionierung

Kommen wir nun zu der Königsdisziplin des Lernens. Sie ist so königlich, dass etliche Psychologen, die sogenannten Behavioristen, so ziemlich das gesamte Lernen als Konditionierung verstanden haben.
Aber dem ist nicht wirklich so – sie ist nur sehr mächtig in der Ausprägung von Verhalten.

In der Schule haben wir alle einmal von Pawlow und seinen sabbernden Hunden gehört. Und wir haben alle sein anschauliches Experiment nachvollziehen können.

War doch klar, dass der Hund auf die Glocke irgendwann allein reagieren würde, wenn sie immer zeitgleich mit dem Reiz der Essensgabe erklingen würde, auch wenn später nur die Glocke zu hören wäre, ohne dass dem Hund das Essen gegeben wird. Absolut verständlich. Aber genau hier hörte dann die kognitive Lernzielstufe auf. Wir haben es verstanden, wir konnten es jedoch nicht anwenden. Leider ist das die Erfahrung, die ich in vielen hundert Schulungen zu diesem und anderen Experimenten gemacht habe.
Auf die Frage ‚Wie können Sie Pawlow im betrieblichen Alltag anwenden?' erhielt ich zumeist nur sehr fragende Gesichtsausdrücke. Der Schritt der fehlenden Umsetzung von theoretischem Wissen in eine praktische Anwendung kann an diesem Beispiel wunderbar bewiesen werden. Diese fehlende Fähigkeit zur Anwendung ist mein Jackpot. Ich kann mich in Schulungen als Übersetzer versuchen und die Seminarteilnehmer mit auf die Reise nehmen. Die Dankbarkeit, dass sie jemand bei der Hand nimmt und in Richtung Selbstbestimmung führt, ist eine ständige Motivation für mich, meine Seminare durchzuführen und auch dieses Buch zu schreiben.

Klassische Konditionierung nach Pawlow

Ich habe das ursprüngliche Experiment ja gerade bereits beschrieben – aber Wiederholung ist gut für das Gedächtnis. ☺

Es wird dem Hund ein Reiz geboten (Fleisch), auf den er eine natürliche Reaktion hat. Die Entwicklung des Speichelflusses oder kurz das Sabbern erleichtert das Herunterschlingen des Fleisches durch eine Verbesserung der Gleitfähigkeit in der Speiseröhre und regt die Verdauung an. In der natürlichen Programmierung des Hundes ist dieser Code quasi tief in sein Verhaltensprogramm geschrieben.

Gemäß **Aristoteles' Assoziationsgesetz** erreichen wir unsere Gedächtnis-leistungen durch **Kontiguität** (zeitliches Zusammenfließen), **Ähnlichkeit** oder **Kontrast**.
In diesem Experiment geht es um Kontiguität. Da das Fleisch und das Erklingen der Glocke zeitgleich erfolgen, werden beide Vorgänge vereint abgespeichert. Je höher die Anzahl der Wiederholungen ist bzw. je intensiver der Reiz empfunden wird, je stärker die Emotionalität diesen Vorgang unterstützt, desto besser ist die Gedächtnisleistung.
Die Konsequenz des Experiments ist die intensive Verknüpfung der Reize im Gedächtnis, Fleisch und Glocke.

Der arme Hund ist somit fortan dazu verdonnert zu sabbern, wenn er eine Glocke hört. Es ist allerdings so, dass diese erlernte, konditionierte Reaktion auf den künstlichen Reiz irgendwann abschwächt, wenn das Fleisch nicht mehr zeitgleich gereicht wird.

Es gibt unter den Psychologen, Soziologen und Pädagogen schon ein paar sehr skurrile Typen. Ein amerikanischer Psychologe namens Watson hat seine Kinder

dazu genutzt, mehr Wissen über menschliches Verhalten zu generieren. Jedes Mal, wenn sein Sohn ein flauschiges und süßes weißes Kaninchen gesehen hat, fing er an, genau neben dem Ohr seines Sohnes eine Hupe zu bedienen.
Nach einigen Wiederholungen und der Macht der Kontiguität musste das arme Kind nur ein Kaninchen sehen, um schreiend wegzulaufen. Zur Ehrrettung von Herrn Watson muss gesagt werden, dass er eine Gegenkonditionierung durchgeführt hat. Diese hat allerdings deutlich länger als die erste Konditionierung gedauert.

Es bestätigt sich immer wieder, dass Kinder von Psychologen und auch Pädagogen gern als Teilnehmer an Experimenten genutzt werden. Ich hoffe für mich selbst allerdings, dass mein Sohn davon einigermaßen verschont worden ist – aber ganz sicher bin ich mir nicht.

Nach zwei dargestellten Experimenten mit Haustieren müssen Sie für sich selbst einmal ganz ehrlich checken, ob Ihnen diese Beschreibungen reichen, um die Konditionierung als Lernart für das betriebliche Führen nutzen zu können.

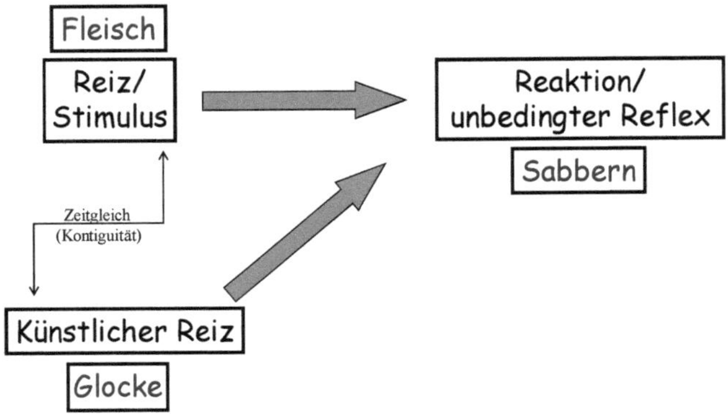

Wenn nein, dann lesen Sie weiter. Wenn ja, dann Chapeau, aber lesen Sie trotzdem weiter, um Ihr Wissen oder Ihre Ahnung zu vertiefen.

Gehen wir über zur betrieblichen Nutzung der klassischen Konditionierung à la Pawlow.
Stellen Sie sich vor, Sie arbeiten in einer Firma, in der Sie gemobbt werden, in der Ihr Chef Sie auf dem Kieker hat. Jeden Morgen, wenn Sie die Firma betreten, erhalten Sie einen blöden Spruch über Ihre Klamotten, Ihre Haltung oder auch über Ihre Arbeitsleistung des vorangegangenen Tages.
Wie wird sich wohl Ihre Meinung zu Ihrem Chef entwickeln? Werden Sie ihn weiterhin mögen, respektieren und ihm mit einem Lächeln begegnen? Wahrscheinlich nicht. Leider passiert in diesem Beispiel aber ein bisschen mehr, als man es auf den ersten Blick vermuten würde. Sie werden unbewusst Teil einer durch Kontiguität erfolgten klassischen Konditionierung – mit durchaus weitreichenden Folgen für Ihren weiteren beruflichen Alltag.

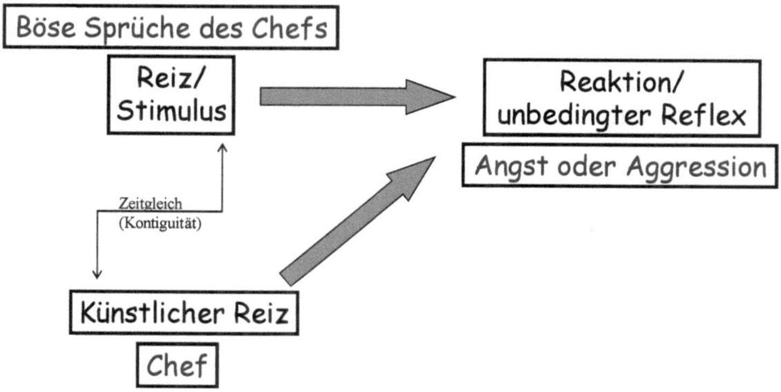

Ihr Chef wird also im übertragenen Sinne zur Glocke. Egal, was Ihr Chef macht, Sie müssen ihn nur sehen oder hören und Sie werden Angst oder Aggression verspüren. Gehen wir bei Ihrem Charakter einmal von einem impulsiven Charakter aus. Also werden Sie sich ärgern und haben eine sehr dünne Haut entwickelt. Die Aggressivität brodelt direkt unter Ihrer Haut.
Sollte Ihr Chef jetzt also zufällig um die Ecke kommen, kann es sein, dass Sie ihm gegenüber aggressiv werden, ohne dass er etwas zu Ihnen gesagt hat. Ihre gesamte Haltung ihm gegenüber wird negativ. Da Sie sich selbst nicht die ganze Zeit sehen, werden Sie das wahrscheinlich zunächst auch nicht bemerken.

Und es wird schwierig werden, das angestaute Adrenalin nur gegen den Chef zu wenden, der es ja eigentlich verdient hat. Erinnern Sie sich an das erste Kapitel, in dem es um die 7+-2 Gedanken geht. Und was passiert, wenn Sie unter Stress stehen? Sie werden wesentlich unkonzentrierter sein, schlechtere Leistungen erbringen und auch immer wieder negative Reaktionen in Richtung Ihrer Kollegen auslösen, da Sie Ihre Aggression nicht immer kontrollieren können.

Schlecht für Sie und gut für den Chef, da seine Aussagen über Ihre Schlechtleistung irgendwann von allein wahr werden.[63] Ihre weitere Problematik könnten folgende Konditionierungen werden.

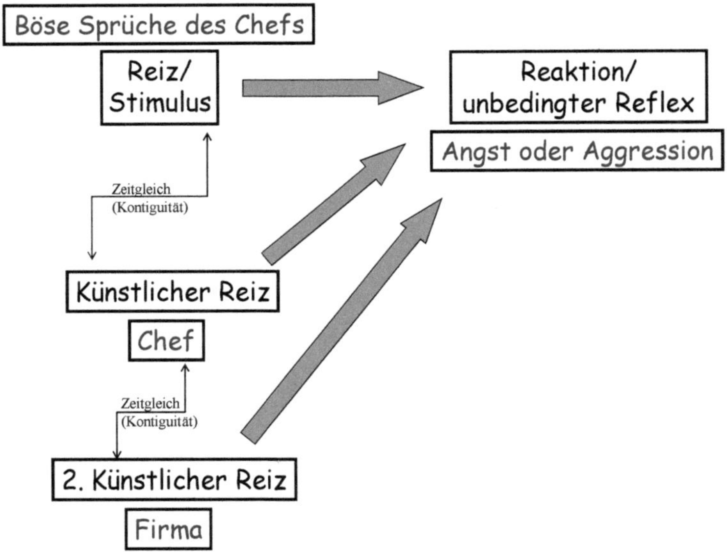

Ergänzend zu der negativen und aggressiven Einstellung zu Ihrem Chef verknüpfen Sie jetzt sogar die ganze

[63] Dieser Vorgang wird auch als **Self-fulfilling-prophecy** beschreiben. In der Fortsetzung dieses Buches wird insbesondere der Pygmalion-Effekt als anschauliches Beispiel dafür herangezogen und präsentiert.

Firma mit Ihrem Chef, da Ihre negativen Begegnungen ja in der Regel in der Firma stattfinden. Mit einer negativen und aggressiven Haltung zur Firma wird es für Sie dann in der Zukunft sehr schwierig, Ihren Job überhaupt weiter aufrecht zu erhalten.

Die klassische Konditionierung ist ein größtenteils unbewusst stattfindender Prozess, der sich Ihnen nicht immer erschließt. Wohl empfinden Sie die Emotionen des unbedingten natürlichen Reflexes, Sie können sie aber nicht zuordnen. Sie bekommen nicht mit, was tatsächlich gerade in Ihnen geschieht, Sie werden eher dazu übergehen, sich einen neuen Job zu suchen oder aber über kurz oder lang den aktuellen Job verlieren.

In meinen Seminaren stelle ich gern die Frage: ‚Sie sind 1000fach konditioniert. Können Sie mir eine Ihrer Konditionierungen benennen?'

Selbstreflexion ist etwas ganz Besonderes – insbesondere da sie nicht wirklich häufig angewendet wird. Eine uns innewohnende Stimme, die Stimme der **Selbstüberschätzung**, lässt es nicht so einfach zu, dass wir in uns die ganzen Ängste und Beklemmungen erkennen. Und wenn dann noch ein Trainer in einer öffentlichen Umgebung wie einem Seminar eine solch persönliche Frage stellt, dann reicht es für die meisten.

Ein paar Beispiele aus unser aller Leben:

Vornamen:

Es gibt das Buch der Vornamen. Vor der Geburt eines jeden Babys machen sich die Eltern sehr intensiv Gedanken darum, welchen Namen sie ihrem Kind für das ganze Leben mit auf den Weg geben. Und dann starten die Diskussionen. 'Yvonne, was hältst du von Yvonne?' fragt der werdende Vater, woraufhin seine Frau ihn anguckt, als hätte er den Verstand verloren. ‚So wie deine Ex-Freundin? Geht's dir noch gut? Ich finde Stefanie klingt gut.' ‚Du weißt, dass ich deine Schwester nicht wirklich mag. Warum sollten wir dann unsere Tochter nach ihr benennen?'

Diese Diskussion kann sehr lange währen, da wir in unserem Leben sehr viele Menschen mit sehr vielen Namen kennengelernt haben. Viele dieser Menschen haben wir nicht in bester Erinnerung – immer dann verknüpfen wir den Namen mit der Person und der negativen Erinnerung, was für den Namen final eine Disqualifikation bedeutet. Namen an sich sind absolut neutral, erst mit der Assoziation an bestimmte Menschen erhalten sie eine emotionale Färbung.

Orte und Länder:
Wir verknüpfen Orte und Länder mit emotionalen Erlebnissen. Der schöne Urlaub auf Mallorca, die herrlichen Tage in den Alpen, die Backpackertage durch das Hinterland von Indonesien – also alles positiv verknüpft.

Und der nächste denkt: Auf Mallorca war das Hotel dermaßen verschmutzt, in den Alpen bin ich umgeknickt und lag anschließend 2 Wochen im Krankenhaus und in Indonesien wurden wir zunächst von einem Unwetter und dann noch von Räubern erwischt, da will ich niemals wieder hin. Kleine Orte, aber total unterschiedliche Konditionierungen und innere Bewertungen.

Tiere:
Der eine wird vom Hund gebissen oder vollgesabbert, der andere ist mit Hunden aufgewachsen und sie waren die Freunde seiner Kindheit, die ihn niemals angelogen oder betrogen haben.

Musik:
Mit Musik sind sehr oft intensive Emotionen verknüpft. Während der eine Queen hört und sich beruhigt, in die Musik eintaucht und neue Kraft entwickelt, hat der andere Queen während eines traumatischen Erlebnisses wie etwa einem Unfall oder kurz nach dem Tod eines Elternteils gehört, woraufhin diese Musik zumindest für eine geraume Zeit für ihn nicht mehr hörbar ist, ohne negative Erinnerungen hervorzurufen.

Konditionierungen in einer Ehe:
Meine geschiedene Frau war sehr konservativ erzogen. Immer wenn im Fernsehen Sexszenen vorkamen, hat sie sich abgewendet und dies auch von mir gefordert. Das ging so weit, dass ich nach der Scheidung in meiner eigenen Wohnung allein vor dem Fernseher saß und bei einer total natürlichen Nacktszene[64] meinen Kopf erneut abgewendet habe. Zum Glück habe ich

[64] Wollte ich mich gerade selbst rechtfertigen mit dem Hinweis ‚total natürlich'? ☺

mein Problem schnell erkannt und selbständig eine intensive Gegenkonditionierung durchgeführt. ☺

Sie sehen also: Konditionierungen bestimmen unser Leben, zumeist ohne dass wir es bewusst mitbekommen würden oder erklären könnten. Tun Sie sich selbst den Gefallen und stellen Sie eine Liste Ihrer Konditionierungen auf. Fragen Sie sich, was Sie besonders positive oder negative Gefühle spüren lässt. Wenn Sie dann die Liste einigermaßen gefüllt haben, dann stellen Sie sich die Frage nach dem jeweiligen ‚Warum?'.
Ich verspreche Ihnen, dass Sie sehr viel über sich selbst und einige Ihrer Handlungen in der Vergangenheit lernen werden.

Einige dieser Lernerfahrungen werden Sie vielleicht berühren, beunruhigen oder sogar zornig machen. Machen Sie sich klar, dass die Konditionierungen aus Verknüpfungen von 2 Reizen zur gleichen Zeit resultieren und demzufolge auch in ihrer Wirkung bekämpft werden können.

Aus diesem Grund beschäftigen sich Therapeuten und auch NLP-Anwender sehr stark mit den Funktionsweisen der Konditionierung. So ist beispielsweise die NLP-Technik vom Ankern eine Weiterentwicklung des ursprünglichen Versuchs von Pawlow.
Die Annahmen und Techniken des klassischen Konditionierens werden durch Therapeuten und Ärzte angewandt, um Ängste, Zwangshandlungen oder angstähnliche Symptome zu behandeln. Bekannt sind solche

Techniken als Gegenkonditionierung, Aversionstherapie, systematische Desensibilisierung und „Flooding".

Heineken und Habermann bieten in ihrem Buch über Lernpsychologie folgende vier Regel an[65]:

A. Regeln für den Aufbau neuer Reize
    a. Biete den Signalreiz möglichst kurz vor dem natürlichen Reiz an.
    b. Biete den Signalreiz und den natürlichen Reiz als Paar wiederholt und langfristig dar.
B. Regeln für den Abbau unerwünschter Reflexe
    a. Sorge konsequent dafür, dass der natürliche Reiz und der Signalreiz nicht gleichzeitig auftreten.
C. Regeln für die Veränderung erworbener Reize
    a. Bringe den Signalreiz mit einem solchen Reiz in Verbindung, der natürlicherweise zu einer Reaktion führt, die derjenigen Reaktion entgegengesetzt ist, die durch den Signalreiz ausgelöst wird.

<u>Umsetzung dieser Regeln in die Praxis:</u>

Stellen Sie sich vor, dass ein Mitarbeiter negativ auf Sie konditioniert ist, da Sie ihn als sein Vorgesetzter wegen einer Schlechtleistung abmahnen mussten. Um diese Wirkung gemäß der letzten Regel abzumildern, müssen

---

[65] Lernpsychologie für den beruflichen Alltag. S. 33. Heineken/Habermann. 3. Auflage. Arbeitshefte Führungspsychologie. Band 14. I.H. Sauer-Verlag 1994.

Sie ihm Anerkennung in anderen Bereichen zollen, in denen er gute Leistungen vollbracht hat. Auch der Aufbau eines persönlichen Miteinanders im Zuge Ihrer Führungsarbeit könnte helfen, die negative Wirkung, die noch von seiner Abmahnung stammt, abzumildern.

Wenn Sie wirklich erfahren sind im Bereich der Personalführung, dann geht es darum, diese negativen Gefühle bei Ihrem Mitarbeiter von vornherein zu unterdrücken bzw. direkt ein Gegengewicht in die Kommunikation zu integrieren.

Im Falle einer Abmahnung wegen einer Schlechtleistung müssen Sie ihm also schon während des Abmahnungsgesprächs Ihre Wertschätzung ausdrücken – natürlich nicht für den gemachten Fehler, aber vielleicht für seine vergangenen Leistungen, für seinen sozialen Wert im Team, für die Stärken, die er ohne Zweifel ins Team einbringen kann. Der Mitarbeiter muss lernen, dass Fehler zwar geahndet werden, dass durch sie aber nicht unbedingt auch der ganze Mensch verurteilt wird, dass er weiterhin Ihr Vertrauen und Ihre Wertschätzung genießen kann.

In meiner aktuellen Tätigkeit als Leiter eines Volvo-Autohauses habe ich zur Vorstellung zwei Wochen vor meinem Start eine Runde durch den Betrieb gemacht und einige Worte an die Mitarbeiter gerichtet. Ich habe insbesondere mein Motto ‚Bist du gut zu mir, dann bin ich gut zu dir.‘ benannt und zudem darauf hingewiesen, dass ich es überhaupt nicht mag, wenn hinter dem Rücken von Mitarbeitern negativ über sie gesprochen wird und dass ich derartige Verhaltensformen nicht tolerieren würde.

Es birgt aber immer Gefahren, wenn man einer Gruppe von Menschen Dinge als ein zukünftiger Vorgesetzter anvertraut, die diese nur auf Basis des ersten Eindrucks verarbeiten können. Dazu sei gesagt, dass ich mitunter wirklich sehr kritisch gucken kann und auch von meiner Vergangenheit bei der Bundeswehr gesprochen habe.

Beides hat bei meinen Zuhörern die positiven Worte etwas dahingehend gefärbt, dass einige dachten, jetzt einen echten Soldaten, einen autoritären Chef zu erhalten, der streng auf alles achtet, was ihm nicht gefällt. Und gerade freiheitsliebende Verkäufer werden dadurch sehr schnell abgeschreckt.

In den ersten Wochen meines neuen Jobs ging es dann auch vor allem darum, meinen Mitarbeiter einen authentischen Eindruck von mir zu vermitteln, um allen Spekulationen über meine ach so böse Art entgegenzuwirken.

Daraus ergab sich in etwa folgendes Vorgehen:

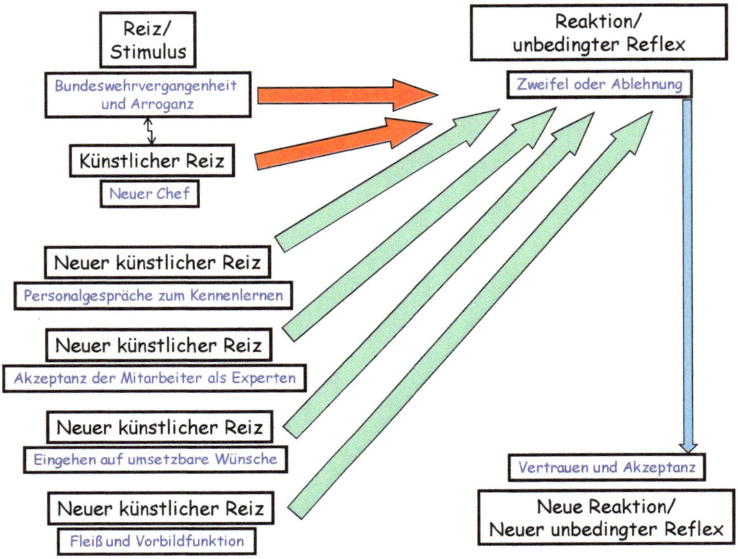

Es braucht Zeit, Geduld und den ehrlichen Wunsch nach einem guten Miteinander, um negative Konditionierungen zu verändern. Es ist jedoch ein kontinuierlicher Prozess, der sich auch wieder in die andere Richtung entwickeln kann, wenn Fehler gemacht werden. Aus diesem Grund ist es essenziell, die Vorgänge im Betrieb ständig zu beobachten, zu hinterfragen und auch ggfs. zu verändern.

<u>Ein Satz noch zu der negativen Einschätzung meiner Mitarbeiter nach der ersten Vorstellung:</u>

Einer dieser Mitarbeiter hatte mich als völlig falsch für die Firma und viel zu einengend als seinen Vorgesetzten empfunden und das auch in seiner sehr offenen Art dem Inhaber kundgetan. Nach den ersten drei Wochen kam er jedoch zu mir und hat mir davon sehr offen berichtet. Er meinte, dass er sich in mir getäuscht hatte und dass er diesen Irrtum dann auch an den Inhaber weitergegeben hätte.

Ich habe also unbewusst eine Gegenkonditionierung durchgeführt und gleichzeitig als Modell für ein gutes Miteinander gedient. Wir sind inzwischen sehr vertraut miteinander und ich habe ihn zu meinem Vertreter gemacht. So entstehen dann auch Freundschaften, mein lieber Heiko. 😊

Operantes Konditionieren nach Skinner

Ich bin – wie schon gesagt - ein großer Fan der Big Bang Theory. Ich liebe diesen intelligenten Humor und finde mich als passionierter Comic-Sammler und Trekkie oft genug in Gedanken bei den Akteuren wieder. In einer der Folgen hat Dr. Sheldon Cooper eine besondere Form der Konditionierung an Penny ausprobiert. Sehr zum Missfallen von Leonard hat er versucht, dessen Freundin operant zu konditionieren, indem er bei jeder ihm genehmen Äußerung von Penny ihr als Verstärkung für dieses Verhalten eine Praline gegeben hat.

„Man versteht unter einer Verstärkung die Steigerung der Wahrscheinlichkeit des Auftretens einer Verhaltensform dadurch, daß die Darstellung der Verhaltensform von bestimmten Stimuli gefolgt wird. Solche Verstärker werden positive Verstärker genannt. Andere Stimuli können die Wahrscheinlichkeit des Auftretens einer Verhaltensform ebenfalls erhöhen, indem sie nicht mehr dargestellt werden. Diese Stimuli nennt man negative Verstärker."[66]

Diese operante Konditionierung finden wir bei **Skinner** in seinem Basisexperiment wieder.
In einem Käfig hat Skinner eine Taube gehalten. In diesem Käfig war ein Futtermittelspender installiert. Dieser hatte eine rote und eine grüne Taste. Beim Druck der roten Taste durch den Schnabel der Taube passierte nichts, während beim Druck der grünen Taste jedes Mal etwas Futter als Belohnung freigesetzt wurde. Durch die Gabe des Futters ermutigt, hat die Taube im Anschluss immer öfter und dann nur noch die grüne Taste mit dem Schnabel gedrückt, um an noch mehr Futter zu kommen.
Die Taube hat also durch die Belohnung gelernt, dass es besser ist, die grüne Taste zu drücken. Diese Belohnung wird als Verstärkung bezeichnet, Verstärkung für die richtige Art des Handelns. Und bevor Sie fragen: Ja, so funktioniert auch eine Dressur. Immer, wenn etwas richtig gemacht wurde, gibt es ein Leckerli als Belohnung und das Tier wird dadurch motiviert, dieses Verhalten zu wiederholen.

---

[66] Lernen und Verhalten. Grundlagen der Optimierung von Lernen und Lehren. Werner Correll. Fischer Taschenbuch Verlag 1978. S. 24

Beispiele aus dem betrieblichen Alltag:

Sie bedanken sich herzlich dafür, dass eine früh anfangende Kollegin daran gedacht hat, bei Ihnen morgens im Büro ein Fenster aufzumachen. Durch diesen herzlichen Dank wird sie dazu animiert, zukünftig dieses Verhalten zu wiederholen.

Mitarbeiter, die öfter der Firma geholfen haben, indem sie länger blieben oder auch bei einem Notfall einen Tag aus ihrem Urlaub zurückgekehrt sind, erhalten Belohnungen, die verhältnismäßig sind und als Signal wirken, dass sich dieses Verhalten gelohnt hat.
Beachten Sie aber bitte, dass dies – ebenso wie bei unseren Kindern zuhause – nicht immer passieren darf, da wir sonst Leistung nur für eine direkte Gegenleistung erhalten. Und das darf nicht das Ziel von Führung oder Erziehung sein.

In der operanten Konditionierung finden Sie die Grundannahmen des Lernens am Erfolg wieder. So ist auch **Thorndikes** Versuch mit den Katzen als ein Basisexperiment zur operanten Konditionierung zu verstehen.

Die Reaktion auf einen Reiz ist gefolgt von
Verstärkung oder Bestrafung.

Verstärkung **bedeutet, dass Reize eingesetzt werden, die die Wahrscheinlichkeit des Auftretens eines bestimmten Verhaltens *erhöhen*.**

Bestrafung **bedeutet, dass Reize dargeboten werden, die die Wahrscheinlichkeit des Auftretens eines bestimmten Verhaltens *verringern*.**

Die Funktionsweise des operanten Konditionierens lässt sehr gut am Beispiel des Fahrschulunterrichts während einer praktischen Fahrstunde verstehen.

Ein neuer und ungeübter Fahrschüler verfügt noch über sehr wenige Automatismen bezüglich des Führens eines Kraftfahrzeugs. Für ihn sind das Lenken, das Schalten, das Kuppeln, das Bremsen, die Beobachtung des Verkehrs, der Kontrolle der Fahrzeuganzeigen und des Schulterblicks einzelne, voneinander getrennte Handlungen, die er noch nicht verinnerlicht hat, d.h. er muss sich bewusst auf die einzelnen Vorgänge konzentrieren und sie hintereinander abarbeiten.

Zudem befindet er sich in einer ungewohnten, ihn stressenden Situation im Straßenverkehr am Steuer eines Fahrzeugs mit einem strengen Fahrlehrer direkt neben ihm, der all seine Handgriffe überwacht. Gemäß Kapitel I ist unsere bewusste Verarbeitung von Gedächtnisinhalten stark eingeschränkt, während wir gerade intensiv Adrenalin produzieren.

Unser Standardverhalten als Prüfer von Handlungen ist das eines tadelnden Lehrers, d.h. wir konzentrieren uns auf das, was falsch gemacht wurde.[67] Wenn dieser Fahrschüler nun also das Kuppeln, Bremsen, Gas geben und Lenken versteht, dafür aber noch etwas zu weit links auf seiner Spur und ein wenig zu schnell fährt, dann ist es aus Sicht der Psychologie ein idiotisches Vorgehen, diese beiden Fehler nun hervorzuheben. Es ist dringend erforderlich, ihn für die positiven Seiten zu loben und dafür zu sorgen, dass er diese mit unserer Hilfe verinnerlicht, bevor man sich dem Abstellen der Feinheiten widmet.

Durch diese Anerkennung nun bewirkt der Fahrlehrer mehrere Dinge gleichzeitig: Der Fahrschüler baut ein Vertrauensverhältnis zu ihm auf und reduziert so seine Angst bzw. sein Stressgefühl, wenn er bei dem Fahrlehrer im Auto sitzt. Zudem wird er durch dieses Lob bestärkt, sein bisheriges Handeln zu wiederholen, weil es erfolgreich gewesen ist. Sie sehen also: Die Verstärkung sorgt für eine Vertiefung des richtigen Verhaltens im Gedächtnis.

Im anderen, vielleicht typischen Fall werden die Erfolge als selbstverständlich vorausgesetzt und die beiden Fehler hervorgehoben. Statt eines Lobes heißt es nun ‚Zu schnell gefahren und auch noch zu weit links‘. Mit großer Wahrscheinlichkeit wird das aber in der nächsten Fahrstunde dafür sorgen, dass zum einen mehr Angst und Stress auslösende Gefühle gegenüber der Fahrstunde und dem Fahrlehrer aufgebaut werden und

[67] Vgl. Kapitel 3 - Nonoccurrences

zum andern wird der Fahrschüler wahrscheinlich versuchen, sich so sehr auf den Tacho und die Straße zu konzentrieren, dass er den Wagen absaufen lässt.

„Wenn das **Skinnersche Extinktionsgesetz** angewandt wird, so bedeutet dies einfach, daß man eine solche Verhaltensform [*etwas zu schnell und zu weit links*] nicht verstärken darf, während also gleichzeitig andere, positive Einstellungen [*Lenken, Schalten, Kuppeln, Schulterblick, Verkehrsbeobachtung*] verstärkt werden sollten. Die nicht verstärkte Verhaltensform wird schwächer und schwächer und erlischt schließlich ganz."[68]

Konsequenzen:

Loben Sie, wann immer sinnvoll ist, aber übertreiben Sie auch nicht damit. Passen Sie das Lob der Entwicklung Ihres Mitarbeiters an. Am Anfang wird mehr und für einfachere Tätigkeiten gelobt als später bei einem erfahrenen Mitarbeiter.

Zur Veranschaulichung der Möglichkeiten der Anerkennung möchte ich Ihnen die 7-Stufen-Modelle für Anerkennung und Kritik kurz darstellen:

---

[68] Lernen und Verhalten. Grundlagen der Optimierung von Lernen und Lehren. Werner Correll. Fischer Taschenbuch Verlag 1978. S. 23

7 Stufen der Anerkennung

1. Kurzes Lob
2. Ausdrückliche Anerkennung
3. Schriftliche Anerkennung
4. Hinweis auf Weitergabe nach oben
5. Attraktivere Aufgaben
6. Zu wichtigen Entscheidungen hinzuziehen
7. Befördern

7 Stufen der Kritik

1. Kritikgespräch
2. An Ziele und Vereinbarungen erinnern
3. Konfliktgespräch und schriftliche Vereinbarungen
4. Disziplinargespräch und 1. Abmahnung
5. Aufgabenveränderung

Bedenken Sie bei einer **Kritik** bitte immer, dass diese nur aus sich heraus mitteilt, **wie es nicht geht und dass der Mitarbeiter es nicht geschafft hat**.

Wenn Sie wollen, dass der Mitarbeiter weiterhin motiviert für Sie arbeitet und aus seinen Fehlern bereitwillig lernt, dann müssen Sie sich die Zeit nehmen, um im passenden Moment ein gut vorbereitetes Kritikgespräch mit ihm zu führen. Ein wesentliches Ziel dieses Buches ist, Sie für diese Aufgabe zumindest theoretisch zu qualifizieren.

Fazit:
Der Bereich des Lernens ist essenziell für jeden, der möchte, dass seine Inhalte vom anderen auch verstanden und angewandt werden können. Die Vielfalt der Möglichkeiten und die Häufigkeit von unbewussten Lernvorgängen unterstützen erneut meine Grundidee für all meine Schulungen:
Nur, wenn du über das Wissen verfügst, das zu verstehen, was du gerade gemacht hast, oder das zu planen, was du gleich machen willst, dann hast du einen unschätzbaren Vorteil allen anderen gegenüber, die nicht das Wissen haben, ihr Verhalten oder das ihrer Mitmenschen zu hinterfragen, zu analysieren und auch zu beeinflussen.

Die Wissensbasis kann aber erst dann als ausreichend vollständig bezeichnet werden, wenn der offensichtliche Schwerpunkt des menschlichen Verhaltens, die Kommunikation gebührend untersucht wurde.

Die Bestandteile der Matrix 7 – Kommunikation I – die 5 Axiome

In der Beschäftigung mit Kommunikationstheorien, die man auch in der Praxis gut anwenden kann bzw. die einem einen guten Einblick in die Vorgänge des menschlichen kommunikativen Miteinanders geben, bin ich schnell auf zwei der renommiertesten Fachleute auf diesem Gebiet gestoßen – **Paul Watzlawick und Friedemann Schulz von Thun.**

Anfangen möchte ich mit **Watzlawick**, der mit seinem Buch ‚Menschliche Kommunikation' einen wahren Meilenstein zum Verständnis der Kommunikation gesetzt hat.

Aus der Anthropologie wissen wir, dass der Mensch ein Nesthocker und ein natürliches Kulturwesen ist. Das bedeutet, dass er abhängig ist von anderen Menschen. Die Natur hat uns wunderbarerweise so angelegt, dass wir andere Menschen benötigen, um zu wachsen, um uns weiterzuentwickeln, um diese uns innewohnende unglaubliche Neugier zu befriedigen.

Also müssen unsere Möglichkeiten zu einem Miteinander auch besonders sein. Es kann und darf nicht so langweilig und eintönig sein, dass das, was wir sagen, auch immer das ist, was wir meinen. Menschliche Kommunikation ist absolut vielfältig. Und es hat sich gezeigt, dass derjenige bessere Chancen hat, erfolgreich zu sein, der diese Klaviatur auch wirklich beherrscht.

Kennen Sie irgendwo in der Wirtschaftswelt einen wirklich erfolgreichen Manager, der nicht reden kann, der nicht mit seinen Mitarbeitern spielen kann, der keine Ahnung von Kommunikation hat? Mir fällt keiner ein. Selbst geniale Erfinder, die in ihren Garagen oder Labors hocken, brauchen denjenigen charismatischen und eloquenten Partner an ihrer Seite, der sich darum kümmert, dass ihre Ideen und Produkte auch vermarktet werden können.

Paul Watzlawick hat sich mit menschlicher Kommunikation beschäftigt, hat sie analysiert und hat **fünf Grundregeln** herausgearbeitet, die er als seine **Axiome** bezeichnet hat. Googlen Sie Axiome und Sie finden Watzlawick auf der ersten Seite – als hätte er damals schon gewusst, dass besondere Begriffe gefunden werden müssen, die so speziell sind, dass sie mit dem Theoriestifter verknüpft werden können.

Hätte er das Wort ‚Grundregeln' statt ‚Axiome' gewählt, dann hätten wir wesentlich weniger Wiedererkennungswert bei seiner Theorie – als hätte er zu seiner Zeit Google und andere Suchplattformen schon vorausgeahnt, ein wahrer Visionär also. ☺

Die Kommunikationsregeln Watzlawicks – seine 5 Axiome

Erstes Axiom: Man kann nicht nicht kommunizieren.

Auch Schweigen und Nichthandeln haben Mitteilungscharakter

Sein erstes Axiom ist ein geflügeltes Wort geworden, da es in sehr wenigen Worten das ausdrückt, was Kommunikation ausmacht. Man kann ihr einfach nicht entfliehen, sie geht deutlich über das gesprochene Wort hinaus. Immer, wenn mindestsens zwei Menschen in einem Raum sind, dann kommunizieren sie miteinander – selbst, wenn sie nichts sagen. Dann wäre ihr Kommunikationsinhalt, dass sie sich nichts zu sagen haben oder nicht miteinander reden wollen. Denken Sie bitte jetzt noch an unsere natürliche Aufgabe, soziale Gruppen zu finden, in denen wir leben wollen, dann ist klar, dass uns Kommunikation unser ganzes Leben begleitet.

Ich bin wieder bei der Schulkritik angelangt. Warum ist es denn so schwer, uns die Funktionsweise von Kommunikation schon in jungen Jahren beizubringen – und zwar so, dass wir auch verstehen können, wie etwas funktioniert und nicht nur so, dass wir das nachplappern, was uns vorgesetzt wird. Fragen Sie doch mal in den Schulen Schüler der sechsten Klasse eines Gymnasiums, ob sie die 5 Axiome von Watzlawick beherrschen oder ob ihnen anderes Wissen an die Hand gegeben wurde, um ihre eigenen Handlungen und Abläufe zu hinterfragen, zu verstehen und eventuell neue Handlungen zu erarbeiten, die erfolgversprechender sein könnten.[69]

Meinen persönlichen erster Kontakt mit Watzlawicks Ideen hatte ich 1999 als Dozent für Verkehrspädagogik und –psychologie an der Nachschubschule des Heeres. Dort ging es darum, Fahrlehrern beizubringen, wie sie mit ihren Fahrschülern umgehen sollten. Und Kommunikation war ein wesentlicher Bereich im Curriculum. Ich habe also mit 30 Jahren zum ersten Mal von Watzlawick gehört – und dass trotz eines Pädagogikstudiums 8 Jahre zuvor. Hätte ich einiges von dem Wissen von heute schon damals während des Studiums gehabt, dann wären mir einige schwierige Momente erspart geblieben und dann wäre ich mein Studium noch ganz anders angegangen.
Um genau diese negativen Erfahrungen Ihnen zu ersparen, hat ein Trainer die Aufgabe, Sie an seinen Erfahrungen teilhaben zu lassen. Voila! ☺

[69] Meine Diplomarbeit habe ich zum Thema ‚Berufsvorbereitungsmaßnahmen an Hamburger Gymnasien und Gesamtschulen' im Jahr 1994 geschrieben. Da waren bei den meisten Schulen ein Besuch im Berufsinformationszentrum, ein Bewerbungstraining und 2 Praktika schon das Äußerste der Gefühle. Nach dem, was ich in den Gesprächen mit Eltern, Schülern, Lehrern, Auszubildenden und jungen Berufseinsteigern danach mitbekommen habe, ist die Vorbereitung der Kinder auf die Berufswelt auch heute noch ein wahres Glücksspiel, und zwar ob man zufällig auf einer progressiven Schule war und einen engagierten Lehrer hatte.

Merken Sie sich bezüglich des ersten Axioms einfach, dass Sie – egal ob Sie kommunizieren wollen oder nicht – es trotzdem immer dann tun, wenn andere dabei sind. Ihre Körpersprache ist ein mächtiges Werkzeug der Kommunikation, leider insbesondere dann, wenn Sie es nicht gebrauchen können. Erfahrene Beobachter sind in der Lage, anhand Ihrer Körpersprache Rückschlüsse auf Ihre ‚wahre' Nachricht zu ziehen, und Ihre vielleicht vorhandene Inkongruenz, also fehlende Deckungsgleichheit von dem Gesagten und dem Reellen, offenzulegen.
Und bei unerfahrenen und unbewussten Beobachtern Ihrer Körpersprache werden Sie ähnlich analysiert – nur diesmal von dem ‚Bauch' des anderen, der zwar nicht mitbekommt, dass er Sie analysiert, der es aber trotzdem unbewusst tut und sein zukünftiges Verhalten Ihnen gegenüber davon abhängig macht.

Lassen Sie uns also einen kleinen Abstecher in einen sehr grundsätzlichen Bereich der Kommunikation machen, der Verteilung der Kommunikationsanteile:

Kommunikationsanteile

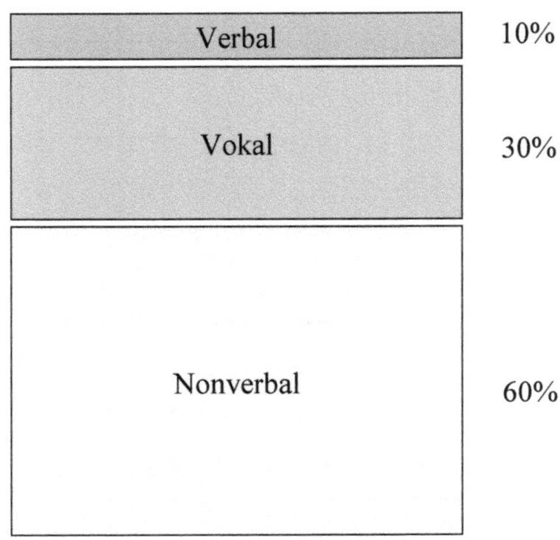

Diese Grafik ist tatsächlich nur ein Anhalt, um zu verstehen, was in der Kommunikation wirklich passiert.

Wir Menschen neigen grundsätzlich dazu – aufgrund unserer nur sehr eingeschränkten bewussten Kapazitäten im Kurzzeitgedächtnis – die gesprochenen Worte zum Nonplusultra unserer Kommunikation zu machen. Doch nichts kann ferner liegen. Mit Worten kann man lügen, mit der Stimme und der Gestik, der Haltung ist es dann schon deutlich schwieriger. Die wenigsten Menschen sind in der Lage, ihre Körpersprache so zu kontrollieren, dass sie nicht zu dem passt, was sie wirklich meinen.
Sie fragen Ihren Lebenspartner, ob er Lust auf einen Kinoabend mit Ihnen hätte. Wenn er ja sagt, Sie allerdings das Leuchten in seinen Augen nicht sehen, dafür

aber ein Stirnrunzeln, zusammengezogene Augenbrauen und eine geschlossene Körperhaltung, gepaart mit einer leisen und emotionslosen Stimme, dann sollten Sie das ‚Ja' von ihm bezweifeln, weil es nicht zum Rest seiner Kommunikation passt.
Nehmen Sie einmal eine Mail oder eine Whatsapp. In diesen verzichten Sie grundsätzlich auf etwa 90% Ihrer Kommunikationsanteile. Was meinen Sie wohl, wie oft Sie von Ihrem Gegenüber schon falsch verstanden wurden, weil er die entsprechenden Gefühle bei Ihnen nicht aus Ihrer Körpersprache ablesen konnte? Genau aus diesem Grund wurden Emojis erdacht, um den verbalen Nachrichten ein Stück Emotion und Körpersprache hinzuzufügen.

Jedem Menschen, der sich in Zukunft vor Ihnen aufspielt und sagt, dass Emails die beste Art der Kommunikation wären, weil man alles schwarz auf weiß hätte und entspannt sehen kann, den bitte ich Sie freundlich auszulachen.

Die Körpersprache oder auch nonverbale Kommunikation ist fester Bestandteil jeglicher Kommunikationstrainings, weil dieses Wissen – wieder einmal – in der Kindheit oder Jugend oder Ausbildung nicht bewusst trainiert wird. Insbesondere in der Kriminologie, der Psychotherapie und dem Verkauf wird der Körpersprache ein besonderes Augenmerk verliehen.
In seinem Buch ‚Menschen lesen' beschreibt der ehemalige FBI-Agent Joe Navarro sehr anschaulich, warum wir auf das bewusste Lesen der Körpersprache in unserem Miteinander nicht verzichten dürfen. Er zählt

seine persönlichen 10 Gebote auf, um nonverbale Signale entschlüsseln zu können.[70] Ich möchte an dieser Stelle nur meine TOP 3 erwähnt haben.

1. Du sollst ein aufmerksamer Beobachter deiner Umgebung sein.
   Ohne Lust auf Beobachtung, ohne Interesse für die Umwelt, ohne Spaß an Analyse werden Sie ein schlechter Vorgesetzter, ein versagendes Elternteil und ein miserabler Verkäufer sein.
2. Du sollst kontextbezogen beobachten.
   Ohne Kontext, also das Verstehen der Situation, sind Beobachtungen der Körpersprache witzlos. Stellen Sie sich vor, dass Sie bei einem Kollegen feststellen, dass er Ihnen gegenüber eine verschlossene Körperhaltung annimmt, weil er seine Arme um seinen Körper schlingt. Wenn Sie jetzt nicht berücksichtigen, dass dieser Kollege vielleicht am offenen Fenster sitzt und einfach nur friert, dann werden Sie die falschen Schlüsse ziehen. Daher ist es wichtig, bei diesen Beobachtungen möglichst viele aussagekräftige nonverbale Eindrücke (multiple tells) zu erlangen, da dadurch die Wahrscheinlichkeit einer Aussage aus der Beobachtung heraus deutlich ansteigt.
3. Du sollst den Unterschied zwischen Behagen und Unbehagen erkennen.

[70] Menschen lesen. Joe Navarra. Vgl. S. 22ff. mvg-Verlag. 21. Auflage 2020.

Es gibt Menschen, die haben sich an bestimmte Körperhaltungen so sehr gewöhnt, dass sie sich mit ihnen behaglich fühlen, obgleich der neutrale Beobachter etwas anderes deuten würde. Wichtig ist, sie auf diese nonverbalen Signale anzusprechen und direkt zu befragen. Ich habe die Erfahrung gemacht, dass beispielsweise männliche Bauchträger[71] sehr häufig die Hände auf ihrem Bauch verschränken und meinen Ausführungen mit Interesse und Wohlwollen gelauscht haben, mit glatter Stirn, entspannten Augenbrauen und einem Lächeln im Gesicht. Darauf angesprochen fanden sie diese Körperhaltung einfach nur bequem und wären nie im Leben darauf gekommen, dass diese eine negative Einschätzung zur Folge haben könnte. Eine Analyse der multiple tells hätte das dann auch nicht zum Ausdruck gebracht.

Mein allererster Seminarteilnehmer – heute ein sehr guter Freund – ist ein entsprechender Bauchträger. Seine Körperhaltung war allerdings noch deutlich herausfordernder. Er hat sich im Sitz nach hinten gelegt, seine Beine breit ausgestreckt und dann noch die Arme hinter dem Kopf verwinkelt.

Zudem hat er sich von den angebotenen Sitzplätzen denjenigen ausgesucht, der direkt frontal

[71] Nur beschreibend, nicht verletzend gemeint!

vor mir als Trainer war – in der Psychologie der Sitzplatzwahl eine eindeutige Aussage: ‚Nun zeig mal, was du kannst. Ich werde kritisch sein.' Und dazu dann noch seine Körperhaltung mit der Aussage: ‚Ich präsentiere dir all meine Weichteile. Vor dir brauche ich keinen Schutz. Ich bin dir überlegen.' – ich dachte zu der Zeit nur, dass das jetzt heiter werden könnte. Es wurde heiter. Er war kritisch, hat alles hinterfragt, hat Beispiele gefordert, hat Zweifel gesät und war dann aber zum Glück der erste, der nach den zwei Tagen Seminar gefragt hat, wann der nächste Teil kommen werde.

Wäre es nicht so gelaufen, wären wir heute keine Freunde. Seine kritische Grundeinstellung hat ihn inzwischen in die Arme der ISO-Zertifizierung getrieben, wo er sich so richtig austoben kann. Seine arrogante und offene Körperhaltung vom ersten Tag hat er übrigens beibehalten. Sie ist für ihn Ausdruck der Entspannung und er zeigt sie noch heute, wenn wir abends in freundschaftlicher Runde beisammensitzen. ☺

Zweites Axiom: Jede Kommunikation hat einen Inhalts- und einen Beziehungsaspekt

Dieses Axiom wurde von Friedemann Schulz von Thun aufgegriffen und weiter verfeinert. In dem nächsten

Kapitel werden wir uns mit seinem 4-Ohren-Modell sehr ausführlich beschäftigen.[72]

Drittes Axiom: Die Natur einer Beziehung ist durch die Interpunktion der Kommunikationsabläufe seitens der Partner bedingt.

Jetzt sind wir bei einem der wesentlichen praktisch anwendbaren Axiome angelangt, der Interpunktion.
Was genau soll uns diese Regel sagen? Was ist Interpunktion?

Inter bedeutet ‚zwischen', es heißt also zwischen den Punkten. Der Satz ist zwischen den Punkten. Und im Satz bedeuten die Punkte Anfang und Ende dieses Satzes.
So weit, so gut. Aber jetzt kommen wir zu der faszinierenden Aussage dieses Axioms. Es bedeutet grundsätzlich, dass die an der Kommunikation beteiligten Parteien Anfang und Ende ihrer scheinbar gemeinsamen Kommunikation unterschiedlich setzen. Und diese unterschiedlichen Perspektiven sorgen für mächtig Ärger im Miteinander.

Im Seminar bringe ich jetzt in der Regel mich selbst als Beispiel. Ich bin Trainer und war zuvor jahrelang auch Geschäftsführer in einem mittelständischen Unternehmen, in dem ich die Personalschulungen auf allen Ebenen selbst durchgeführt habe.

---

[72] Miteinander reden 1. Störungen und Klärungen, 2. Stile, Werte und Persönlichkeitsstörungen. Friedemann Schulz von Thun. Rororo 1998.

Wenn nun ein neuer Mitarbeiter ins Schulungszentrum nach Hamburg gebeten wurde, um an einer Basisschulung teilzunehmen, dann kannten wir uns vielleicht noch vom Einstellungsgespräch oder einem meiner Besuche in den Stationen.

Mein Wissen über ihn war also relativ begrenzt. Nun konnte es allerdings sein, dass einer seiner Kollegen ihm noch ein paar Dinge über mich und meine Art ins Ohr geflüstert hat. Vielleicht hatte der Kollege gerade ein kritisches Gespräch mit mir gehabt, weil er irgendwie Mist gebaut hat, vielleicht wollte er ihm aber nur ein paar Tipps für den Umgang mit mir an die Hand geben. So konnte er beispielsweise sagen: ‚Bei dem Kroeger musst du aufpassen. Der tut immer so, als wäre er ganz nett und zugänglich. Und dann kommt er in deine Station und schnauzt dich wegen irgendwelcher Kleinigkeiten an. Fall bloß nicht auf den rein.'
Wenn dieser so ‚geprimte' und vorbereitete Mitarbeiter nun mit mir in der Schulung zusammentraf, dann hatte ich von Anfang an schlechte Karten, da er jede positive, freundliche und unterstützende Aussage von mir in dem Licht der Worte seines Kollegen gesehen hat. Er hat mich also nicht für authentisch gehalten, geradezu für verlogen, so dass meine Schulungsideen so auch nicht bei ihm ankommen konnten. Gerade bei internen Personalführungsschulungen ist das Ansehen des Schulenden besonders wichtig, wenn er seine Inhalte durchsetzen will, da ihn jeder in seinem Alltag mit seinen eigenen Aussagen konfrontieren kann.

Bezüglich der Idee der Interpunktion ist es nun so, dass meine Kommunikation beim Beginn der Schulung auch erst wirklich anfing, da ich keine großartig positiven oder negativen Informationen über diesen neuen Mitarbeiter hatte. Für ihn begann die Kommunikation jedoch schon deutlich vorher – bei den Gesprächen mit seinem ‚beratenden' Kollegen. Immer, wenn in einer Kommunikation unterschiedliches Vorwissen oder sogar Vorurteile existieren, dann ist die Wahrscheinlichkeit für einen negativen Verlauf des Miteinanders sehr hoch.

Ein weiteres Beispiel:
Stellen Sie sich vor, dass die beste Freundin Ihres Lebenspartners Sie zusammen mit Ihrer Schwester oder Ihrem Bruder in der Stadt beim Essen gesehen hat. Die Freundin kannte Ihr Geschwisterteil aber nicht und war erstaunt über das herzliche und vertraute Miteinander, die anschließende lange Umarmung und das Lächeln, das sie in Ihrem Gesicht gesehen hat.
Im Zeitalter von Handys wird diese Beobachtung dann sehr schnell an den Lebenspartner weitergegeben. Und Ihr Lebenspartner hat dann in den nächsten Stunden bis zu Ihrem Wiedersehen sehr viel Zeit, negative Emotionen Ihnen gegenüber aufzubauen, weil ein Betrug in der Luft liegt. Wenn Sie dann auch noch den Fehler machen, Ihrem Partner etwas Schönes aus der Stadt mitzubringen, dann ist der Verlauf der Kommunikation vorprogrammiert.

Menschliche Kommunikation ist nicht in Kausalketten auflösbar. Niemand kann genau angeben, wer beispielsweise bei einem Streit wirklich „angefangen" hat.

„Anfänge" werden nur subjektiv gesetzt, als so genannte ,,Interpunktionen". Erfolgreiche Kommunikation ist zu erwarten, wenn beide Partner als Ursache und Wirkung die gleichen Sachverhalte festlegen und Kommunikation als Regelkreis verstehen. Störungen entstehen, wenn ein Partner an einem Punkt der kreisförmigen Kommunikation einen Einschnitt vornimmt und sagt: „Hier hat es angefangen, das ist die Ursache".

Die originäre verbildlichende Geschichte zu diesem Axiom findet man in Watzlawicks Buch ‚Anleitung zum Unglücklichsein'[73]:

Die Geschichte mit dem Hammer

Ein Mann will ein Bild aufhängen. Den Nagel hat er, nicht aber den Hammer. Der Nachbar hat einen. Also beschließt unser Mann, hinüberzugehen und ihn auszuborgen. Doch da kommen ihm Zweifel: Was, wenn der Nachbar mir den Hammer nicht leihen will? Gestern schon grüßte er mich nur so flüchtig. Vielleicht war er in Eile. Aber vielleicht war die Eile nur vorgeschützt, und er hat etwas gegen mich. Und was? Ich habe ihm nichts angetan; der bildet sich da etwas ein. Wenn jemand von mir ein Werkzeug borgen wollte, ich gäbe es ihm sofort.

---

[73] Aus: Paul Watzlawick: Anleitung zum Unglücklichsein http://www.onlinecat.de/Leseproben/watzlawick.htm

Und warum er nicht? Wie kann man einem Mitmenschen einen so einfachen Gefallen abschlagen? Leute wie dieser Kerl vergiften einem das Leben. Und dann bildet er sich noch ein, ich sei auf ihn angewiesen. Bloß weil er einen Hammer hat. Jetzt reicht's mir wirklich. – Und so stürmt er hinüber, läutet, der Nachbar öffnet, doch noch bevor er "Guten Tag" sagen kann, schreit ihn unser Mann an: "Behalten Sie Ihren Hammer, Sie Rüpel!"

Was also können Sie tun, um in Ihrem Kommunikationsalltag gegen dieses ‚hinterhältige' Axiom gewappnet zu sein?

Seien Sie achtsam. Interessieren Sie sich für die Menschen, die mit Ihnen kommunizieren. Beachten Sie Ihre Körpersprache. Checken Sie deren Authentizität, deren Echtheit und auch Kongruenz, Deckungsgleichheit zwischen dem, was sie sagen und dem, was sie mit ihrer nonverbalen Kommunikation aussagen. Erinnern Sie sich an die Projektionen aus Kapitel 4.
Der Mitarbeiter, der zu wenig Anerkennung bekommen und dann seine eigenen Unzulänglichkeiten einfach auf andere Menschen in seiner Umgebung projiziert hat – nur weil diese die seiner Meinung nach ihm zustehende Anerkennung erhalten haben.
Achten Sie also auf Unstimmigkeiten. Versuchen Sie zu erkennen, ob multiple tells (mehrfache Hinweise auf eine bestimmte Einstellung oder Meinung) vorliegen. Seien Sie mutig und konfrontieren Sie Ihr gegenüber mit Ihren Beobachtungen.

Sie haben diesbezüglich zwei Möglichkeiten:

a) Seien Sie direkt und beschreiben Sie die Unstimmigkeiten zwischen dem, was gesagt wurde, und dem gezeigten Verhalten bzw. der präsentierten Körpersprache. Machen Sie Ihrem Gegenüber klar, dass es einfacher ist, mit Worten zu lügen, als seine Körpersprache bewusst zu verändern. Seien Sie so offen, wie Sie es verantworten können.

b) Seien Sie vorsichtig und vermeiden Sie DU-Botschaften, Man-Botschaften und ES-Botschaften. Sagen Sie nicht: Du hast dich nicht ehrlich verhalten. Sagen Sie auch nicht: Man macht das nicht. Und sagen Sie bloß nicht: Es gehört sich nicht, das zu machen, was du gemacht hast. Die Hilfe in der Not sind hier die sogenannten **ICH-Botschaften**. Es geht darum, Ihren Kommunikationspartner nicht anzugreifen, sondern ihn über den Umweg der Beschreibung Ihrer Gefühle dazu zu bewegen, dass er über sich und seine Kommunikation nachdenkt.

Erinnern Sie sich an Kapitel 1. Wenn Sie in einer stressigen Situation sind, Ihre Gedanken auf einen letzten, übrig geblieben Gedanken zusammengeschrumpft sind, Sie mit Adrenalin quasi geflutet werden, dann bleiben bei Ihnen meistens nur zwei, tief in unseren Genen verwurzelte Handlungen übrig: Flucht oder Gegenangriff. Beides ist für eine funktionierende

Kommunikation tödlich. In dieser Situation sollten Sie dem anderen mitteilen, wie Sie sich gerade fühlen, was Sie gerade empfinden.

Stellen Sie sich eine hitzige Kommunikation, einen Streit, vor, in dem Sie beide anfangen, sich gegenseitig mit Worten zu verletzen. Wie viel konstruktiver wäre es jetzt, Ihrem Kommunikationspartner zu beschreiben, was in Ihnen gerade vorgeht. Auf einen verbalen Angriff von ihm antworten Sie: ‚Ich bin traurig, dass unser Streit so schnell verletzend wird.‘

Diese **ICH-Botschaft** greift Ihr Gegenüber nicht an, er muss nicht ‚zurückschießen‘, weil Sie ihn damit nicht angreifen - im Gegenteil: Sie offenbaren Ihre innersten Gefühle vor ihm. Sie halten ihm im biblischen Sinne also auch noch die andere Wange hin. Die meisten Menschen reagieren auf derartige ICH-Botschaften in einem Streitgespräch sehr überrascht. Sie erwarten die nächste Eskalation und dann wird die Luft herausgenommen und der ‚Feind‘ zeigt ein Verhalten, das vielleicht zunächst als Schwäche verstanden wird. Und auf Schwächere schlägt man in der Regel nicht mehr ein. Man tritt nicht die, die auf dem Boden liegen.

Erst in der zweiten Betrachtung kann man die Stärke dieser Gesprächstaktik erkennen. Wer es schafft, in einer emotionalen Erregung bewusst ICH-Botschaften zur aktiven Deeskalation ins

Gespräch einfließen zu lassen, der ist stärker als derjenige, der nur draufhaut.
Spannenderweise tun sich vor allem Männer mit der Nutzung, ja schon der Formulierung von ICH-Botschaften besonders schwer, da sie diese als eher unmännlich einstufen. Die Analysen in Rhetoriktrainings mit eben diesen Männern waren für die gesamte Seminargruppe stets sehr wertvoll. Eine gesunde Selbstreflexion und ein tolerantes Annehmen neuer Strategien bringen jeden Menschen immer wieder ein Stück weiter voran.

Ein Vergleich aus der Wehrtechnik:

Die nichtexplosive bzw. nichtenergetische Reaktivpanzerung (Non Explosive Reactive Armor - NERA) auf Panzern besteht aus verschiedenen Modulen. Die Module haben eine inerte (nichtexplosive) Füllung, die einen Teil der auftretenden Geschossenergie aufnimmt und durch den dabei entstehenden hohen Innendruck im Modul die Ausbeulung der oberen Metallplatte des "Sandwiches" bewirkt. Diese behindert nun das Geschoss im Auftreffbereich bzw. lenkt es ab.
Das bedeutet, dass ein Geschoss mehr Wirkung auf eine massive Panzerung als auf eine Schichtenpanzerung mit unterschiedlichen Materialien und Dichten hat (Sandwich-Prinzip). Dieses Prinzip hat jeder schon einmal erlebt, der mit einem Bohrer eine Betonwand

bearbeitet hat und dann in eine Luftschicht geraten ist. Der Bohrer springt geradezu vor und verliert dadurch Energie, so dass die folgende Betonschicht zu hart für ihn ist. Sie müssen den Bohrer anschließend wieder neu ansetzen.

So ähnlich können Sie sich auch die Wirkung der **ICH-Botschaften** vorstellen. Der ‚Angreifer' in dem Streitgespräch erwartet eine Gegenreaktion, auf die er wieder hart reagieren kann. Stattdessen wird ihm die Energie für einen Gegenschlag entzogen.

Wer in der Lage ist, in emotionsgeladenen Situationen mit ICH-Botschaften zu arbeiten, der wird zukünftig in allen Einsatzbereichen – Personalführung, Kundenkontakt, Erziehung oder Partnerschaft – spürbare Erfolge erzielen und mit viel weniger Konflikten durchs Leben gehen.

Dabei bieten sich folgende Formulierungen an:

- Ich bin enttäuscht, …
- Ich bin traurig, …
- Ich bin verwirrt, …
- Ich bin genervt, …
- Ich bin wütend, …
- Ich bin entsetzt, …
- Ich bin müde, …
- Ich fühle mich schlecht, …

Ein Seminarteilnehmer hat diese rhetorische Technik einmal folgendermaßen beschrieben: Wenn einer anfängt, mit Wattebäuschchen nach mir zu werfen, dann verliere ich sofort jegliche Lust, meinem Gegenüber weiter zu schaden.

Insofern fordere ich Sie auf, diese Wattebäuschchentechnik einmal auszuprobieren. Lernen Sie entsprechende Formulierungen vorher auswendig, üben Sie mit ihnen, damit Sie auch im Stress darauf zurückgreifen können. Unterbrechen Sie zukünftig den Teufelskreis des Sich-gegenseitig-Verletzens in einem Streit, indem Sie rechtzeitig die Luft aus dem Streit nehmen. Ihr Gegenüber wird Ihnen dankbar sein.

Fazit des dritten Axioms:
Beobachten Sie die Körpersprache Ihrer Kommunikationspartner. Seien Sie sich Ihrer selbst bewusst und kennen Sie Ihre Wirkung auf andere. Interessieren Sie sich für Ihren Ruf in der Firma oder im Freundeskreis. Sprechen Sie die andere Person darauf an, dass Sie etwas gespürt haben, was nicht passt.
Fragen Sie einfach mal, ob ein Vorwissen über Sie existiert. Gehen Sie offen mit dieser Problematik um und überraschen Sie Ihre Kommunikationspartner mit Transparenz!

Viertes Axiom: Menschliche Kommunikation bedient sich digitaler und analoger Modalitäten

Kommunikation ist also analog oder digital. Nur was heißt das für uns, wenn wir sie hinterfragen, sie analysieren wollen?

Watzlawick hat uns mit seinen Axiomen beschenkt, aber er hat keine Übersetzung für den Nicht-Sozialwissenschaftler gefunden. Die Axiome sind schwere Kost für Menschen, die sich zum ersten Mal mit den psychologischen Hintergründen menschlichen Verhaltens beschäftigen. Schon die Begrifflichkeiten der letzten 3 Axiome – Interpunktion, digital und analog, symmetrisch und komplementär – sorgen bei dem geneigten, aber unerfahrenen Anwender für eine gewisse Verteidigungshaltung. Fachbegriffe lassen sich aber nicht so einfach in Normalsprache übersetzen.
Und noch viel schwieriger kann es sein, wissenschaftliche Theorien und Modelle mit einfachen Worten darzustellen. Aber es muss möglich sein. Und wenn wir auf diesem Kreuzzug der Vereinfachung ein wenig Inhalt verlieren, aber dafür ein paar zusätzliche Anwender gewinnen, die Menschen verstehen können, um sie zu führen und zu erziehen, die Manipulation erkennen, wenn sie an ihnen angewandt wird, dann haben wir Erfolg gehabt.

Die Psychologie bietet eine Unmenge an Literatur, die derartig abschreckend für den Laien ist, dass er nach wenigen Versuchen des Lesens, Verstehens und Übertragens die Lust verliert und sich wieder auf das verlässt, was er auf Jahre sehr oft unreflektiert in sein Handlungsspektrum übernommen hat. Aus diesem Grund war es mir immer ein Anliegen, derjenige zu sein, der seinen Seminarteilnehmern, Mitarbeitern oder Schülern die harte Kost vorkaut und auf Basis von 30 Jahren Erfahrung in der Personalführung verdaubar macht.

Als Dozent für Verkehrspädagogik und -psychologie an der Nachschubschule des Heeres habe ich Ende der 90er Jahre angehenden Fahrlehrern – zumeist Kameraden mit einfachem Schulabschluss oder zumindest wenig akademischer Bildung – angefangen, philosophische Ideen wie etwa das anfänglich beschriebene Höhlengleichnis von Platon mit auf ihren Weg zu geben. Ich wurde dafür von den anderen Dozenten verlacht. ‚Warum tust du dir das an? Damit können die doch nichts anfangen. Und das ist auch zu weit von ihrem Auftrag des Fahrschulunterrichts entfernt.'

Ich war jedoch mal wieder etwas stur und versuchte, meinen Schülern die Idee hinter dem Modell darzustellen, dass es darum geht im Leben, seine geistigen Fesseln zu lösen, sich der Wahrheit hinter der Wahrheit zu stellen und sich offenen Auges den Herausforderungen der Welt zu stellen. Im Falle der Fahrlehrer hieß das, sich mit Konditionierung, Wahrnehmung und Kommunikation zu beschäftigen, sich ein Handwerkszeug für die Bewältigung der täglichen Herausforderungen zu schaffen und seine Schüler möglichst gut auszubilden und ihnen wertschätzend und respektvoll zu begegnen.

Im Rückblick muss ich sagen, dass ich längst nicht alle erreicht habe, dass aber diejenigen, die erkannt haben, wie wertvoll Wissen sein kann, sehr dankbar für die Wertschätzung waren, dass sie nicht von vornherein für zu desinteressiert oder sogar zu begriffsstutzig für die Aufnahme philosophischen und psychologischen Wissens gehalten wurden.

Eine sehr wichtige Lektion für die Fahrlehrer war genau dieses **4. Axiom** von Watzlawick. **Kommunikation ist digital oder analog**.

Widmen wir uns den beiden Begrifflichkeiten.

Digitale Kommunikation:

Jeder kennt den Begriff digital – insbesondere aus dem Bereich der Uhren oder Computer. Wir sprechen heute von Digitalisierung, also von einem papierlosen Büro, von der Abbildung der beruflichen Tätigkeit in einem Netzwerk.
Im Bereich der Kommunikation wird digital jedoch anders verstanden. Ähnlich wie jeder Computer mittels einer Computersprache das Wissen der Welt übersetzt bekommen muss, ist es auch bei digitaler Kommunikation entscheidend, dass die Inhalte, die vermittelt werden sollen, übersetzt oder auch decodiert werden müssen.

Im Kapitel 2 habe ich etwas über Wahrnehmung erzählt, über den Begriff **subjektiver Konstruktivismus**. Die Konsequenzen aus diesem Kapitel treffen wir auch in der Kommunikation. Wir erwarten, dass unser Gegenüber die Welt so versteht, wie wir sie verstehen. Und wir machen uns in der Regel nicht die Mühe, darüber nachzudenken, ob wir denn überhaupt verstanden werden können, wenn der andere doch gar nicht unser Wissen und unsere Sichtweise besitzt.

Mein Lieblingsbeispiel dazu ist das kleine Wort ‚gleich'.

Wir nutzen dieses Wort sehr häufig am Tag. Gerade im zeitlichen Zusammenhang verwenden wir es immer wieder ohne Reflexion. ‚Ich komme gleich.' sagen wir und erwarten unbewusst, dass unser ‚gleich' auch sein ‚gleich' ist. Im Seminar stelle ich die Frage immer in die Runde: Was bedeutet ‚gleich' für Sie? Von ‚sofort' über ‚in 5 bis 10 Minuten' bis hin zu ‚wenn ich die aktuelle Tätigkeit beendet habe' kann ‚gleich' so ziemlich alles bedeuten.
In dem Moment, in dem mein kommunizierter Inhalt unklar ist und mehrere Deutungen zulässt, handelt sich um einen digitalen Inhalt, der durch den Sender decodiert werden muss, wenn er möchte, dass es keine Missverständnisse geben soll. Im Falle des ‚gleich' sollten Sie sich direkt eine Angabe in Minuten angewöhnen. Weiterhin kann es erforderlich sein, dass Sie Bezug auf die jetzige Tätigkeit des Kollegen nehmen und klarstellen, dass er diese dann auch zu unterbrechen hat.

Wir kennen viele dieser Begriffe, die uns im täglichen Leben immer wieder Unbill bescheren: Pünktlich, teuer, schnell, ordentlich, fleißig, sorgfältig, intensiv, etc.

All diese Begriffe sind subjektiv und bedürfen der Erklärung, der Decodierung. Gewöhnen Sie sich daran, Begriffe direkt zu definieren, und Sie werden es im Umgang mit anderen viel leichter haben.

Analoge Kommunikation:

Im Gegensatz zur digitalen Kommunikation gewährt uns diese wesentlich seltenere Form der Kommunikation den Luxus, dass es sich bei ihr um eine bildhafte Form der Kommunikation handelt, die ohne Übersetzung direkt und schnell zu verstehen ist.
Wer es schafft, viel in analoger Kommunikation unterwegs zu sein, wird besser verstanden und ist somit kommunikativ erfolgreicher.

Das Sprechen in Bildern, die jeder versteht, ist seit Jahrtausenden das große Geheimnis erfolgreicher Redner. Die Nutzung von Analogien, also bildhaften Vergleichen, reduziert Barrieren und fördert ‚den schnellen Einzug ins Langzeitgedächtnis'. Die Möglichkeit eines Missverständnisses oder unterschiedlicher Deutungen ist allerdings auch hierbei noch immer möglich, da analoge Kommunikation nicht wirklich eineindeutig sein kann.

Lassen Sie uns zusammen einmal ein wenig bei den Verkehrszeichen wildern.

‚Ist das ‚STOP-Zeichen' digital oder analog?

Ich wundere mich immer wieder, dass diese Frage im Seminar zu 90% falsch beantwortet wird, obgleich die Erklärungen zu digitaler und analoger Kommunikation direkt vorher besprochen wurden.

Natürlich handelt es sich um ein digitales Zeichen. Wenn Sie unsere Sprache nicht beherrschen, dann können Sie mit diesen lustigen vier Buchstaben überhaupt nichts anfangen – Schrift muss immer gelernt werden, ist nicht selbsterklärend. Auch die achteckige Form des Schildes mit roter Umrandung hat keinen analogen Bezug, der rund um die Welt verstanden wird. Wieso sagen acht Ecken aus, dass man stoppen soll? Dann heißt es aus dem Kreise der Seminarteilnehmer: ‚Aber rot ist eine Signalfarbe und steht für Gefahr.' Daraufhin frage ich stets, ob das der Südseeinsulaner, der keinen Verkehrsunterricht (Dekodierung) genießen durfte, auch so verstehen würde. STOP ist absolut digital. Ich muss es meinem Gegenüber erst erklären, damit er weiß, was es bedeutet.

Gehen wir zusammen auf die Suche nach analogen Verkehrszeichen. Und wir müssen lange suchen. Steinschlag oder Autos, die ins Wasser fallen, vielleicht Richtungspfeile – das sind so ziemlich die einzigen analogen Verkehrsschilder. Alles andere muss dekodiert werden, damit es verstanden werden kann. Selbst ein Schild mit einer Kuh drauf, kann mehrere Bedeutungen haben. Hier laufen Kühe herum. Hier kann man Kühe kaufen. Kühe laufen über die Straße. Gleich kommt ein Restaurant mit leckeren Rindfleischgerichten. Hier könnt ihr Bullen reiten.

Fazit:
Machen Sie es sich leichter im Arbeitsalltag oder auch zuhause. Stellen Sie klar, was Sie meinen. Definieren Sie Ihre Aussage. Verabschieden Sie sich von unklaren Aussagen. Gehen Sie erst einmal grundsätzlich davon aus, dass Ihre Zuhörer nicht genau verstehen werden, was Sie sagen wollen. Und überprüfen Sie Ihre Aussage. Wenn Sie es schaffen, dieses Axiom zu verinnerlichen, dann werden Sie eine deutlich entspanntere Kommunikation erreichen.

Fazit für den betrieblichen Alltag:
Sie führen ein Team? Haben Sie sich einmal die Mühe gemacht, zu Anfang Ihrer Führungstätigkeit Ihren Mitarbeitern Ihre Regeln des Miteinanders darzustellen? Haben Sie Teamrichtlinien erarbeitet, die Themen wie Pausen, Kommunikation, Meetings, Pünktlichkeit, Krankmeldungen, Überstunden, Ordnung, etc. abdecken? Ihre Mitarbeiter werden es Ihnen danken.
Bedenken Sie, dass gemäß Maslow Sicherheit das grundlegendste soziale Bedürfnis von uns Menschen ist – und somit auch von Ihren Mitarbeitern. Nehmen Sie Ihnen die Unsicherheit. Erklären Sie, wie Sie sich den Arbeitsalltag vorstellen.

Erklären Sie, wie Sie ticken, wie Sie denken und was Sie besonders stört. Woher sollen Ihre Mitarbeiter das vorher schon wissen. Und wenn sie das nachher erfahren, dann ist mit dieser Erfahrung zumeist ein bitterer Beigeschmack verbunden. Machen Sie also das, was

Sie sich von Ihrem Vorgesetzten schon immer gewünscht haben.

Aus der Erfahrung kann ich sagen, dass mindestens 90% der Kursteilnehmer niemals zuvor einen Chef gehabt haben, der so zu Beginn seiner Führungstätigkeit vorgegangen ist.

Entwicklung von Teamrichtlinien

- ✓ Beschreibung der Corporate Communication
    - Wie gehen wir miteinander um?
    - Wie sind wir für den anderen erreichbar?
    - Wie kommunizieren wir als Team nach außen?
- ✓ Wie wird die Urlaubsplanung abgestimmt?
- ✓ Wie gehen wir vor bei Krankheit und Verspätung?
- ✓ Wie werden Pausen gemacht?
- ✓ Wie gehen wir bei Konflikten innerhalb des Teams vor?
- ✓ Wie funktioniert der Dienstweg? Haben wir eine Hierarchie?
- ✓ Wie funktioniert die Vertretung innerhalb des Teams?
- ✓ Wie darf ich entscheiden, wenn mein Vorgesetzter nicht erreichbar ist?
- ✓ Welche Arbeitskleidung ist vorgesehen?
- ✓ Wie funktioniert Homeoffice?
- ✓ Wie werden Teammeetings durchgeführt?
- ✓ Wird geduzt oder gesiezt?
- ✓ Wie funktioniert der kontinuierliche Verbesserungsprozess im Team?

[74]

Wissen schafft Sicherheit und Vertrauen. Ihre Mitarbeiter werden sich abgeholt fühlen und zudem besser und effektiver arbeiten.

---

[74] Extrakt einer Schulung mit Führungskräften zum Thema: Optimierung des Teams

Fünftes Axiom: Zwischenmenschliche Kommunikationsabläufe sind entweder symmetrisch oder komplementär

Kommen wir nun zu dem letzten Axiom von Watzlawick. War das dritte hauptsächlich dahingehend anzuwenden, dass man hinterfragen konnte, warum der Empfänger so seltsam auf die eigene Nachricht reagiert und das vierte Axiom die Eindeutigkeit der Nachricht beleuchtet hat, ist das fünfte Axiom ausgerichtet auf die soziale Beziehung der Gesprächspartner.

Zur Erklärung:
Im Zuge der subjektiven Wahrnehmung ist nicht nur der Inhalt der Kommunikation, sondern die subjektive Einschätzung der Beziehung der Kommunikationspartner untereinander von großer Bedeutung.

Sagt der König zum Bauern: Mach das so. Dann macht der Bauer das so – zumindest Jahrtausende lang vor der Aufklärung.

Sagt aber der Bauer zum König: Mach das so. Dann wird die Kommunikation schon daran scheitern, dass der König nichts von einem Bauern annimmt – auch wenn er Recht hat.

Und übertragen wir diese Sichtweise auch noch auf ein vielschichtiges, oft in der Hierarchie unklares Miteinander in einem Team eines Betriebes, dann lässt sich schon vermuten, wie die Probleme in der Kommunikation entstehen können.

Beispiel:
Ein neuer Teamleiter, der zuvor noch Mitglied des Teams war, ist frisch befördert worden und steht nun vor seinem ‚neuen' Team und will es führen. In dem Team sind aber Mitarbeiter, die schon 15 Jahre länger im Betrieb sind als der neue Chef und über viel mehr Fachwissen verfügen, die sich ihm gegenüber in den letzten Jahren immer als höherstehend in der Hackordnung gesehen haben.

In dieser Konstellation sagt der neue Chef: ‚Ab sofort machen wir jeden Nachmittag um 16.30 Uhr eine kurze Abschlussbesprechung.' Und die Mitarbeiter, die Gleitzeit haben, denken sich: ‚Das glaubst auch nur du.', während die neueren Kollegen sich eher damit einverstanden erklären, weil sie die Hierarchie akzeptieren. Probleme in der Kommunikation zwischen den Mitgliedern des Teams sind vorprogrammiert.

Aus diesem Grunde empfehle ich jedem neuen Vorgesetzten, der ein Team übernehmen muss, nicht nur seine eigene Vorgeschichte zu hinterfragen (Axiom 3), seine Teamrichtlinien bekanntzugeben (Axiom 4), sondern auch ein Soziogramm im Hinblick auf die Hierarchien der Gruppe zu erarbeiten.

Warum ist das wichtig?

Unabhängig von allen formalen Strukturen eines Teams gibt es immer auch eine informelle Struktur, die durchaus mächtiger sein kann als die formelle. Wenn Sie möchten, dass Kommunikation funktioniert, dann müssen Sie alle Strukturen kennen und in Ihrer Führung berücksichtigen. Dazu schlage ich ein planendes Vorgehen vor:

Erstellen Sie ein einfaches Soziogramm nach folgendem Modell:

Das Spezial-Soziogramm zum fünften Axiom

Situation: In der Gruppe sind 5 Mitglieder. Hans, der formelle Leiter, ist erst seit kurzem in der Firma und der zweitjüngste. Fritz und Elke sind am längsten dabei und verstehen sich als die eigentlichen Macher der Gruppe, wobei Elke durch ihre intensive Art sogar Fritz überlegen ist. Ulli ist der formelle Stellvertreter, da er studiert hat und jetzt im Team Erfahrung sammeln soll. Und Anna ist die ehemalige Azubine, die aber die letzten drei Jahre im Team gearbeitet und sich ein gutes Wissen aufgrund ihrer sehr guten Auffassungsgabe erworben hat.

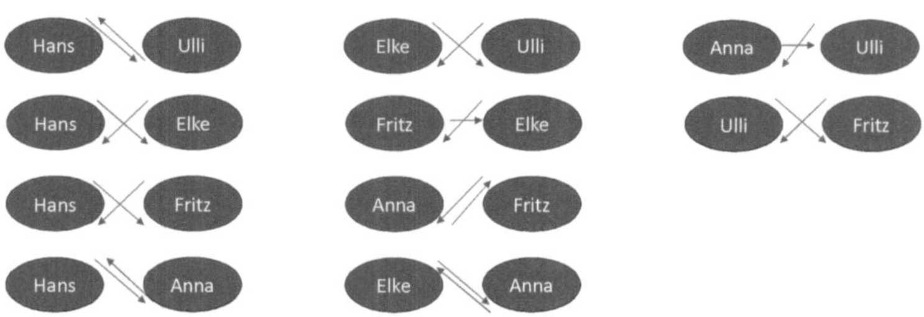

Und dann müssen Sie für die daraus resultierenden Personalgespräche nur noch die einfache Regel befolgen, dass sich kreuzende Pfeile auf Probleme hinweisen, und zwar je deutlicher ein Kreuz zu erkennen ist, desto stärker ist die – oftmals latente – Unstimmigkeit zwischen den einzelnen Personen.

Das Motto für die Priorisierung der durchzuführenden Personalgespräche lautet demzufolge: Suche die Kreuze!!

In dem Gespräch muss dann vor der eigentlichen Kommunikation die Frage der Subjektivität der Hierarchien geklärt werden. Und das ist immer die Aufgabe des Vorgesetzten.

Im Bereich der Erziehung finden sich diese Kreuze spätestens zu Beginn der Pubertät, wenn die Kinder ihren eigenen Willen entwickeln und sich von ihren Eltern distanzieren wollen. Dann ist die ‚natürliche Ordnung der klaren Hierarchie' oft genug verschwunden und es müssen neue Hierarchien im gegenseitigen Miteinander vereinbart werden.

Zusammengefasst sehen Sie noch einmal die zur Analyse von Kommunikationsschwierigkeiten trefflich einzusetzenden 5 Axiome von Watzlawick.

5 Axiome von Watzlawick

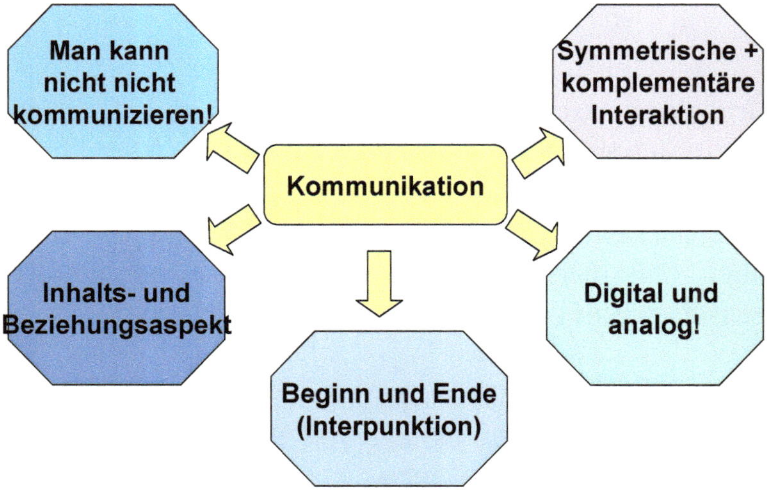

Die Lösung für die meisten Kommunikationsprobleme setzt Wissen über die Funktionsweise von Kommunikation voraus. Wenn ich nicht weiß, wie etwas funktioniert, dann kann ich auch nicht bewusst eingreifen und etwas verändern und verbessern.

Mit diesem Wissen steht also vor Ihrer eigentlichen Kommunikation die Herausforderung der Metakommunikation. Es handelt sich hierbei um die Kommunikation über Kommunikation und nicht über die Inhalte. Sie analysieren mit Hilfe von Modellen wie etwa Watzlawicks 5 Axiomen, ob die Voraussetzungen für eine störungsfreie Kommunikation gegeben sind.

Metakommunikation mit den Axiomen 3, 4 und 5:

- ✓ **Besitzt mein Gegenüber Vorwissen über mich, das die Kommunikation beeinträchtigen kann?**
- ✓ **Ist mein Inhalt, den ich kommunizieren will, so decodiert und verständlich, dass Fehldeutungen so gut wie ausgeschlossen sind?**
- ✓ **Akzeptiert mich mein Gegenüber als Person, die fordernde Inhalte vermitteln darf?**

Die Bestandteile der Matrix 8 - Kommunikation II –

das 4-Ohren-Modell von Schulz von Thun

Friedemann Schulz von Thun ist einer der bekanntesten Kommunikationsforscher. Sein Modell der ‚4 Ohren' ist inzwischen Bestandteil der Curriculae vieler Schulen oder Weiterbildungen – es ist **die** Kommunikationstheorie schlechthin.

Warum ist das so?
Schulz von Thun hat Watzlawicks zweites Axiom weiterentwickelt. Dabei ist es ihm gelungen, es jedem verständlich und anwendbar zu machen. Gefühlt hat jeder eine verkorkste Situation in der Kommunikation schon erlebt. Irgendwie ist Kommunikation nicht nur das bloße Anwenden von Worten, es ist vielmehr ein mehrschichtiges, von zwei nicht miteinander verbundenen Sendern und Empfängern in einer Endlosfeedbackschleife, zumeist in seiner Tiefgründigkeit unterschätztes Mysterium.

Und dabei verfolgt uns Kommunikation seit unserer Geburt. Trotzdem erfahren wir frühestens in der Oberstufe oder in der Erwachsenenbildung, wie das menschliche Miteinander funktioniert, welchen Regeln es folgt, welche Theorien es erklären.
In unserer Kindheit und Jugend spiegeln wir unsere sogenannten Sozialisationsagenten, also die Personen,

die uns mit ihrem Wirken beeinflussen. Wir beobachten, wie sich die Mutter gegenüber dem Vater durchsetzt, ohne viele Worte zu benutzen. Wir beobachten, wie der Vater oftmals lauter wird, da er scheinbar nicht über die komplexen Möglichkeiten der Mutter verfügt und für seine Ausdrucksstärke dann Lautstärke und eine besonders imponierende Körperhaltung als Kompensation nutzt.

Schulz von Thun schafft es, einen Teil des Mysteriums zu enträtseln. Er sagt, dass wir unsere Nachrichten auf bis zu vier verschiedene Ebenen verteilen, die alle unterschiedlichen Mechanismen genügen.

4 Seiten einer Nachricht

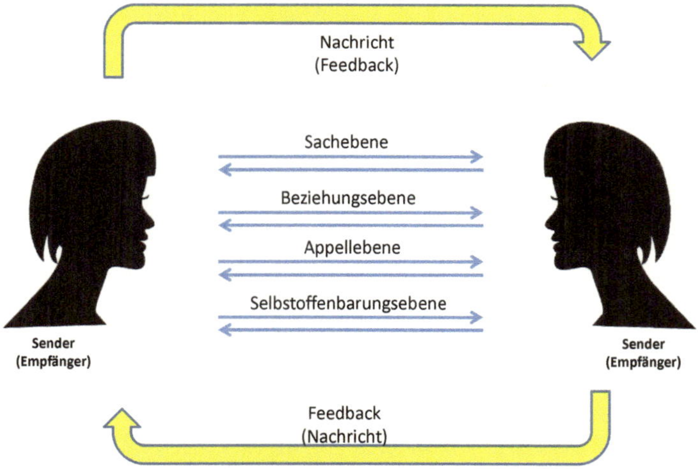

Zu den Ebenen, den vier Seiten einer Nachricht:

Die Sach-Ebene beinhaltet die reinen Sachaussagen, Daten und Fakten, die in einer Nachricht enthalten sind.

Wenn Kommunikation auf dieser Ebene ausgesandt wird, dann handelt es sich tatsächlich um die einfachste Art der gegenseitigen Verständigung. Das, was gesagt wird, wird auch gemeint. Keine Ironie, kein Sarkasmus, keine versteckten Andeutungen, keine emotionale Unterbotschaften – einfach nur der Inhalt der gesendeten Worte. Ein Traum für viele Männer, die es sich in der linkshirnischen Kommunikation bequem gemacht haben.

Basierend auf der Idee, dass es einem Mann schon seit seiner Kindheit schwerfällt, Informationen aus der rechten Gehirnhälfte ‚herunterzuladen' und er sich daher in der Folgezeit schwerpunktmäßig auf die reine Kraft der eingesetzten Worte verlässt, werden die eingesetzten Worte so verstanden wie sie ausgesprochen werden.

‚Deine Schuhe sehen toll aus' heißt also, dass die Schuhe toll aussehen. ‚Das hast du wirklich gut gemacht' bedeutet, dass der andere mit deiner Leistung wirklich zufrieden ist. Nicht mehr, aber auch nicht weniger. Die Sachebene eindimensional zu benutzen, ist jedoch alles andere als realistisch. Beispielsweise zielt die Frage ‚Ist dir nicht auch kalt?' in den seltensten Fällen auf mein Kälteempfinden ab, es ist zumeist eine Aufforderung damit verbunden, der anderen Person etwas gegen die Kälte zu geben – z.B. die Heizung anzumachen, einen Kaffee zu bringen oder auch eine Decke zum Einkuscheln zu reichen. Die rein sachliche Antwort ‚Nein!' führt nur in den seltensten Fällen zu einer positiven Weiterführung der Kommunikation.

Wir erinnern uns an eine der Maximen unserer Kindheitstage:
„Das gehört nicht hierher. Wir wollen doch sachlich bleiben."

Diese Maxime drückt vieles von dem aus, was in der Kommunikation schiefläuft. Wie bitteschön wollen wir sachlich bleiben, wenn wir es doch gar nicht können? Wenn wir dadurch 3 andere Ebenen unterdrücken müssten?

Schulz von Thun sagt dazu:
„Für eine langfristige Kooperation ist es wenig aussichtsreich, den Deckel der Sachlichkeit auf die Schlangengrube der menschlichen Gefühle zu pressen."[75]

Kommen wir also zu den Ebenen, die die Gefühle beinhalten.

Auf der Beziehungs-Ebene wird ausgedrückt bzw. aufgenommen, wie der Sender zum Empfänger steht und was er von ihm hält.

---

[75] Schulz von Thun, ‚Miteinander reden Band I, S. 131

Jeder Mensch sendet emotionale, oftmals unbewusste Botschaften an den anderen, die über das rein Verbale deutlich hinausgehen. Bereits in der Beschäftigung mit den Kommunikationsanteilen haben wir festgestellt, dass nur 10% der Kommunikation verbal sind. Der Rest, die gewaltigen restlichen 90%, besteht aus dem Nonverbalen und dem Vokalen.
Über Gestik, Mimik, Aussprache, Lautstärke, Sprechgeschwindigkeit, Pausen, etc. sorgen wir für eine Kongruenz oder aber auch für eine Inkongruenz in der Kommunikation.
Wenn in einer langjährigen Beziehung der Mann seine Frau fragt, ob er ihr beim Kochen helfen soll, gibt es wirklich mannigfaltige Interpretationen dieser scheinbar harmlosen Frage:

- Glaubst du, ich kann nicht kochen?
- Was hast du angestellt, dass du mir jetzt helfen willst?
- Das meinst du doch gar nicht ehrlich. Du setzt darauf, dass ich mich freue und doch allein koche, weil du mir in der Küche zu langsam und unbeholfen bist.
- Das ist aber nett. Ich freue mich darüber.
- Was möchtest du dafür haben?

Diese Liste lässt sich beliebig verlängern. Insbesondere die Beziehungsebene ist prädestiniert für Streitfälle, da durch das Ausschütten von Adrenalin im Zuge eines emotionalen Gesprächs irgendwann wieder die Kernaussage vom ersten Thema zutrifft: Stress zerstört Gedanken. Ein sachliches und rationales Abwägen von

Argumenten ist schlichtweg nicht mehr möglich, wenn die Gedanken schwinden. Final münden diese Unterhaltungen oft genug in Flucht oder Aggression.

Der Appell beinhaltet einen Wunsch oder eine Handlungsaufforderung.

Ein direkter Wunsch kann in dem Gegenüber eine negative bzw. ablehnende Haltung provozieren. Aus diesem Grund verpacken wir Wünsche an unser Gegenüber sehr gern in Aussagen, die nicht auf den ersten Blick als Aufforderung zu einem bestimmten Handeln verstanden werden können.
Meine erste Frau hat diese Verpackungen perfektioniert. Ihre sehr einfache Frage ‚Schatz, ist dir nicht auch kalt?‘ hat sich in der Analyse als sehr vielschichtig erwiesen. Eine direkte sachliche Antwort wäre fehl am Platze, hätte sogar zu einer deutlichen Eskalation der Unterhaltung geführt. Also ging es darum, die unterschwelligen Appelle aus der Botschaft herauszuschälen. Schließlich erkannte ich, dass ein heißer Kakao, eine Decke, das Aufdrehen der Heizung und das Schließen des Fensters die korrekte Auslegung ihres Appells waren. In der weiteren Partnerschaft habe ich – wahrscheinlich zu oft – gesagt, dass sie bitte direkt sagen möge, was sie denn wolle, da mir diese Verschleierungstaktik irgendwann zu viel wurde. Sie können sich vorstellen, dass ich damit nicht wirklich erfolgreich war.

Eine Folgerung der Beschäftigung mit dem **Hemisphärenmodell** aus Kapitel 4 (linke und rechte Hirnhälfte) war dann auch, dass insbesondere Frauen die emotionalen Ebenen wesentlich besser beherrschen sollten, da sie durch die häufigeren und schnelleren 'Downloads' aus ihrer rechten Gehirnhälfte viel geübter im Verwenden von Emotionen in der Kommunikation waren.

Eine Folgerung aus der Beschäftigung mit der Appellebene ist übrigens, dass die Appelle bei Menschen, die viel Zeit miteinander verbracht haben, natürlich viel besser erkannt werden können. In negativen Beziehungen allerdings hilft das auch nicht sehr, da die Gesprächspartner zwar erkennen, was der andere will, aber keine Lust haben, auf die Bedürfnisse einzugehen.

In der Selbstoffenbarung vermittelt der Sprecher - bewusst oder unbewusst - etwas über sein Selbstverständnis, seine Motive, Werte, Emotionen etc.

Die Selbstoffenbarungsebene ist die anspruchsvollste oder vielleicht auch nur abstrakteste Ebene der Kommunikation. Warum sage ich das?

In meinen Schulungen habe ich die Erfahrung gemacht, dass die meisten mit Sach-, Beziehungs- und Appellebene relativ schnell gut zurechtkamen. Aber insbesondere die Männer mussten bei der Selbstoffenbarungsebene oft genug einsehen, dass diese etwas mehr Einfühlungsvermögen von ihnen benötigte, als ihnen zur Verfügung stand.

Grundsätzlich finde ich gerade diese Ebene am spannendsten, da sie so herrlich deeskalierend wirkt.

Im Grunde geht es darum, basierend auf der Nachricht zu ergründen, wie der Sender dazu gekommen ist, so etwas zu sagen. Was hat ihn motiviert? Was will er über sich selbst preisgeben? Was können wir durch diese Nachricht auf ihn schließen?

Die Nachricht des Chefs zu seinem Mitarbeiter ‚Warum habe ich das Memo noch nicht bekommen?' könnte auf der Selbstoffenbarungsebene vielleicht die Bedeutung haben, dass der Chef es eilig hat, weil sein Chef von ihm irgendwelche Informationen haben möchte.
Kommunikation auf dieser Ebene zu empfangen, sorgt selbst bei sehr kritischen Nachrichten des Senders selten für eine negative Reaktion des Empfängers, weil er sich nicht selbst, sondern den Sender für dessen Stimmung und Verhalten verantwortlich macht.

<u>Beispiel:</u>
Der Chef kommt rein und schnauzt in die Runde: ‚Wie sieht es denn hier aus? Der **Sachohrminimalist** guckt sich um und denkt: ‚Eigentlich wie immer.' Der **Beziehungsohraufreger** fühlt sich angegriffen und denkt sich: ‚Wir reißen uns hier den ganzen Tag den Allerwertesten auf und dann kommt er daher und meckert rum. Das ist total unfair.' Der **Appellohrheld** fängt sofort mit dem Aufräumen an. Und der **Selbstoffenbarungsempath** denkt sich: ‚Hat er Ärger mit seiner Frau oder warum ist er so unentspannt?' Und damit lenkt er die gesamte Energie, die der Chef in Richtung seiner Mitarbeiter gesendet hat, wieder zurück auf den Sender. Im übertragenen Sinne ist er der Aikidokämpfer, der den

Schwung seines Angreifers nutzt und ihn damit außer Gefecht setzt.

Nutzen Sie diese Typologien und Klischees zur Vereinfachung der Anwendung. Fragen Sie sich stets, wie ein männlicher Buchhalter, eine Diva, ein frisch verliebter Jüngling und ein Aikidokämpfer in der Situation mit der gesendeten Nachricht umgehen würden. Nur auf die benutzen Worte schauen, sich aufregen und angegriffen fühlen, sich aufgefordert fühlen, etwas zu machen oder alles von sich abzuweisen und die Schuld bei anderen zu suchen – das sind Ihre Möglichkeiten. Nutzen Sie sie.

Zum Thema **Metakommunikation**:

Je größer Ihr Wissen ist, je größer auch Ihre Erfahrung ist, desto mehr werden Sie zunächst bewusst das kommunikative Verhalten Ihrer Mitmenschen analysieren und hinterfragen. Nutzen Sie diese Phase als Übung und Training. Je mehr Sie üben, desto schneller werden Sie Metakommunikation verinnerlichen und somit anwenden, ohne erst darüber nachdenken zu müssen. Sie werden automatisch erkennen, dass gerade etwas schiefläuft und später sogar in Ihrer Gesprächsführung unbewusst die richtige Vorgehensweise finden.

Mir persönlich fehlt leider immer öfter das schöne Aufregen über andere, dieses befreiende Zurückschnauzen. Wenn Sie erst einmal im Thema sind, dann reduzieren Sie dieses Verhalten weiter und weiter und werden zum ‚langweiligen‘ Menschenversteher. 😊

In diesem Sinne hat Schulz von Thun nun die vier Ebenen der Kommunikation beschrieben, die von einem Sender jederzeit benutzt werden können, ohne dass der Empfänger dabei weiß, auf welcher Ebene denn überhaupt gesendet wurde. Wenn sich Sender und Empfänger überhaupt nicht mit Kommunikationstheorien beschäftigt haben, dann bekommen sie vielleicht nicht einmal mit, wie wunderbar sie aneinander vorbei sprechen.

Also ergibt sich hieraus eine klare Aufgabe für Führungskräfte, Vertriebler, Eltern oder auch Partner in einer Beziehung: Ich muss verstehen, was der andere mir mitteilen möchte. Und als Sender in einer Kommunikation muss ich darauf achten, dass mein Empfänger auch wirklich verstehen kann, was ich zum Ausdruck bringen möchte – es ist meine Verantwortung.

Daraus ergibt sich die Pflicht zur Metakommunikation. Ich muss also – unabhängig von dem eigentlichen Inhalt meiner Kommunikation – bewusst hinterfragen, welche Ebene ich am besten verwende, welche Ebenen mir am ehesten liegen, was ich durch eine falsche Benutzung der Ebenen verursache. Ich muss Kommunikation über Kommunikation betreiben.

Es muss mir gelingen, im Zuge eines Streites unabhängig von meinen Emotionen und den gewählten Worten hinterfragen, auf welcher Ebene mein Gesprächspartner gesendet hat. Ich muss meine bevorzugte

Ebene kennen und wissen, was die Nutzung dieser Ebene bei den anderen bewirkt.

In seinem Standardbeispiel hat Schulz von Thun die vier Ebenen noch einmal wunderbar voneinander unterschieden:

Der Beifahrer sagt zum Fahrer: "Du, die Ampel ist grün".

Der Fahrer wird, je nachdem mit welchem "Ohr" er gerade hört, etwas ganz anderes verstehen und entsprechend ganz anders reagieren. Während er es auf der Sachebene als Tatsache "Die Ampel ist grün" verstehen wird, könnte er die gleiche Aussage als "Fahr endlich los, ich habe es eilig"-Appell oder auf der Beziehungsebene als "Du passt schon wieder nicht auf"-Kritik auffassen. Auf der Selbstoffenbarungsebene hingegen könnte er fragen: ‚Oh, hast du es eilig?'
Sie sehen also: Von einer unaufgeregten Information über einen Angriff hin zu einem Wunsch oder gar einer Aussage über den Gemütszustand des Senders – alles kann passieren.
Und selbst wenn ein Empfänger in der Lage ist, die einzelnen Botschaften auf allen Ebenen zu dechiffrieren, dann bleibt immer noch die Frage der Gewichtung der vier Ebenen. Diese kann unterschiedlich gemeint, beziehungsweise verstanden werden. So kann der Sender beispielsweise das Gewicht der Nachricht auf den Appell gelegt haben, der Empfänger jedoch überwiegend den Beziehungshinweis empfangen. Dies ist nach dem Kommunikationsquadrat eine der Hauptursachen für Missverständnisse.

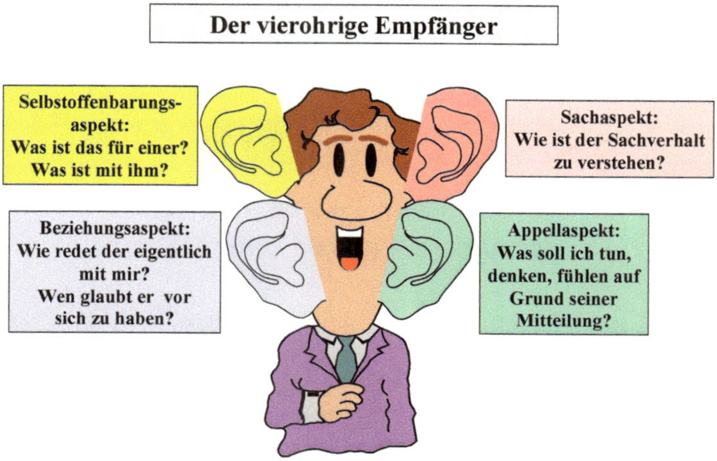

Ein wirklich sehr schöner Transfer in die die praktische Anwendung dieser Theorie finden wir in der folgenden Grafik.

Zusätzlich zur reinen Kommunikationsanalyse wird hier beispielsweise der Einsatz im Teambuildingprozess möglich und sinnvoll.

In jedem Team haben Sie unterschiedlichste Akteure, die Sie als Führungskraft zusammenschweißen müssen. Je homogener (gleichartiger) Ihre Teammitglieder sind, desto einfacher wird Ihre Aufgabe. Je homogener ein Team ist, desto schwächer ist es aber in der Erledigung von Aufgaben in einer Welt voller Entwicklungen und Flexibilitäten.
Ein heterogenes (andersartiges) Team hat Mitglieder, die sich im besten Fall in ihrer Unterschiedlichkeit

ergänzen. Sie haben den Sachtyp für logische und fachliche Diskussionen, den Beziehungstyp für Power und Dynamik, den Appelltyp für Dienstleistung und Miteinander und den Selbstoffenbarungstyp für die Reklamationsbearbeitung. Durch die Unterschiedlichkeit können sich die Mitglieder des Teams in ihren Schwächen ausgleichen und in ihren Stärken unterstützen.

Stärken und Schwächen der 4 Ebenen

	Stärken	Schwächen
Sachebene	➢Sachlich ➢Neutral ➢Ergebnisorientiert ➢Objektiv ➢Unempfindlich	➢Hört keine Zwischentöne ➢Unpersönlich ➢Gefühllos
Beziehungs-ebene	➢Sensibel ➢Feinfühlig ➢Liest zwischen den Zeilen ➢Menschlich	➢Verletzlich ➢Leicht gekränkt oder verärgert ➢Hört das Gras wachsen ➢Nimmt alles persönlich
Appellebene	➢Hilfsbereit ➢Lösungsorientiert ➢Zuvorkommend	➢Lässt sich ausnutzen ➢Achtet wenig auf eigene Bedürfnisse
Selbstoffen-barungsebene	➢Fühlt sich ein ➢Verständnisvoll ➢Seelisch gesünder als das Beziehungsohr	➢Probleme werden auf den anderen verlagert

Analysieren Sie einmal Ihr Team und stellen Sie sich selbst die Frage, ob Sie Ihre Mitarbeiter richtig eingesetzt haben!

Für eine Selbsteinschätzung ist der im Internet offen erhältliche kurze Kommunikationstest zum Thema ‚4

Ohren‘ hilfreich. Sie erkennen bei den 12 Fragen sehr schnell, welcher Typ bei Ihnen vorwiegend am Werken ist.[76]

Zur weiteren Intensivierung Ihres Verständnisses von Kommunikation möchte ich im Anschluss noch einige Exkurse einflechten, die Ihnen helfen werden, Praxisanwendungen zu üben:

Wissenswertes über Kommunikation und Rhetorik

Grundformen von Fragen

Wer fragt, der führt.

Dieses Motto zwingt Sie schon dazu, sich mit den verschiedenen Formen von Fragen auseinanderzusetzen. Eine grundlegende Unterscheidung findet sich bereits bei den offenen und geschlossenen Fragen. Wer sich nur ansatzweise für sein Gegenüber interessiert, muss offene Fragen verwenden. Sie geben dem anderen die Chance, seine eigene Geschichte zu erzählen, seine eigenen Ideen zu formulieren und somit auch dem Zuhörer genügend ‚Futter‘ zu geben, um die wesentlichen Informationen und Emotionen zu erkennen.
Wenn ich meinem Mitarbeiter, meinem Kind oder meinem Partner gerecht werden will, wenn ich respektvoll mit ihm umzugehen gedenke, dann muss ich ihm die Möglichkeit geben, seine eigenen Gedanken mitzuteilen.

---

[76] http://www.cf-businesscoaching.de/typolight-2.6.3/tl_files/clean_blue/Kommunikationstest.pdf

Offene Fragen sind die sogenannten W-Fragen (Wer? Was? Wozu? Wann? Weshalb?). Allein durch die Art der Fragestellung wird der Gesprächspartner gezwungen, mehr von sich preiszugeben, weil ein Ja oder Nein als Antworten einfach nicht passen. Natürlich kann man auch sehr kurz und bündig auf offene Fragen antworten, aber dann ist das entweder genau das, was der andere ausdrücken möchte (Zurückhaltung, keine Offenheit, keine Lust zu reden oder mir mehr als das Nötigste mitzuteilen) und was ich dann akzeptiere, oder aber es ist an mir, durch ein rhetorisches Geschick mit weiteren offenen Fragen mehr an Informationen aus ihm herauszuholen.

1. Offene Fragen

Vorteile:

- mehr Gesprächsspielraum für den Befragten
- er antwortet nur das, was er wirklich antworten will
- Meinungen, Interessen, Wissenslücken werden während des Gesprächs deutlich
- Verständigungsschwierigkeiten werden schneller geklärt
- Entkrampfung der Gesprächsatmosphäre, Förderung einer partnerschaftlichen Kommunikation

Nachteile:

- höherer Zeitaufwand
- genauer hinhören, um Informationen herauszufiltern
- mitunter Überforderung der Gesprächspartner

Aber ebenso, wie es gute Gründe für offene Fragen gibt, haben auch geschlossene Fragen ihre Berechtigung. Ein großer Faktor ist die Zeit. Wenn ich schnell Informationen erhalten will, ohne dass mein Gesprächspartner erst ausholt und große Geschichten erzählt, dann nutze ich den geschlossenen Fragetyp. Wenn mein Gegenüber unsicher ist, sich in einer neuen Situation befindet, die ihn ein wenig überfordert, dann hole ich mir die benötigten Informationen über geschlossene Fragen. Und wenn ich ihn kurzhalten will, ihm klarmachen muss, dass ich die Führung habe, dann kann ich ganz bewusst die wenig respektvolle Art des Fragens anwenden.

2. Geschlossene Fragen (beginnen mit Verben oder Hilfsverben)

Vorteile:

- kommen direkt zum Punkt
- geringer Zeitaufwand
- schwache Gesprächspartner

Nachteile:

- keine freie Äußerung
- Verhörcharakter
- Nur Reaktion des anderen, keine Aktion
- Missverständnisse bezüglich der Bedeutung bleiben unerkannt
- (zu) große Suggestivwirkung

Ein Beispiel für eine bewusste kombinierte Nutzung von offenen und geschlossenen Fragen:

In meiner Tätigkeit als Geschäftsführer der Autovermietung STARCAR war ich unter anderem für die Ausbildung der sogenannten Vermietrepräsentanten zuständig, den Mitarbeitern also, die unser Produkt an den Mann bringen mussten. Ich musste mich dazu in den Kunden hineinversetzen. Er kannte unsere Strukturen nicht, ihm war nicht klar, welche Informationen wir von ihm benötigten, ja, er wusste ja nicht einmal, welches Auto er genau brauchen würde.

Ein Start mit einer offenen Frage wie etwa ‚Was kann ich für Sie tun?' klingt sehr nett, sorgt aber dafür, dass der Kunde in seiner Nervosität einen Schwank aus seinem Leben erzählt, der den Zeitplan des Vermieters (5 Minuten höchstens für eine Beratung) durcheinanderbringen würde. Also ging es darum, meinen Mitarbeitern klarzumachen, dass die Nutzung geschlossener Fragen durch einen Experten vom Kunden nicht als unhöflich, respektlos oder einengend, sondern im Gegenteil als hilfreich und unterstützend empfunden wird. [77]

Die Vermietrepräsentanten wurden ausgebildet, den Kunden mit gezielten Fachfragen erst einmal abzuholen. Welche Größe des Fahrzeugs schwebt Ihnen vor, brauchen Sie einen Pkw oder Lkw? Von wann bis wann benötigen Sie das Fahrzeug? Wie viele Kilometer fahren Sie? Haben Sie eine Kreditkarte?

Erst nach diesen grundlegenden Fragen und der Prüfung im System schloss sich eine offene Frage an. Was darf ich sonst noch für Sie tun? Und im Anschluss wurden die wesentlichen Informationen des Gesprächs noch einmal gehirngerecht zusammengefasst.[78]

Sie sehen also: Wer fragt, der führt!

Weitere Fragearten:

- Meinungs- und Informationsfragen (Klärung)

---

[77] Vgl. Kapitel 5 – Motivation – Sicherheit als grundlegendstes soziales Bedürfnis – Geschlossene Fragen befriedigen in dieser Situation das Sicherheitsbedürfnis, da die Kunden aufgrund fehlenden Wissens überhaupt nicht wissen, was von ihnen gefordert wird.

[78] Die Zusammenfassung der wesentlichen Fakten basiert auf verschiedenen psychologischen Fakten. Zum einen merken wir uns das am besten, was wir zuletzt gehört haben. Und zum anderen haben wir in einer stressigen Situation nicht so viele Gedanken zur Verfügung, dass wir uns alles merken können. Außerdem unterstützt die Wiederholung wiederum den Gedächtniserfolg.

- Richtungsweisende/zurückführende Fragen (Lenkung)
- Gegenfragen (Initiative zurückgewinnen)
- Alternativfragen (Festlegung des Entscheidungsspielraums)
- Kontrollfragen (Absicherung)
- Reflektierende Fragen (positive Umformulierung negativer Äußerungen oder Zusammenfassung – konstruktiv)
- Versteckte Fragen (Kontrolle)

Aktives Zuhören

Das aktive Zuhören sollte zum Standardrepertoire eines jeden Menschen gehören, da Sie mittels dieser Technik nicht nur Ihrem Gegenüber Respekt erweisen, wenn Sie sich für seine Themen interessieren, sondern weil Sie dadurch auch die Möglichkeit haben, direkt im Gespräch Ihre Deutungen und subjektiven Wahrnehmungen bewusst mit Ihrem Gesprächspartner abzustimmen. Es geht darum, sich auf die Inhalte einer Kommunikation zu konzentrieren.

Inhalte einer Kommunikation sind:

- Die tatsächlich ausgesprochenen Wörter und Sätze, deren Bedeutungen, die Ihnen von den beteiligten Personen gegeben werden (Stichwort: Jeder Mensch hat eine Landkarte, aber die Landkarte ist nicht das Gebiet).

- Die Appellinhalte einer Nachricht: Das, was der jeweilige Gesprächspartner möchte, dass geschieht.
- Die Selbstoffenbarungsinhalte einer Nachricht: Das, was der jeweilige Gesprächspartner von sich selbst offenbart.
- Die Beziehungsinhalte einer Nachricht, die Aufschluss über die Beziehung der Gesprächspartner geben, wie die Beteiligten zueinanderstehen und wie und ob sie miteinander können.
- Die nicht direkt und klar ausgesprochenen Inhalte („Du hättest das wissen müssen", „Das war doch klar"), die vom Gesprächspartner als Selbstverständlichkeit vorausgesetzt werden oder die er aus irgendeinem Grund nicht deutlich aussprechen möchte. Trotzdem sind diese Inhalte da und beeinflussen den Verlauf und das Ergebnis der Kommunikation.

Was ist Aktives Zuhören?

Aktives Zuhören ist eine Gesprächserleichterung und der Schlüssel zum Gesprächspartner. Es eignet sich gut für neue Kontakte, Erstgespräche, am Verhandlungsbeginn wie auch zur Vermittlung in Konflikten, in Mediation und Moderation.

Durch Aktives Zuhören zeigen wir …

- Verstehen und Verstehen Wollen sowie Verständnis,
- einen positiven und konstruktiven Kontakt,
- Präsenz und Aufmerksamkeit,
- Bestätigung für unseren Gesprächspartner,
- dass unsere Wünsche jetzt nachrangig sind und
- dass in einem guten Gesprächsklima auch ein Perspektivwechsel möglich ist.

Aktives Zuhören ist eine Gesprächsstrategie, die hilft, die Inhalte einer Kommunikation bewusster und klarer zu machen.
Es thematisiert die Botschaften, die bei einem selbst ankommen und bietet dem Gesprächspartner die Möglichkeit, die empfangene Botschaft mit der gesendeten Botschaft zu vergleichen und im Zweifelsfall nochmals „nachzulegen“ und zu präzisieren.
Aktives Zuhören thematisiert alle Seiten einer Nachricht, also auch die nicht klar und eindeutig ausgesprochenen Bedeutungsebenen und Botschaften.
Damit ist Aktives Zuhören eine Form von Feedback. Es hilft gemeinsame Interessen zu erkennen, gibt Zeit zum Nachdenken und Reflektieren des Gehörten, gibt Zusatzinformationen über Unausgesprochenes, lindert den Druck, schafft damit ein Klima des Vertrauens und lässt Verbundenheit entstehen.

Grundeinstellungen für das ‚Aktive Zuhören'

- ✓ Ich höre und sehe, was du fühlst.
- ✓ Ich verstehe, wie du die Dinge im Moment siehst.
- ✓ Ich begreife dich so, wie du im Moment bist.
- ✓ Ich bin interessiert und nehme Anteil.
- ✓ Ich verspüre keinen Wunsch, dich zu verändern.
- ✓ Ich fälle kein Urteil über dich.
- ✓ Du brauchst keine Angst vor meiner Kritik zu haben.

Achtung

Seien Sie mit dem aktiven Zuhören vorsichtig! Sie können damit das Gespräch gewaltig in die Länge ziehen, denn Sie kommunizieren so wesentlich auf der Beziehungsebene! Das Ziel beim Ansprechen der Beziehungsebene ist es, Störfaktoren, die nicht in das Kundengespräch gehören, auszusortieren

Wie geschieht Aktives Zuhören?

1. Paraphrasieren

   Das Gesagte und Gehörte wird in eigenen Worten wiedergegeben. So zeigen Sie, wie Sie es verstanden haben, und erfahren, ob es auch so gemeint war.

      Beispiel: „Wie Sie sagten...", „Was ich bis hierher verstanden habe, ist..."

2. Gefühle reflektieren

Die Gefühle des Gesprächspartners (z.B. wenn jemand sauer, erregt oder verärgert ist) werden ihm mitgeteilt.

Beispiel: „Ja, das klingt wirklich ärgerlich", „Sie scheinen ja echt sauer zu sein", „Es hört sich an, als hätten Sie wirklich genug davon"

3. Inhalte reflektieren

Das Gesagte und Gehörte wird kurz zusammengefasst und auf einen gemeinsamen Nenner gebracht, evtl. leicht übertreibend zugespitzt ohne Polemik.

Beispiel: „Das klingt, als wären Sie der Ansicht, jetzt wäre alles aus...", „So wie ich Sie verstanden haben, könnte man sagen, ..."

4. Lautes Phantasieren ...

... ist so, als wären Sie das Gegenüber, das weiterspricht.

Beispiel: „Also wenn ich mir das so vorstelle, dann würde ich /dann könnte man evtl. ...", „Das muss ja eine ganz große Enttäuschung für Sie gewesen sein ...", „An Ihrer Stelle würde ich es so machen, dass ..."

Es ist schon irgendwie bedauerlich, dass man sich das aktive Zuhören als Technik vorstellen muss. Sollte

diese Art der Kommunikation nicht grundlegend für das menschliche Miteinander sein? Unsere Kinder müssen uns als Modelle kennenlernen und kopieren, so dass sie von Kindesbeinen an in einer Kommunikation ihren Gesprächspartner akzeptieren, wertschätzen und respektieren. Stattdessen bekommen sie mit, wie die Eltern wesentliche Themen erörtern, während sie sich mit anderen Dingen beschäftigen. Die Ehefrau erzählt ihrem Mann von ihren Ideen zur Gestaltung des Gartens, der ihr sehr am Herzen liegt, während der Mann gerade damit beschäftigt ist, seine Morgenzeitung zu lesen oder auch den Abwasch zu machen.
Ich habe es selbst oft genug im negativen Sinn so gemacht – vielleicht aus Bequemlichkeit, vielleicht aus Desinteresse für die Themen meiner Frau, vielleicht aber auch, weil ich dachte, ich könne doch schon nebenbei etwas machen, während sie redet, da das Zuhören ja parallel immer noch funktioniert. Fest steht, dass diese Art des Umgangs miteinander nicht respektvoll und zielführend ist. Man muss sich auf seinen Gesprächspartner konzentrieren, sich die Zeit nehmen, sich der Kommunikation voll widmen – und das nicht nur dann, wenn man sich etwas von der Kommunikation erhofft. Das ist eine der Lehren, die ich aus meiner zweiten Ehe ziehen konnte. Und ich weiß, dass meine Frau – wenn sie diese Zeilen liest – ein Lächeln nicht unterdrücken kann und sich denken wird, dass ich es ja endlich doch verstanden habe. Mea culpa.

In meinen Seminaren ist es mir stets ein gewichtiges Anliegen, das aktive Zuhören den Teilnehmern als einen essenziellen Teil der partnerschaftlichen Kommunikation nahe zu bringen.

Dazu bitte ich einen aus der Gruppe – möglichst einen eher sprachfreudigen Typen – kurz den Raum zu verlassen. Dann informiere ich den Rest der Gruppe über mein Vorhaben.
‚Ich werde Ihren Kollegen gleich in ein entspanntes Gespräch verwickeln. Dazu möchte ich ihn auffordern, von seinem letzten Urlaub zu berichten, was ihm dort gefallen hat, was er nicht wieder erleben möchte. In den ersten 90 Sekunden werde ich die Technik des aktiven Zuhörens anwenden. Ich werde mich ihm zuwenden, Augenkontakt suchen, ihn paraphrasieren, mich vergewissern, ob ich ihn richtig verstanden habe, seinen Emotionen mit eigenen Emotionen zustimmen und ihm so den Eindruck von Interesse und Wohlwollen vermitteln. Auf einen Hinweis von einem aus Ihrer Mitte werde ich anschließend ein gegenteiliges kommunikatives Verhalten an den Tag legen – als wäre seine Erzählung für mich nur ein beiläufiges Ärgernis.

Meine Körpersprache wird sich verändern, ich werde nicht mehr aktiv das Gesagte hinterfragen. Achten Sie bitte einmal auf seine Reaktionen, die Veränderung seiner Körpersprache – er wird nicht mehr in der Lage sein, seine Geschichte weiterzuerzählen, es wird sich für ihn so anfühlen, als wäre er gegen eine Wand gerannt.‘

Und genauso verläuft dieses Gespräch in der Regel. Am Anfang noch motiviert und mit vollem Elan, doch plötzlich, wenn ich mich von ihm abwende, an die

Decke schaue, nur noch mit Worten wie Ja oder Hmh auf seine Aussagen reagiere, dann wird er stocken und mich mit großen Augen angucken, was denn plötzlich los wäre.

So konnte ich den Seminarteilnehmern immer wieder sehr intensiv die Wirkung des aktiven Zuhörens präsentieren.

Maximen der Kommunikation nach Grice[79]

Ein weiterer interessanter Betrachtungsansatz der Kommunikation ist der des gemeinsamen Kommunikationsziels. Aus dieser Sicht heraus muss es in der Kommunikation ein Kooperationsprinzip geben, an das sich alle halten müssen, wenn Kommunikation funktionieren soll.

Dieses Kooperationsprinzip formuliert Grice als die 4 Maximen der Kommunikation:

1. Maxime der Quantität

   Versuche, den nötigen Informationsgehalt zu vermitteln und vermeide überflüssige Informationen

---

[79] Vgl. Psychologie der Kommunikation. S.33 ff. Jessica Röhner und Astrid Schütz. Springer 2012

2. Maxime der Qualität

   Versuche, deinen Beitrag so zu gestalten, dass er wahr ist, und sage nichts, was du für falsch hältst.

3. Maxime der Relevanz

   Sage nur, was zum Thema gehört.

4. Maxime der Klarheit

   Sei klar und vermeide Mehrdeutigkeit, vage Formulierungen oder Weitschweifigkeit.

Wer sich an diese Maximen hält, der wird das, was er in seiner Kommunikation zum Ausdruck bringen will, mit deutlich höherer Wahrscheinlichkeit erreichen.

Kurz, wahr, relevant und klar! Knapper kann man funktionierende Kommunikation nicht beschreiben.

Transaktionsanalyse

Die Transaktionsanalyse ist grundsätzlich ein therapeutisches Verfahren aus der Psychoanalyse, das auf Eric Berne (1910-1970) zurückzuführen ist. Es kann allerdings sehr gut zu einer differenzierten Untersuchung von Kommunikationsabläufen und –hintergründen genutzt werden.

Bei der Bewertung von Kommunikationsabläufen mithilfe der Transaktionsanalyse muss berücksichtigt werden, dass Seinszustände keine Rollen, sondern psychische Realitäten sind.
Der jeweilige Zustand wird dabei durch die Wiedergabe von gespeicherten Informationen, die ein vergangenes reales Ereignis zu Protokoll gegeben hat, herbeigeführt. Das bedeutet, dass Sie in verschiedenen Situationen nicht bewusst in Rollen schlüpfen, die Ihnen angemessen erscheinen. Ihre in Ihrem gesamten Leben gesammelten Erfahrungen, Handlungsalternativen und Situationserlebnisse zwingen Sie unbewusst in eine bestimmte Rolle oder auch eine bestimmte Art der Kommunikation.

Kurz gesagt: Ihr unbewusstes Wissen übernimmt und entscheidet, dass es in dieser bestimmten Situation gut wäre, sich unterzuordnen, höflich zu sein, gegen anzugehen oder auch Ihr Gegenüber in den Arm zu nehmen.

Für die Theorie hat Berne 3 Grundannahmen postuliert:

- **Die Menschen sind von Grund auf gut.**
- **Jeder hat die Fähigkeit zum Denken.**
- **Der Mensch entscheidet über sein eigenes Schicksal und kann seine Entscheidungen auch ändern.**

Berne unterscheidet grundsätzlich drei ICH-Modelle, die zur Erklärung von Kommunikationsproblemen herangezogen werden:

1. **Das Eltern-ICH**

   Es umfasst die vor allem unbewusst aufgenommenen und internalisierten Normen, Werte, Ereignisse, Erfahrungen, Konditionierungen, Regeln, Gebote und Verbote der ersten 5 bis 6 Lebensjahre. Das Tatsachenmaterial wird im Original aufgenommen und ohne Korrektur oder neue ‚erwachsene' Deutung registriert. Es wird als Wahrheit mit Vorbildcharakter aufgenommen und gespeichert.
   Und wir greifen unbewusst auf diese ‚Wahrheiten' aus unserer frühesten Kindheit zurück, wenn wir in ähnliche Situationen geraten. Dieses verinnerlichte Eltern-Ich ist ein Lebensretter, der vor Gefahren schützt.

   Wir greifen zurück auf diejenigen Verhaltensmuster, die schon für unsere Eltern ‚gut' waren. Leider können aber Kinder bis kurz vor der Pubertät alles, was sie aufnehmen, nicht beurteilen in Hinsicht auf gut oder schlecht – es ist einfach Tatsache.
   Auch disharmonische Eltern-Schwingungen werden gespeichert und später in das Verhalten übertragen. Daraus können ein minderwertiges Eltern-Ich, eine innere Zerrissenheit, der Zwang zu Protesthaltungen, eine Neigung zu

Depressionen oder auch eine Neigung zu quasi unerklärlichen Überreaktionen, wenn gegen verinnerlichte Regeln verstoßen wird, entstehen.

Zusätzliche Einflüsse neben den Eltern zur Entwicklung des Eltern-Ich können Geschwister, weitere enge Verwandte und Autoritätspersonen oder auch die Medien (Fernsehen, Internet) sein.

Da es unterschiedliche Arten von Autoritätspersonen gibt, die unser Denken, Fühlen und Handeln beeinflussen, unterscheidet die TA zwischen kritischen (Vater) und nährenden/fürsorglichen (Mutter) Eltern-ICH-Zuständen.

Kritisch:
Wir haben (archetypisch) von unserem Vater, Lehrer, Pfarrer, Trainer, etc. Verhaltensformen, Regeln, Werte, Normen, Sitten, Gebräuche, etc. übernommen, ohne diese in der Regel in Frage gestellt zu haben. Wenn also mein Vater als Konsequenz auf eine rhetorische Unterlegenheit gegenüber meiner Mutter Lautstärke als Ausgleich seiner Mängel genutzt haben sollte, dann war das für mich als Kind ein funktionierender Weg der Durchsetzung von Meinungen und Vorstellungen, der sich tief in mein Langzeitgedächtnis eingegraben hat.
Je häufiger derartige Szenen von mir aufgesogen wurden, desto höher ist die

Wahrscheinlichkeit, dass ich diese Handlungen als anzuwendende eigene Handlungsalternativen abgespeichert habe – und zwar ohne eine entsprechende Prüfung auf Sinnhaftigkeit oder Passgenauigkeit für meine Person!

Nährend:
Wir haben ebenfalls (archetypisch) von unserer Mutter, Oma, Lehrerin, etc. Verhaltensweisen angenommen. Deren Intention ist jedoch das Miteinander, das ‚Sich-Kümmern', das ‚Füreinander-dasein'. Auch hierbei übernahmen wir die Verhaltensweisen ohne Analyse.
Wenn wir also beispielsweise eine Mutter hatten, deren Hauptaugenmerk in der familiären Kommunikation auf den Ausgleich zwischen Vater und Kindern ausgerichtet war, die diplomatisch vorging und Streit schlichten konnte, dann ist die Wahrscheinlichkeit sehr hoch, dass wir derartige Verhaltensweisen später selbst als unbewusste Selbstverständlichkeiten in unsere eigene Handlung einbauen werden.

a) das Erwachsenen-ICH

die Verbindung aller Erfahrungen, die der Mensch nach den Gesichtspunkten der Realität und der Situation selbst bewusst entschieden hat. Hier ist der große Unterschied zum Eltern-Ich, dass diese Erfahrungen später gekommen und durch uns bewertet wurden. Verhaltensweisen wie Höflichkeit, Diplomatie, kritisches Hinterfragen oder Toleranz entwickeln sich später und setzen eine Auseinandersetzung mit unserer eigenen Erfahrung voraus, eine Form der Selbstreflexion. Wir entscheiden uns dafür, ein Verhalten in unseren Handlungskatalog zu übernehmen, weil wir Erfolg mit diesem Verhalten hatten oder weil es von uns erwartet wird. Übrigens können natürlich auch unbewusst Handlungsalternativen unserem Erwachsenen-Ich zugeordnet werden. Es ist sogar die Norm.

b) das Kind-ICH

die Verbindung aller Erfahrungen, die der Mensch als Kind auf Grund
seiner Lebenssituation unbewusst übernommen oder bewusst selbst
entschieden hat.

Das Kind-ICH ist die Summe aller Reaktionen auf elterliche Instruktionen. Werden wir mit einer Respektsperson konfrontiert, erleben wir ein Empfinden der gleichen Emotionen wie zur Zeit der Kindheit. Im Kind-ICH werden wir zumeist mit

Gefühlen konfrontiert, da Kinder noch nicht über die entsprechenden sprachlichen Mittel verfügen.

Analog zum Erwachsenen-Ich haben Sie als Kind auch Ihre eigenen Emotionen und Handlungen gegenüber Ihrer Umgebung, Ihren Eltern und Verwandten, Ihren Freunden gespeichert. Wieder waren Sie wie ein Schwamm, der alles in sich aufnimmt, ohne es zuvor zu analysieren und zu beurteilen. Sie haben beispielsweise die Angst vor Autoritäten, vor lauten oder aggressiv auftretenden Menschen derart tief in sich aufgenommen, dass Sie unbewusst auch als Erwachsener in ähnlichen Situationen automatisch wie das Kind reagieren, das Sie vor 30 Jahren gewesen sind. Wurden Sie als Kind angeschrien, dann haben Sie sich weggeduckt, sich klein gemacht. Sie haben nicht zurück geschrien, Sie haben nicht dagegen argumentiert.
Sie sind entweder in eine Verteidigungshaltung gegangen oder Sie wollten flüchten. Leider ist dieses Verhalten als Antwort auf Begegnungen mit Autoritäten so tief im Unbewussten gespeichert und mit Emotionen belegt, dass es sehr schwer sein wird, dieses Verhalten zukünftig zu verändern.

Da es ebenfalls unterschiedliche Arten von Kindern, von Anordnungsempfängern gibt, die unser Denken, Fühlen und Handeln beeinflussen, unterscheidet die TA zwischen **angepassten** bzw. rebellischen und auf der anderen Seite **freien**/natürlichen Kind-ICH-Zuständen.

Ein Beispiel zur Verständlichkeit:

Stell dir vor, du würdest in einer wildfremden Stadt die Orientierung verloren haben. Du beschließt also, einen Passanten nach dem Weg zu fragen:

Antwort des kritischen Eltern-ICHs:

Wie kann es sein, dass Sie in eine Ihnen fremde Stadt gehen, ohne sich vorbereitet zu haben? Wo ist die Karte? Wo der Stadtführer oder die entsprechende App auf Ihrem Handy?

Antwort des nährenden Eltern-ICHs:

Ich bringe Sie einfach dorthin. Kommen Sie mit!

Antwort des Erwachsenen-ICHs:

2km in diese Richtung, dann rechts bei der Kirche abbiegen, noch einmal 500m geradeaus und schon sind Sie da!

Antwort des angepassten Kind-ICHs:

Wie der Erwachsene, nur in der Tonlage und der Körpersprache wesentlich devoter bzw. unterwürfiger

Antwort des freien Kind-ICHs:

Was interessiert mich, wo du hinwillst!

Oder:
3 km nach Süden, dann 2 km nach Westen und schon sind Sie da. (Das Ziel liegt aber eigentlich im Norden!)

Der in der TA geschulte Mensch erlangt mit diesem Wissen die Möglichkeit, sich auf der Ebene der Metakommunikation selbst und den anderen zu beobachten und Rückschlüsse auf mögliche Kommunikationsfehler abseits der besprochenen Inhalte erkennen zu können.

Konsequenz:
Sie haben die Chance, die Menschen um sich herum zu typisieren, d.h. sie in Kategorien der TA einzuteilen. Sie können sich in Ruhe schon vorher mit Ihren persönlichen Reaktionen auf autoritäre, fürsorgliche, sachliche, unterwürfige oder freche Kommunikationspartner beschäftigen, diese analysieren und daraus funktionierende Handlungsalternativen entwickeln. Diese Handlungsalternativen können von Ihnen dann schnell und gezielt zu Ihrem persönlichen Vorteil in der nächsten Kommunikation eingesetzt werden.

Voraussetzung: Selbstreflexion

Ein Zitat aus einem der eindrucksvollsten Bücher der Weltgeschichte drückt den Wert der Selbstreflexion sehr treffend aus. **Sun Tse** formuliert darin die logische Konsequenz von fehlendem Wissen über sich selbst:

‚Wenn du dich selbst und deinen Feind kennst, dann brauchst du den Ausgang von 100 Schlachten nicht zu fürchten. Wenn du nur dich selbst oder den Feind kennst, dann wirst du für jeden Sieg auch eine Niederlage erleiden. Wenn du weder dich selbst noch den Feind kennst, dann wirst du stets unterliegen‘.[80]

Analog zu diesem Zitat des chinesischen Miltärphilosophen kann und muss die Transaktionsanalyse auch für die Selbstreflexion eingesetzt werden. Erst wenn ich weiß, wie sich meine ICH-Zustände prozentual verteilen, dann weiß ich auch, wie ich auf andere voraussichtlich reagiere.

Ziel der Selbstreflexion sollte es sein, seine Gedanken zur TA in eine entsprechende Tabelle einfließen zu lassen:

---

[80] Vgl. Sun Tse

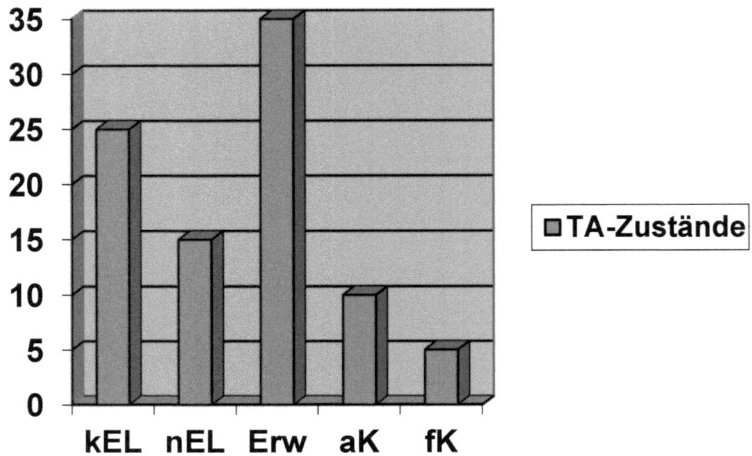

Ein dieser Tabelle entsprechender Mensch wäre wahrscheinlich als Führungskraft erfolgreich. Er hat einen sachlichen und analytischen Schwerpunkt, vermag aber auch autoritär und fürsorglich zu agieren.
Die für die Führung eher negativen Zustände des angepassten Kindes (Unterordnung und im Extremen Angst) und des freien Kindes (kein Gefühl für Autoritäten oder Regeln und Strukturen) sind deutlich weniger ausgeprägt.

Fragen zur Anwendung der TA in der kommunikativen Praxis

Wie kommuniziere ich auf der Erwachsenenebene? An welchem Verhalten erkenne ich es?

- Selbstsicher sein
- Offen
- Freundlich
- Kompetent
- Nachfragen
- Erklären
- In Frage stellen
- Bei sich bleiben
- Klartext sprechen

Wie gelange ich vom Kind-ICH zurück auf die Erwachsenenebene?

- Mir meiner Stärken bewusst werden
- Tief durchatmen
- Mich innerlich aufrichten
- ‚Ich muss nicht alles wissen.'
- Handlungsspielräume bedenken
- Strategie überlegen
- Der andere ist auch nur ein Mensch!

Wie gelange ich vom Eltern-ICH zurück auf die Erwachsenenebene?

- Wir sind alle nur Menschen, die auch mal Fehler machen
- Zuhören, Fragen stellen
- Den anderen einbeziehen
- Auf die Bedürfnisse des anderen eingehen

- Den anderen ernst nehmen

Ein Kind im Gespräch:

- Unsicher
- Kein Blickkontakt
- Spricht entweder sehr viel oder sehr wenig
- Traut sich nicht nachzufragen
- Wirkt nervös
- Ist aufmüpfig oder besonders unterwürfig

Ein Erwachsener im Gespräch:

- Selbstsicheres Auftreten
- Ist offen
- Fragt nach
- Gibt Unwissenheit zu
- Gibt eigenes Wissen bereitwillig weiter
- Bezieht alle Beteiligten mit ein
- Offene Körpersprache
- Hält Blickkontakt

Ein Elternteil im Gespräch:

- Bewertet
- Kommentiert das Geschehen
- Spricht von oben herab
- Hat eine wenig offene Körperhaltung
- Will lenken und helfen

- Will beschützen
- Wirkt arrogant
- Überspielt eigene Unsicherheit
- Setzt Zeiten
- Bestimmt den Rahmen

Fragen, die die Metakommunikation erleichtern:

- Woran haben Sie festgestellt, aus welcher ICH-Ebene heraus der Teilnehmer agierte?
- Welche Wortwahl, welche Körpersprache konnten Sie beobachten?
- Zu welchen Ergebnissen und Lösungen hätte das Verhalten der Gesprächspartner auf den anderen ICH-Ebenen geführt?

Die Beherrschung von Metakommunikation – die Pflicht für jede Führungskraft, jeden Erzieher, Verkäufer und bestimmt auch hilfreich für jede Beziehung

Wir haben uns jetzt mehrere Modelle zum besseren Verständnis von Kommunikation angeschaut. **Watzlawick** hat seinen Schwerpunkt auf den Dialog gelegt. Jede Begegnung ist Kommunikation – selbst, wenn Sie nichts sagen. Unsere Kommunikation kennt – oder kennt eben nicht - verschiedene Ebenen einer Nachricht.

Neben der Sachbotschaft schwingt auch immer eine emotionale Botschaft mit, die die Beziehung zwischen den Gesprächspartnern beleuchtet. Wo passieren Fehler? Was macht Vorwissen (Interpunktion) mit unserer

Kommunikation? Und wenn ich von Vorwissen spreche, dann ist damit natürlich auch der große Bereich der Vorurteile, des Rassismus und der Intoleranz gemeint.
Eine Analyse des Vorwissens, ein direktes Ansprechen auf die Quelle des Wissens und eine grundsätzliche Einstellung eines Miteinanders könnten in der Kommunikation auf dieser Welt sehr viel bewirken.

Die Unterscheidung zwischen analoger und digitaler Kommunikation versetzt uns in die Lage, präziser in unserem Dialog zu werden und zum einen unsere eigenen Worte und Sätze zu hinterfragen und zum anderen unser Gegenüber auf multiple Deutungsmöglichkeiten seiner eigenen Kommunikation offen anzusprechen.
Und wenn es mir dann noch gelingt, die Kommunikation auf offene und versteckte Hierarchien hin zu analysieren (symmetrisch/komplementär), dann bin ich wahrlich auf dem richtigen Weg.

Das nächste Instrument ist **Schulz von Thun** mit seinem Modell der 4 Ohren, einem sogenannten Encoder/Decoder-Modell[81], bei dem es in erster Linie um eine sehr anwendungsfreundliche Analyse der verschiedenen Möglichkeiten zur Dechiffrierung von Nachrichten geht. Was wollte der Sender mit seiner Nachricht wirklich ausdrücken? Auf welcher Ebene hat er gesendet? War es rein sachlich gemeint? Wollte er mich auf der Beziehungsebene angreifen? Sollte ich seinem

---

[81] Vgl. Psychologie der Kommunikation. Jessica Röhler und Astrid Schütz. Springer Verlag 2012

Appell folgen? Oder wollte er nur etwas über sich selbst offenbaren?

Als drittes Instrument für die Analyse der Kommunikation steht Ihnen die **Transaktionsanalyse** zur Verfügung. Hier geht es jetzt darum, seinen eigenen in der Kommunikation verwendeten situationalen Typ zu erkennen und eventuell zu verändern, um ein besseres Kommunikationsergebnis zu erreichen. Außerdem können Sie durch die ICH-Analyse Ihres Gegenübers Rückschlüsse darüber erzielen, wie Sie am besten mit ihm kommunizieren sollten. Wenn Sie etwas erreichen wollen, dann ist der Weg des angepassten Kindes bei einem kritischen Eltern-Ich i.d.R. nicht wirklich erfolgreich. Wenn Sie mit einem kritischen Eltern-Ich im Streit liegen, dann sollten Sie versuchen, als Erwachsenen-ICH aufzutreten, um ihm diplomatisch und selbstbewusst zu begegnen. Jedes ICH benötigt eine eigene Strategie.

Zusätzlich haben Sie Wissen erhalten über das ‚**Aktive Zuhören**' und die damit verbundene Wertschätzung für Ihr Gegenüber. Sie kennen nun die wesentlichen **Fragearten**, die Funktionsweise von **ICH-Botschaften** ist Ihnen ein wenig vertrauter.

Mit all diesen Werkzeugen sollten Sie jetzt herangehen und Kommunikation neu erleben. Hinterfragen Sie Botschaften. Lassen Sie sich nicht in den Strudel von Attacke und Gegenattacke in einem Streitgespräch verwickeln, das letztendlich nur in gegenseitigen Verletzungen mündet. Erheben Sie sich von der Ebene der einfachen Kommunikation und hinterfragen Sie Ihre Dialoge, die Situationen, die Beweggründe, die Vorerfahrungen. Auch wenn es Ihnen jetzt so vorkommen mag, dass das alles viel zu viel auf einmal wäre, verspreche ich Ihnen, dass Sie mit der Zeit immer besser darin werden. Es wird Ihnen Spaß machen, wenn Sie Dinge verstehen, wenn der AHA-Effekt kommt, wenn Sie erfolgreich schwierige Kommunikationssituationen bewältigen oder lösen können.

Sie kommunizieren den ganzen Tag – also nutzen Sie dieses Wissen, um erfolgreicher zu sein, um besser zu werden. Üben Sie. Probieren Sie sich aus – und der Spaß daran wird sich einstellen.

Eine Hilfe zur Einordnung der Umsetzung dieses Buches

Ein besonderes Thema, das Sie auch in der Literatur immer wieder finden werden, ist das der 5 Antreiber. Ich möchte es an dieser Stelle kurz beleuchten, da es aus meiner Sicht wichtig ist, eine Entscheidung bezüglich der Intensität der Umsetzung der Inhalte dieses Buches oder auch aller anderer Aufgaben und Herausforderungen in unserem Leben zu treffen – und zwar ganz bewusst.

Die 5 Antreiber[82] - eine besondere Betrachtungsweise von Erziehung und Erfolg

Im Zuge unserer Kindheit nehmen wir von unseren Bezugspersonen diverse Grundregeln für ein ordentliches menschliches, Erfolg versprechendes Verhalten in uns auf. Wieder einmal erfolgt diese Aufnahme, diese Verinnerlichung in der Regel unbewusst. Man kann es sich wie ein Mantra vorstellen, das uns unsere Eltern jeden Tag vorgebetet haben, damit wir es ebenfalls anwenden. Die 5 Antreiber sind grundsätzlich positiv, da sie uns zu einem Lebenserfolg verhelfen sollen. Aber wie ich bereits zuvor beschrieben habe, kann Erziehung auch zur Manipulation werden. Eltern überfrachten ihre Kinder mit Zielen und Verhaltensweisen. Das passiert oft genug durch Eltern, die selbst wenig Erfolg hatten. Und einige dieser Eltern überziehen das Programm intensiv. Ihre Kinder müssen Sportskanonen oder Models werden. Sie sollen die Besten in der Klasse sein und zudem noch mindestens ein Musikinstrument beherrschen. Eine ehrenamtliche Betätigung zusätzlich wäre auch noch ganz nett.

Aber es ist bei den Antreibern wie bei fast allem im Leben:

Zu viel ist ungesund. Oder auch: Die Dosis macht das Gift.

---

[82] Taibi Kahler 1977, entwickelt zum Zuge der Entstehung der Transaktionsanalyse von Berne

Die Antreiber sorgen für eine erhöhte Adrenalinproduktion, weil sie Stress auslösen. Je höher der Druck, desto größer der Stress. Je höher die Ziele, desto größer der Stress. Und desto tiefer der Absturz.

- Arbeite hart!
- Sei perfekt!
- Sei gefällig!
- Sei stark. Zeige keine Schwäche!
- Beeil dich!

Achten Sie bei Ihren Schutzbefohlenen auf eine Ausgeglichenheit. Lassen Sie ganz bewusst Zeit für das Umsetzen der Gegenpositionen.

<u>Denn:</u>
Zu viel Arbeit ohne Pause zerstört das Gesamtkunstwerk. Sie werden erfolgreich im Job, reduzieren durch Ihren Einsatz aber die sozialen Kontakte, verlieren eventuell das Gefühl für Toleranz und werden die Defizite Ihres Strebens mit ins Privatleben übertragen. Weniger Zeit für die Familie, mehr Gereiztheit im Umgang mit Ihren Lieben und irgendwann verlieren Sie den Boden unter den Füßen.
Nur sehr wenige halten den Stress aus, den ein konsequentes Leben nach den 5 Antreibern mit sich führt. Ich habe letztens ein Interview mit Arnold Schwarzenegger gehört, das mich sehr emotional berührt hat. Er sprach

über seine Disziplin, über seine Ziele, darüber, alles den Zielen unterzuordnen, um Erfolg zu haben, so dass er vom einfachen österreichischen Bodybuilder zum Mr. Universum, dann zu einem der erfolgreichsten Schauspieler in Amerika wurde und schließlich gar in der Politik zum Gouverneur von Kalifornien aufstieg.
Ich war tief beeindruckt von der Kraft und Energie, die dieser Mann ausstrahlte. Ich habe aber auch überlegt, ob ich dieses Leben voller Entbehrungen haben wollte. Und ich habe weiter überlegt, ob man durch solch ein Leben nicht das Verständnis für seine Mitarbeiter und Familie verlieren kann. Fakt ist, dass die neuere Führungstheorie[83] sich oft genug in den 5 Gegenpositionen wiederfindet.

Die 5 Gegenpositionen

- Ruh dich aus!
- Toleriere Fehler.
- Sag nein.
- Zeige Schwäche.
- Lass dir Zeit!

Pausen einzuhalten ist biologisch absolut sinnvoll, um länger gute Leistungen zu erzielen. Das Tolerieren von

---

[83] Damit sind Positionen gemeint, die einen ganzheitlichen Ansatz verfolgen!

Fehlern bedeutet nicht, diese hinzunehmen, sondern Fehler als etwas zu erkennen, was uns weiterbringt. Es gibt keine gesunde Entwicklung ohne die Überwindung unserer eigenen Fehler. Nein zu sagen, ist schwieriger als sich anzupassen. Es ist heutzutage eher eine Stärke, ein positiver Charakterzug – aber nicht, wenn das NEIN zum Standard wird. Das Zeigen von Schwäche macht eine starke Führungskraft noch stärker, da sie nicht mehr so unnahbar erscheint. Zu viel Schwäche jedoch zerstört die Stärke. Und dann wird aus dem Zeigen von Nähe und Menschlichkeit Schwäche. Nichts zu überstürzen ist ein Motto, das gut in die Zeit passt. Unser Leben ist derartig komplex geworden in unserer Informations- und Wissensgesellschaft, dass mehr Informationen manchmal nicht schaden können. Und gleich schließt sich auch wieder das ABER an. Wer zu viel zögert und zaudert, wird als Führungskraft nicht ernst genommen. Manchmal ist eine falsche, aber konsequente Entscheidung besser als gar keine Entscheidung. Mein Lieblingsmotto dazu ist sprachlich ein wenig fragwürdig: Wenn schon Scheiße, dann Scheiße mit Schwung!

Folgen Sie den Antreibern, aber vergessen Sie die Gegenpositionen nicht, um Luft zu holen und Kraft zu tanken!

Eine zusammenfassende Checkliste für Führung, Erziehung und Beziehung – die Kroegersche Matrix[84]

<table>
<tr>
<td>Gedächtnis:
7+-2 Gedanken im Kurzzeitgedächtnis
Wiederholung, Sinnhaftigkeit und starke Reize
Linke und rechte Hälfte
Gedächtnisnetz und Erfahrung
Stress reduziert Gedanken
Automatismen bringen Sicherheit und belasten das KZG überhaupt nicht</td>
<td>Wahrnehmung:
Primäre und sekundäre Wahrnehmung
Sozialisation bestimmt Einstellung und Verhalten
Sozialwerdung und – machung
Lorenz-Zitat: Gesagt-gehört-verstanden-einverstanden-behalten-1xgetan-immer getan
Subjektiver Konstruktivismus
Interesse am Leben des Mitarbeiters</td>
<td>Eingangskanäle:
Visuell, Haptisch, Auditiv, Olfaktorisch, Gustatorisch
Übereinstimmende Kanäle sorgen für Vertrauen, Vertrauen ist Voraussetzung für Führung
Bewusstmachen der eigenen Kanäle
Eingehen auf die vorherrschenden Kanäle verbessert die Lern- und Merkfähigkeit
Eingehen auf Augenzugangshinweise, NLP, Priming</td>
<td>Bewusst/unbewusst:
95% unbewusst
2% unterbewusst
3% bewusst
Projektion von eigenen Bedürfnissen oder Prinzipen auf andere sorgt für Probleme
Weiß er überhaupt, was er tut?
Ziel: Unbewusste Kompetenz</td>
</tr>
<tr>
<td>Motivation:

Maslow
Sind die niederen Bedürfnisse jeweils befriedigt?
Interesse für das Privatleben zeigen und es auch so meinen!

Herzberg
Wie heißen die Motivatoren?
An welchen Hygienefaktoren hapert es?

Intrinsische M. ist wichtiger und vor allem nachhaltiger als extrinsische Motivation</td>
<td>Lernen:

Klassisches Konditionieren
Operantes Konditionieren
Lernen durch Wiederholung
Lernen durch Versuch und Irrtum
Lernen durch Modell/Nachahmung
Lernen durch Einsicht

Wurden alle Lernarten sinnvoll eingesetzt?

Vesters 13 Regeln der Lernbiologie</td>
<td>5 Axiome von Watzlawick

Interpunktion
Ist einer mit Vorwissen oder Vorurteilen schon früher in die Kommunikation gestartet?

Digital/analog
Sind Begriffe, Werte, Regeln richtig codiert?

Symmetrisch/komplementär
Sind alle Beteiligten auf der gleichen Ebene?</td>
<td>4 Ohren von Schulz von Thun

Sach, Beziehungs-, Appell- und Selbstoffenbarungsebene

Wer hat auf welcher Ebene gesendet?
Wer hat auf welcher Ebene empfangen?

Metakommunikation als Lösung

Wurden Ich-Botschaften und Aktives Zuhören als Techniken genutzt
Transaktionsanalyse
Maxime nach Grice</td>
</tr>
</table>

Gedächtnis, Wahrnehmung, Eingangskanäle und NLP, bewusstes und unbewusstes Handeln, Motivation, Lernen und Kommunikation – ohne Wissen über Funktionsweisen, Abläufe, Wahrscheinlichkeiten und Herausforderungen habe ich in den meisten Situationen verloren.

Selbst wenn ich oft genug meinem Bauch vertrauen kann, so weiß ich doch nie, warum mein Bauch mich etwas tun lässt und ob mein Bauch überhaupt weiß,

[84] Verzeihen Sie die Bezeichnung, aber ich übernehme damit die Namensgebung meiner Seminarteilnehmer. Und für's Finden in Google ist es auch nicht schlecht. ☺

was er tut. Da mein Bauch auch nur so gut ist, wie das, was in ihn hineingekommen ist, und ich nicht weiß, was genau ich über die Jahre so angesammelt habe, lohnt es sich, vor dem Bauchgefühl das Verhalten des anderen mit Hilfe der Matrix zu analysieren.

Mit den 8 Feldern der Matrix hat jeder Anwender einen Überblick über die Zusammenhänge des menschlichen Verhaltens.

In Problemsituationen ist diese Matrix ein wunderbares Instrument zur Erarbeitung komplexer Hintergründe des Verhaltens von Mitarbeitern, Kunden, Partnern und Kindern. Erst wenn ich das Verhalten durchleuchtet habe, ihm gerecht geworden bin, mir die Mühe gemacht habe, das Verhalten zu verstehen – erst dann habe ich das Recht, dieses Verhalten zu bewerten.
Und erst dann kann ich mir einen Weg überlegen, den ich gehen kann, um die Situation zu lösen, dabei Wertschätzung und Respekt an den Tag zu legen und gemeinsam eine Lösung zu erarbeiten, die beiden Seiten gerecht wird.

Durch die Matrix wird jeder gezwungen, seine eigene Position und Verantwortung in dieser Problemsituation zu hinterfragen

Meiner Erfahrung nach trennt sich hier die Spreu vom Weizen, hier entscheidet sich, wer wirklich als Führender etwas taugt, wer tolerant, transparent und fair ist. Und wenn ich dann tatsächlich eine Entscheidung treffen muss, die für den anderen negative Sanktionen zur

Folge hat, dann kann ich aber für mich selbst festhalten, dass ich alles versucht habe, alle Seiten beleuchtet habe, zum Anwalt für den anderen geworden bin und somit meiner Position als Führendem absolut gerecht geworden bin.

Anwendung der Matrix

Kommen wir nun zu der größten Herausforderung für die Anwendungskompetenz meiner Seminarteilnehmer.

Stellen Sie sich vor, dass Sie den gesamten Inhalt dieses Buches an einem Wochenende im Rahmen eines Seminars durcharbeiten dürfen. Stellen Sie sich weiterhin vor, dass ich Sie dann bitten werde, aus den entsprechenden Modellen heraus eine Lösungsstrategie für ein Personalproblem zu erarbeiten. Sie werden feststellen, dass Sie trotz eines Verständnisses für die Vorgänge in der Regel mit dem nächsthöheren Schritt überfordert sein werden – das ganze Wissen jetzt auch noch anzuwenden.

Aber Sie müssen eigentlich nur eine kleine Schwelle überwinden. Probieren Sie sich aus. Üben Sie. Wiederholen Sie. Hinterfragen Sie. Und – ganz entscheidend – bereiten Sie sich vor.

Ich möchte im Folgenden am Beispiel des wesentlichen Gesprächs eines Führenden – egal ob Chef, Elternteil, Partner oder Verkäufer – darstellen, wie Sie die

Anwendungsebene erreichen können, ich möchte mit Ihnen ein einfaches Kritikgespräch vorbereiten.

<u>Was verstehe ich unter einem Kritikgespräch, wie ordne ich dieses Führungsinstrument ein?</u>

Aus meiner Erfahrung muss ich Ihnen zunächst jedoch folgende realistische und äußerst niederschmetternde Grafik präsentieren:

Gesprächskultur im betrieblichen Alltag

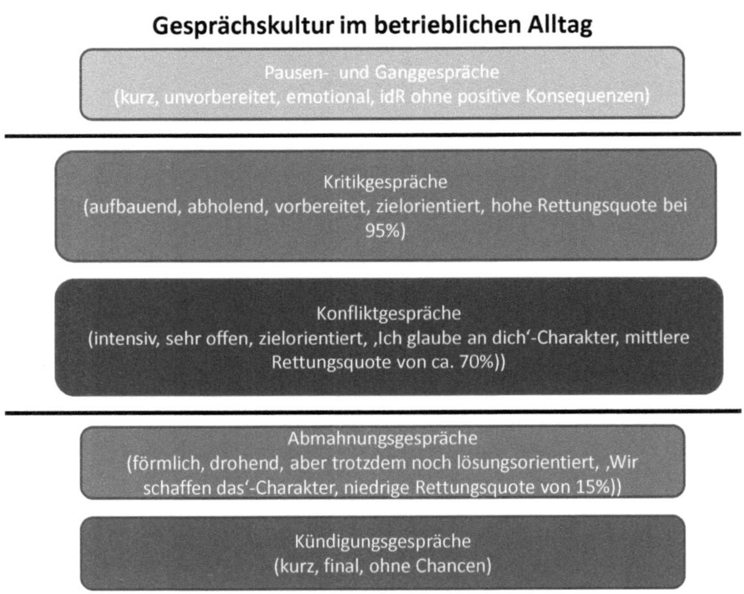

Diese Grafik stellt sehr eindrücklich dar, wo das Problem in Bezug auf die Gesprächskultur in deutschen Firmen liegt.

1. Das ‚Nebenbei'-Ansprechen in Pausen – auch oft in gleicher Weise wiederholt – scheint für die meisten Vorgesetzten ausreichend zu sein – ist es aber nicht!
2. Kritik- und Konfliktgespräche vorzubereiten, bedeutet Zeit und Aufwand, es bedeutet weiterhin, sich mit dem Mitarbeiter und seinen Motivationen und Wahrnehmungen unvoreingenommen auseinanderzusetzen, es bedeutet, sich auch mehrere Stunden Zeit für die Vorbereitung des Gesprächs zu nehmen, um in dem Gespräch die beabsichtigte Wirkung zu erzielen. Sie haben keine zweite Chance für ein derartiges Gespräch.
3. Wenn Sie Kritik- und Konfliktgespräche unterschätzen, ihnen ausweichen oder wenn Ihnen die rhetorischen Fähigkeiten dafür fehlen, dann sind Sie als Vorgesetzter ungeeignet. Ihre Mitarbeiter haben Forderungen an Sie als Führungskraft. Sie müssen sich besser in der Gesprächsführung, der Rhetorik, der Psychologie auskennen als Ihre Mitarbeiter. Wer das nicht kann, verdient es aus ihrer Sicht auch nicht, sie anzuführen und mehr Geld zu verdienen.
4. Wenn Sie nach den Pausengesprächen direkt zu den Abmahnungen kommen, dann sind Hopfen und Malz verloren, dann werden Sie Ihre Mitarbeiter nicht mehr einfangen können. Und der Verlust von Mitarbeitern, die man hätte retten, wieder aufbauen und motivieren können, ist in der heutigen Zeit sehr teuer. Neue Mitarbeiter zu suchen, zu finden, sie einzustellen und

einzuarbeiten dauert Monate, in denen Sie die Arbeiten nicht erledigt bekommen, wenn Sie Ihren alten Mitarbeiter so sorg- und kampflos aufgegeben haben – vom finanziellen Aufwand ganz zu schweigen.

Wer sagt Ihnen zudem, dass da draußen auf dem Markt freie neue Mitarbeiter existieren, die besser sind als die alten?

Fazit Kritikgespräch:

Eine kompetente und ausführliche Vorbereitung eines Kritikgesprächs ist in jeder als wichtig erachteten Situation essenziell. Da viele Führende aus Bequemlichkeit oder auch Unwissenheit, Zeitnot und Überforderung darauf verzichten, erhält derjenige, der sich darauf einlässt, einen gigantischen Vorteil in Richtung Umsetzung der eigenen Ziele und Wünsche und auch der Steigerung Wertschätzung, des Respekts und der empfundenen Kompetenz durch seinen Kommunikationspartner.

Wie gehe ich jetzt en detail vor?

Das konstruktive Kritikgespräch

Die Matrix wird benötigt, um ein Kritikgespräch sinnvoll vorzubereiten. Bitte berücksichtigen Sie stets, dass ein frühzeitiges Kritikgespräch eine Entwicklung in Richtung Konflikt – Abmahnung – Kündigung verhindern kann, wenn es offen und aufrichtig geführt wird, bevor zu viel Porzellan zerbrochen ist, zu viele negative Emotionen entstanden und zu viele böse Worte gesprochen oder auch nur gedacht worden sind.

Das Gesprächsbeispiel:

Sie sind Chef eines Einzelhandelsbetriebs. Ein Mitarbeiter kommt regelmäßig zu spät zur Arbeit. Mal sind es 5 Minuten, dann wieder 10, dann 2 Tage ohne Verspätung und auch danach mal 20 Minuten. Es ist nicht so schlimm, dass Sie sofort abmahnen wollen, aber die anderen Mitarbeiter fangen schon an zu murren, die Motivation im Team sinkt. Sie haben Ihren Mitarbeiter schon einige Male drauf angesprochen, worauf von ihm die Antwort kam, er werde sich bessern.
Sie haben all seine Ausreden vom überhörten Wecker, dem verspäteten Bus bis hin zum vergessenen Handy schon gehört und verspüren eine langsam ansteigende Aggression ihm gegenüber. Es besteht Gesprächsbedarf für ein kritisches Gespräch.

In dieser oder einer ähnlichen Situation stehen Führende jeden Tag aufs Neue. Leider verpassen diese Führenden sehr häufig die Chance, das Problem vor der Eskalation zu lösen, weil ihnen die Werkzeuge, die Einsichten und auch die Zeitfenster fehlen.

Und genau hier kommt jetzt die Matrix ins Spiel. Nehmen Sie sich die einzelnen Punkte der Matrix vor und checken Sie, ob die Modelle und Theorien Ihnen helfen, die aufgefundene Situation verstehen und analysieren zu können.

Matrixpraxis

Zu 1: Biologische Psychologie

Haben die Verspätungen etwas mit dem Gedächtnis zu tun?

In diesem einfachen Beispiel ist das Gedächtnis als Erklärung für das Fehlverhalten zu vernachlässigen.

Zu 2: Wahrnehmung

Haben die Verspätungen etwas mit der Wahrnehmung zu tun?

Definitiv. Der Mitarbeiter, der Chef und auch die Kollegen haben eine unterschiedliche Wahrnehmung in Bezug auf die Wichtigkeit von Pünktlichkeit. Die Wahrnehmung des verspäteten Mitarbeiters unterscheidet sich deutlich von der des Chefs. Es geht nun darum, Fragen für das Gespräch zu entwickeln, die Aufschluss auf die Entwicklung der Wahrnehmung des Mitarbeiters liefern können.

‚Was verstehen Sie unter Pünktlichkeit?'
‚Warum ist Pünktlichkeit im Geschäftsleben wichtig?'
‚Wie werden Abweichungen von Teamregeln wie etwa Unpünktlichkeit von den anderen Teammitgliedern wahrgenommen?'
‚Wie empfinden Sie es, wenn Sie immer wieder zu spät zur Arbeit kommen?'

Die Nutzung der Matrix als Checkliste für Fragen zur Beleuchtung der problematischen Situation ist eine Suche nach Fakten zum Verständnis der Reaktion aller Beteiligten. Zur Zementierung einer objektiven Wahrnehmung[85] macht es in diesem Beispiel dann auch Sinn, die Faktenlage zu erhärten. Analysieren Sie die Fehlzeiten. Suchen Sie die Stempelzeiten heraus und erstellen Sie zur Visualisierung eine Grafik der Verspätungen. Sorgen Sie dafür, dass sich der Mitarbeiter nicht herausredet mit seiner gefühlten faktischen Wahrnehmung.

Ein Satz wie ‚Das ist schon viel besser geworden.' oder ‚Ich bin höchstens mal 5 Minuten zu spät.' muss von Ihnen direkt mit Fakten beantwortet werden können. Dadurch machen Sie im Gespräch direkt klar, dass Sie sich vorbereitet haben und er sich nicht herausreden kann.

Zu 3: Vertriebspsychologie

Dieser Aspekt der Matrix ist zur Erklärung von Verhalten eher zu vernachlässigen.

Zu 4: Tiefenpsychologie

Haben die Verspätungen etwas mit dem Unbewussten zu tun?

---

[85] Die es per Definition nicht gibt, von der man aber immer spricht und die jeder irgendwie erwartet.

Auf jeden Fall. Es ist entscheidend, dem Mitarbeiter bewusst zu machen, was sein Verhalten bewirkt, welche Konsequenzen es hat und was im worst case passieren wird. Oft genug weiß er es einfach nicht, macht sich darüber keine Gedanken, unterschätzt die Folgen und bekommt die Reaktionen gar nicht bewusst mit.

Machen Sie ihm also klar, was sein Verhalten bewirken wird. Und machen Sie auch sich klar, dass es Zeit wäre, Konsequenzen folgen zu lassen – und welche Art von Konsequenzen und mit welcher Intensität.

<u>Zu 5.: Motivationspsychologie</u>

Haben die Verspätungen etwas mit Motivation zu tun?

Immer. Eine der wesentlichen Bestandteile der Matrix zur Hinterfragung von Problemen mit Mitarbeitern, Kindern, Partnern oder Kunden ist die Frage nach dem WARUM.
Warum hast du so gehandelt? Was hat dich dazu gebracht? Ist dir klar, warum du so gehandelt hast? Hat dich ein besonderer Motivator in der Entscheidungsfindung überlagert, so dass du die eigentlichen Fakten verdrängt hast? Sind dir deine Bedürfnisse klar? Hast du ein Problem mit Sicherheit, Bindung oder Anerkennung? Fühlst du dich wohl im Team?
Erhältst du regelmäßig positives Feedback? Kann es sein, dass dir nicht klar ist, dass fehlende Pünktlichkeit deinen Job gefährdet? Bist du unpünktlich, weil dir deine Kollegen nicht so wichtig sind? Hast du morgens

noch andere Verpflichtungen, die deine Pünktlichkeit beeinflussen?

Motivation ist grundsätzlich überwiegend unbewusst. Wir verhalten uns, ohne darüber nachzudenken, warum wir uns so verhalten. Wir funktionieren einfach, lassen uns mitunter von Gefühlen leiten, die dem Rationalen widersprechen. Wir sind uns nicht klar, dass wir ganze Motivbündel haben, die unser Verhalten beeinflussen. Wenden Sie den **Maslow** an. Werden Sie sich klar darüber, dass sehr häufig die ersten 3 sozialen Bedürfnisse Sicherheit, Bindung und Anerkennung nicht richtig befriedigt sind, was wiederum zu Fehlverhalten und negativer Motivation führt. Seien Sie sich immer klar, dass das der Job eines Führenden ist, darüber ständig bei seinen Anvertrauten auf dem Laufenden zu sein. Nur wenn Sie wissen, warum Ihr Mitarbeiter handelt, wie er handelt, haben Sie eine Chance, etwas nach Ihrem Gusto zu verändern.

<u>Zu 6.: Lernpsychologie</u>

Haben die Verspätungen etwas mit dem Lernen zu tun?

Grundsätzlich geht es im Kapitel Lernen um Erfahrungsbildung.
Und so waren die Lernarten seines bisherigen Lebens Werkzeuge für seinen Ist-Zustand. Ich habe die Erfahrung gemacht, dass insbesondere die Hinterfragung des Verhaltens auf Konditionierungen und Modelllernen in diesem Zusammenhang Sinn ergibt.

Liegen negative Konditionierungen des Mitarbeiters im Zusammenhang mit dem Team, dem Arbeitsalltag, Ihnen als Vorgesetzten, etc. vor? Hat ein anderer Mitarbeiter durch sein Verhalten Ihren Mitarbeiter bewusst oder unbewusst beeinflusst in Richtung Zuspätkommen?

Die Bewusstmachung negativ beeinflussender Konditionierungen ist ein Hauptjob des Vorgesetzten – und natürlich dann im Anschluss die Durchführung der Gegenkonditionierung (siehe Kapitel 6).

Zu 7. und 8.: Kommunikationspsychologie

Haben die Verspätungen etwas mit Kommunikation zu tun?

Die Kommunikation ist fast immer dabei, wenn es darum geht, Probleme aufzuklären. Man nutzt die Modelle nicht nur, um besser zu kommunizieren, nein, man nutzt sie auch, um schwierige Situationen und Problemfälle zu analysieren.

Gibt es eine Vorgeschichte zu den Verspätungen, die den Mitarbeiter so reagieren lassen (**Interpunktion**)? Wurde im Gespräch – durch mich als Vorgesetzter – nicht genau genug decodiert, was unter Pünktlichkeit zu verstehen ist, warum sie gelebt werden soll und welche Konsequenzen abweichendes Verhalten haben wird (**digitale und analoge Kommunikation**)? Nimmt der Mitarbeiter von mir keine Anordnungen entgegen, weil er sich in der Hierarchie über mir sieht (**symmetrisch oder komplementär**)?

Auch das Modell von **Schulz von Thun** hilft in der Analyse. Wenn ich weiß, welcher Kommunikationstyp mein Mitarbeiter ist, dann kann ich auch wesentlich besser verstehen, warum es in der Vergangenheit zu Problemen in der Kommunikation gekommen ist. Man nutzt das Modell der 4 Ohren aber dann hauptsächlich im anschließenden Kritikgespräch, um den Mitarbeiter auf der richtigen Ebene anzusprechen und mitzubekommen, wenn er die Ebenen verlässt, auf die ich es als Sender abgesehen habe.

Zusammengefasst bedeutet das, dass Sie zur Analyse der Hintergründe und Argumente Ihres Mitarbeiters insbesondere die Modelle aus den Bereichen Wahrnehmung, Motivation, Konditionierung und die 5 Axiome als Tools zur Gesprächsvorbereitung nutzen sollten.

Von der Matrix zur weiteren Gesprächsvorbereitung

Nachdem also die bei einem Mitarbeiter entstandene Problematik mit Hilfe der Matrix analysiert worden ist, müssen diese Erkenntnisse in ein Gesprächsvorbereitungsmodell übertragen werden.

<u>Grundsatz:</u>

Verabschieden Sie sich von der Vorstellung, dass Sie ein Kritikgespräch aus dem Ärmel schütteln können, denn

a) Es empfiehlt sich, in Ruhe die verschiedenen Antwortmöglichkeiten Ihres zukünftigen Gesprächspartners zu ergründen und sich dann auch in Ruhe Gegenantworten und Argumente zurechtzulegen. Im Zuge des Gesprächs – wenn Emotionen auch Ihren Adrenalinpegel hochschnellen lassen, fehlen Ihnen die entsprechenden freien Gedanken dazu (7+-2)

b) Es ist ein Zeichen von Respekt und Wertschätzung Ihrem Gesprächspartner gegenüber, dass Sie sich die Zeit nehmen, sich ordentlich vorzubereiten

c) Sie werden als ein kompetenter Vorgesetzter empfunden, der sich fair und intensiv um seine Mitarbeiter kümmert und kommunikativ nicht zu unterschätzen ist. Jedes ordentlich durchgeführte Gespräch verbessert Ihr Standing im Team.

d) Es ist keine Sache, die Sie analog zu einem Computerspiel ständig wiederholen können, bis es irgendwann funktioniert. Sie haben oft genug nur die eine Chance, es gut zu machen und Ihren Mitarbeiter wieder auf die richtige Spur zu bringen. Wenn Sie im Gespräch die Führung und somit die Oberhand verlieren, wird ein zweites Gespräch zu dem gleichen Thema – auf das Sie sich dann vielleicht vorbereitet hätten - nur noch als armselig empfunden.

Für die Gesprächsvorbereitung möchte ich Ihnen – abhängig von Zeit, Komplexität und auch Geschmack – 3 Modelle vorstellen.

Gesprächsvorbereitung nach Schulz von Thun

Das erste Modell basiert auf der Theorie der 4 Ohren von Friedemann Schulz von Thun und ist wohl das einfachste und praktikabelste Modell zur Vorbereitung eines wichtigen Kritikgesprächs.

Dieses ganzheitliche Vorgehen sorgt dafür, dass Sie im Laufe des Gesprächs den roten Faden niemals verlieren, immer dem Gesprächspartner gerecht und ihre Ziele deutlich vor Augen behalten werden.

Gespräche gezielt vorbereiten

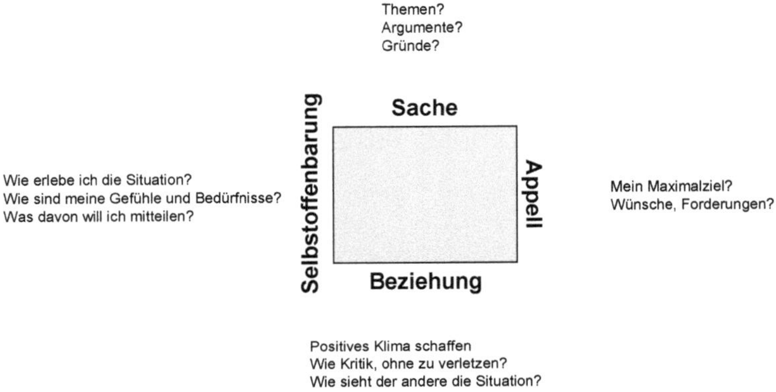

Zur Sache:

Sie müssen wissen, worum es geht. Daher ist es entscheidend alle wesentlichen **Fakten, Gründe** und gegnerischen **Argumente** zu kennen, um Gegenpositionen oder Lösungsansätze entwickeln zu können.
Das Vorgehen entspricht hierbei in etwa dem Beispiel von der Analyse der Verspätung Ihres Mitarbeiters. Nutzen Sie die Matrix als Checkliste.

Zum Appell:

Gehen Sie immer mit Zielen in ein Gespräch. Diese Ziele sorgen dafür, dass Sie nicht vom Weg abkommen oder zumindest wieder auf den richtigen Weg zurückfinden werden. Es gilt hierbei 2 Arten von Zielen zu unterscheiden. Zum einen sollten Sie Ihr **Idealziel** formulieren. Was wollen Sie im besten Fall mit dem Gespräch bewirken? In dem Verspätungsbeispiel wäre das die vollständige Abstellung dieses Verhaltens in der Zukunft – basierend auf einer Einsicht des Mitarbeiters.

Aber Sie werden nicht immer das ganz große Ziel im Gespräch erreichen. Daher ist es unumgänglich, ein **Minimalziel** zu formulieren, etwas, was Sie auf jeden Fall mit diesem Gespräch anstoßen wollen. In unserem Beispiel wäre das eine Sensibilisierung des Mitarbeiters auf die negativen Konsequenzen ständigen Zuspätkommens. Er muss es fühlen, dass es falsch ist und dass es zukünftig so nicht weiter gehen kann.

Zur Beziehung:

Ein Kritikgespräch soll konstruktiv sein, mit einem Gesprächspartner, der das Gefühl haben muss, dass Sie zusammen mit ihm sprechen und nicht gegen oder über ihn.

Checken Sie also, inwieweit Sie das positive Gefühl des Miteinanders schon vorab entwickeln können.

Machen Sie sich Gedanken über sehr positive gemeinsame Erlebnisse aus der Vergangenheit. Bereiten Sie Kaffee und Kekse vor – noch besser: Getränke oder Darreichungen, von denen Sie wissen, dass Ihr Mitarbeiter diese besonders schätzt. Das ist kein Einschleimen, sondern ein Zeichen der Wertschätzung.

Bedenken Sie bitte stets, dass ein Kritikgespräch keine Abrechnung mit einem charakterlosen und nichtsnutzigen Mitarbeiter ist. Sehen Sie es vielmehr als einen Versuch, eine zuvor vertrauensvolle gute Zusammenarbeit wieder in die richtige Bahn zu lenken.

Auch der Ort und die Zeit des Treffens haben einen Einfluss auf die spätere Wirkung des Gesprächs. Wenn Sie dieses Gespräch in Ihrem Büro – Ihrem Revier also – durchführen wollen, Sie hinter dem Schreibtisch sitzend, er vor Ihnen auf dem Besucherstuhl, durch den Schreibtisch als Barriere getrennt, dann vergessen Sie es einfach. Suchen Sie sich ein neutrales Terrain. Reduzieren Sie von vornherein mögliche Ängste. Suchen Sie einen runden Tisch oder sitzen Sie über Eck, um die Darstellung der Hierarchie zu reduzieren. Es bringt Ihnen doch nichts, in einem konstruktiven Gespräch Dominanz zu zelebrieren.

Ich bin in der Vergangenheit schon zu Mitarbeitern nach Hause gefahren, um mich ganz bewusst in ihre Wohlfühlzone zu begeben und Ihnen Wertschätzung zu erweisen. Ich habe es auf mich genommen, in meiner Freizeit den Weg zum Mitarbeiter zu fahren, anstatt ihn zu mir ins Büro kommen zu lassen. Natürlich lässt sich ein solcher Besuch nicht immer durchführen, aber Sie wären überrascht, welche Wirkung Sie damit erreichen können.

Ein weiterer Punkt der Beziehungsebene ist es, dem Mitarbeiter eine Vorbereitung auf das Gespräch zu ermöglichen. Also gehen Sie nicht einfach zu Ihrem

Mitarbeiter, wenn es Ihnen gerade passt, weil Sie sich vorbereitet haben, und bitten ihn, direkt einmal zu Ihnen zum Gespräch zu kommen. Das ist unfair. Ich erinnere mich in diesem Zusammenhang an eine Diskussion mit einem ehemaligen Mitarbeiter, einer Führungskraft. Als ich in einer internen Schulung diese Überlegungen einbrachte, meinte er nur, dass es doch Irrsinn wäre, auf diesen Vorteil zu verzichten. Ihm erschien es einfacher, den Mitarbeiter im Gespräch zu überrollen, ihm keine Chance auf eine vorbereitete Verteidigung zu geben. Natürlich ist es einfacher, aber Sie verlieren dadurch vielleicht Ihren Mitarbeiter. In einem konstruktiven Kritikgespräch geht es nicht um den totalen Sieg[86], sondern in der Regel um eine Konsensfindung zweier starker, sich schätzender Gesprächspartner. Und seien wir ehrlich: Jede Führungskraft sollte besser geschult sein als seine Mitarbeiter, wenn es darum geht, das Führungsinstrument ‚Kritisches Gespräch' einzusetzen. Und wer es nicht ist, der sollte sich Gedanken machen, ob der Job wirklich der richtige für ihn ist!

<u>Zur Selbstoffenbarung:</u>

Je mehr Sie von sich in das Gespräch einbringen, desto wertschätzender werden Sie im Gespräch. Ihr Mitarbeiter honoriert es zumeist, wenn Sie etwas von sich preisgeben. Und es gibt zwei Arten von Offenbarungen.

---

[86] Die Assoziation zum Sportpalast ist zwar hart, aber ich habe so viele Gespräche miterlebt, in denen es anscheinend um die Vernichtung des anderen ging.

Sie können erzählen, dass Sie etwas Ähnliches früher selbst bei Ihrem Vorgesetzten erlebt haben und also wissen, wie Ihr Mitarbeiter sich jetzt fühlen würde. Dadurch reduzieren Sie die Distanz und fördern das Miteinander, wenn er mitbekommt, dass auch Sie Fehler zugeben können.

Oder Sie offenbaren ihm, welche Gefühle er mit seinem Verhalten bei Ihnen auslöst, welche Emotionen hochkochen oder auch welche Konditionierungen bei Ihnen durch sein Verhalten angesprochen werden. Diese Art Offenbarung erlaubt es Ihrem Mitarbeiter, ein Stück Ihrer persönlichen Gefühlswelt zu erkennen, was ebenfalls Nähe und Verständnis erzeugen wird.

Zusammenfassung:

Versuchen Sie, in Ihrer Gesprächsvorbereitung alle wesentlichen Ebenen zu berücksichtigen. Schaffen Sie eine klare Faktenlage. Gehen Sie in kein Gespräch ohne Ziele. Je schwächer die Faktenlage, desto wichtiger wird die Beziehungsebene. Und selbst bei klarer Faktenlage sorgen Sie mit einer positiven Beziehungsebene für eine wertschätzende und positive Gesprächsbasis, die eine gute Chance auf eine konstruktive Lösung des Problems bietet. Und zu guter Letzt sollten Sie niemals das Einfließen eigener emotionaler Erfahrungen zu dem besprochenen Thema unterschätzen – dadurch erschaffen Sie Nähe und Verständnis.

Malen Sie sich tatsächlich das Kreuz von Schulz von Thun auf und befüllen Sie die einzelnen Felder. Dann können Sie nichts vergessen. Unterschätzen Sie niemals die positive Wirkung einer Gesprächsvorbereitung auch auf private Themen wie etwa den nächsten Urlaub oder die Diskussion ums Zimmer-Aufräumen. Es wird sich für Sie lohnen. Und je öfter Sie es nutzen, desto schneller werden Sie, desto mehr werden Sie diese Abläufe und Strukturen verinnerlichen und unbewusst nutzen.

Für die Vorbereitung eines Gesprächs sollen hier zusätzlich **zwei weitere Modelle** beschrieben werden:

Als Fan der Weisheit der alten Griechen soll hier auch der Dritte im Bunde der großen griechischen Philosophen nicht fehlen. Nach Sokrates und seiner Idee vom Wissen, dessen Schüler Platon und seinem Höhlengleichnis darf nun auch dessen Schüler Aristoteles nicht fehlen. Aristoteles war ein ordnender Geist. Er hat versucht, im Rahmen seiner akademischen Laufbahn die Ideen der Welt zu strukturieren und zu systematisieren.

Als Lehrer Alexander des Großen war er im 4. Jahrhundert vor Christus natürlich auch sehr einflussreich in Bezug auf die Weitergabe seiner Ideen und Modelle. Als begnadeter – zumindest theoretischer – Rhetoriker hat er seine Vorgaben für die Vorbereitung einer begeisternden Rede formuliert.[87]

---

[87] Vgl. Aristoteles: Rhetorik. Reclam 2020

Von der Idee zum Vortrag – die Formel des Aristoteles

Als passionierter Systematiker ging es Aristoteles darum, uns ihm Nachfolgenden eine Checkliste für die Vorbereitung einer Rede – und somit auch eines Gesprächs – zu hinterlassen.
Starten sollten wir mit dem Sammeln aller Fakten, Argumente, Gründe, etc. Im Sinne eines Brainstormings wird alles schriftlich festgehalten, was interessant oder wichtig für das Thema sein könnte:

1. <u>inventio</u>
   die Sammlung aller benötigten Informationen – quasi eine Inventur all dessen, was da ist

Auf die Inventur folgt die qualitative Bewertung, also die Priorisierung und Anordnung des Gesammelten.

2. <u>dispositio</u>

   das Strukturieren, Gliedern, Auswählen der vorab gesammelten Inhalte in Bezug auf Ziel, Bedingungen, Gesprächspartner, sich selbst, etc.

Schon in Kapitel 1 habe ich darauf hingewiesen, dass Inhalte für das Gedächtnis gehirngerecht verpackt werden müssen. Rhetorische Figuren wie Metaphern, bildhafte Vergleiche, Alliterationen, Akronyme, Euphemismen, Gleichnisse oder auch Thesen/Antithesen sorgen dafür, dass die zu vermittelnden Inhalte ihr Ziel auch erreichen – das Gedächtnis! Die Werbung arbeitet sehr intensiv mit der Rhetorik und ihren Stilmitteln. Werbeslogans wie ‚Milch macht müde Männer munter' oder ‚Mars macht mobil.' sind eindrucksvolle Beispiele für die Wirkung von Alliterationen.[88] Und das beste Beispiel ist die Bibel. Sie strotzt nur so vor Gleichnissen, die dafür sorgen, dass sie über Jahrhunderte von Mensch zu Mensch weitererzählt werden konnte.

3. elocutio

   das Lebendigmachen der Inhalte, die Integration rhetorischer Mittel, das Nutzen von Beispielen und Bildern, die direkte Ansprache, die Emotionalisierung des Zuhörers

Auch wenn es anstrengend ist, kommen wir nicht drum herum, die gesammelten, strukturierten und lebendig gemachten Inhalte so zu erlernen, dass wir sie absolut beherrschen – eine Mischung aus Auswendiglernen und sinnhafter Strukturierung also.

4. memoria

   das ‚Ins Gedächtnis bringen' der Inhalte durch Zusammenfassung der Zusammenfassung der Zusammenfassung (usw.) und durch die Verinnerlichung des roten Fadens

[88] Auch wenn die Jüngeren unter Ihnen gerade keine Ahnung haben, wann diese Slogans so gebraucht wurden

Und wenn wir wissen, was wir zu sagen haben, dann müssen wir die Abläufe einüben, die Betonungen ausprobieren, die Körpersprache hinterfragen und verändern und den Vortrag so lange üben, bis wir ihn perfekt beherrschen.

5. actio

   Üben, auf Audio und Video aufnehmen und analysieren, wiederholen

In meinen Schulungen frage ich nach der Vorstellung dieses Systems meine Teilnehmer, welche Stufen sie bei ihren Vorbereitungen von Reden tatsächlich abarbeiten. Zumeist bleibt es bei den ersten beiden Stufen. Elocutio fällt den meisten unendlich schwer, weil sie diesbezüglich nicht ausgebildet wurden und sie dafür überhaupt kein Gefühl haben.

Und memoria und actio sind nicht schwer, aber zeitaufwändig und widersprechen der Bequemlichkeit oder besser Faulheit der Mehrzahl der Menschen. Gerade bei den letzten beiden Punkten möchte ich mich selbst nicht herausnehmen. Diese kommen bei mir auch immer zu kurz. Ich rede mir dann ein, dass ich durch die Vielzahl der Gespräche oder Reden, die ich in meinem Leben geführt oder gehalten habe, es nicht mehr nötig habe. Das ist eine wunderbare Art, sich selbst zu belügen. Klar brauche ich nicht mehr so lang wie andere, aber gerade bei Reden, bei denen ich nicht einfach vom Blatt ablese, muss ich auswendig lernen und üben.

Das didaktische Achteck

In meiner Zeit bei der Bundeswehr habe ich im Zuge eines Lehrgangs am ‚Zentrum für Innere Führung' in Koblenz das erste Mal Kontakt zum didaktischen Achteck gehabt.
Es ist konzipiert als Unterrichtsvorbereitungstool, kann aber natürlich auch für die Vorbereitung von Reden und Gesprächen herangezogen werden.

Das didaktische Achteck ist wohl das kompletteste Vorbereitungstool. Es sollen alle Einflussfaktoren auf die Durchführung eines Unterrichts vorher analysiert und erörtert werden, so dass die Möglichkeiten und auch Unmöglichkeiten erfasst werden können. Insbesondere das Erkennen von Unmöglichkeiten ist dabei der entscheidende Vorteil dieses Modells.

<u>Was muss ich also darunter verstehen?</u>

Wenn ich Ziele definiere, kann ich sie nur mit der Darstellung bestimmter Inhalte erreichen. Und wenn ich diese Inhalte nicht beherrsche, dann fällt es schwer, sie auszubilden.

Wenn ich mich für ein Ausbildungsverfahren wie eine Gruppendiskussion entscheide, dann muss ich als Ausbilder einen hohen Wissensstand mit viel Erfahrung und ein großes rhetorisches Geschick vorweisen. Ein Anfänger sollte die Finger von einer Gruppendiskussion lassen, da diese ohne Führung und Kompetenz sehr schnell aus dem Ruder laufen kann.

Wenn ich das Ausbildungsmittel Powerpoint-Präsentation wähle, dann benötige ich Strom, einen Beamer und vielleicht noch WLAN. Wenn aber die organisatorischen Bedingungen es nicht hergeben, dann muss ich das Ausbildungsmittel verändern.

Wenn ich lauter Doktoranden für ein Basisseminar vor mir sitzen habe, dann muss ich das Lerntempo und die Schwerpunkte anders definieren als bei Nichtakademikern, die statt Checklisten lieber Anekdoten hören möchten.

Wenn ich als Ziel eine Sensibilisierung für die Thematik des Führens festgelegt habe, dann kann ich auf eine Erfolgskontrolle verzichten. Wenn ich allerdings in einem Unternehmen arbeite, mit der Vorgabe des Geschäftsführers, dass die Mitarbeiter die einzelnen Themen auch wirklich beherrschen sollen, dann ist eine Erfolgskontrolle unverzichtbar.

Wenn ich abends arbeite, nach einem langen Arbeitstag für die meisten Mitarbeiter, dann muss ich die Dauer der Schulung anpassen und zudem für mehr Pausen sorgen. Auch muss meine Sprache noch lebendiger sein, es geht darum, die Teilnehmer intensiver einzubinden, sie nicht wegnicken zu lassen.

Wenn ich nur einen begrenzten Raum zur Verfügung habe, dann muss ich vielleicht die Tische entfernen, um mehr Platz für die Teilnehmer zu erhalten. Dann kann i.d.R. nicht richtig mitgeschrieben werden. Also muss ich für diese Seminarinhalte Lernmaterial vorbereiten und später verteilen.

Sie sehen also, alle einzelnen Faktoren bedingen sich gegenseitig. Wenn sich der eine verändert, dann muss ich auch den anderen anpassen. Die für Sie entscheidenden sind Sie selbst als Ausbilder, Ihre Fähigkeiten und Fertigkeiten, Ihre Ziele und Ihre Inhalte. In diesen Faktoren können Sie sich weiterbilden und vervollkommnen. Je besser die 3 Faktoren sind, desto weniger abhängig sind Sie von den anderen. Sie können sich dann leicht auf alle Eventualitäten einstellen.

Das Didaktische Achteck ist also ein **Planungs-, Durchführungs- und Auswertungsmodell** für Unterricht und Ausbildung. Es entsteht durch die systematische Darstellung aller Faktoren, die die Ausbildung letztlich ermöglichen und beeinflussen, unter Beachtung der gegenseitigen Abhängigkeiten.
Es geht auf J. Zielinski zurück.[89] und findet auch in der Wissenschaft und der Wirtschaft Verwendung.

Das nachfolgend beschriebene Modell wurde in Richtung Gesprächsvorbereitung angepasst.

---

[89] Ausbildung der Ausbildenden, Pädagogische Berufsausbildung von Erwachsenen, Düsseldorf 1972

Das „Didaktische Achteck“

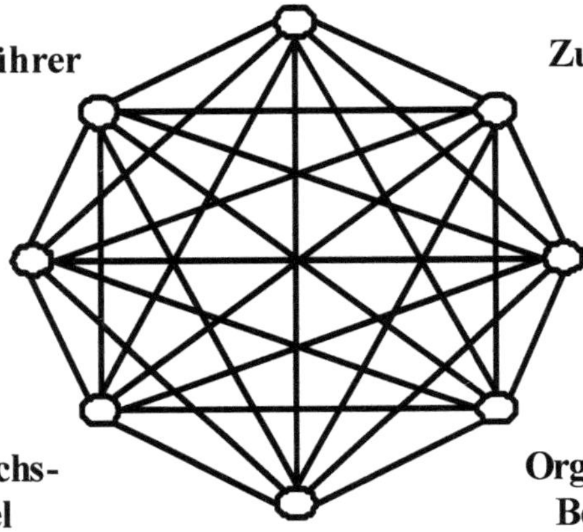

Gesprächsziel: Minimal- und Optimalziel für das Gespräch

Zuhörer: Beachtung von individuellen Voraussetzungen, von Motivation, Intelligenz, Beziehungen, Vorkenntnissen, Konstitution, Erfahrung, Gesundheit, Belastung, etc.

Gesprächsverfahren: Auswahl der für das Erreichen der Gesprächsziele am besten geeigneten erfahren (Gruppengespräch, Einzelgespräch, Diskussion)

Org. Bedingungen: Beachtung der räumlichen und zeitlichen Voraussetzungen (Welcher Raum, welche Sitzordnung, zu welcher Zeit, welche Atmosphäre, Dauer, Kaffee, Getränke, Kekse, etc.)

Erfolgskontrolle: Überlegungen, wie der Gesprächserfolg am besten kontrolliert werden kann, Zielvereinbarungen, Terminierungen für Veränderungen

Gesprächsmittel: Auswahl der für das Erreichen der Gesprächsziele am besten geeigneten Medien (Handouts, Beweisunterlagen, Beamer, Flipchart, etc.)

Gesprächsinhalt: Auswahl des Inhalts gem. Matrix, der vorbereitet und vermittelt werden muss, um die Gesprächsziele zu erreichen., Strukturierung und Priorisierung der Fakten und Argumente

Personalführer: Vorbildung und Vorbereitung des Personalführers, persönliches Verhältnis zum Mitarbeiter, Belastung, Konstitution, Zeit der Vorbereitung, Erfahrung, rhetorische Techniken Fachkompetenz, Beherrschung von Mitteln und Methoden, Persönlichkeit

- Die einzelnen (dargestellten) Faktoren stehen dabei alle untereinander in einem Beziehungs- und Abhängigkeitsverhältnis.

- Veränderungen bei einem Faktor können (und werden i.d.R.) zu Konsequenzen bei den anderen Elementen führen.

- Diesen Sachverhalt sollte und muss der Personalführer grundsätzlich berücksichtigen, wenn er sich auf Gespräche vorbereitet.

Zusammenfassung:

Ich habe Ihnen drei Modelle zur **Gesprächsvorbereitung** vorgestellt. Alle haben ihre Existenzberechtigung und können genutzt werden. Aber es ist auch mit diesen Modellen so wie mit den meisten Modellen in diesem Buch: Suchen Sie sich das Modell aus, das am besten zu Ihnen passt, bei dem Sie das beste Gefühl haben. Wichtig ist nur, dass Sie zukünftig entscheidende Gespräche wirklich intensiv vorbereiten, um Ihre Ziele mit den Mitarbeitern auch verwirklichen zu können.

7 Phasen des kritischen Gesprächs

Nach der Gesprächsvorbereitung fehlt jetzt nur noch der Abschluss – die Durchführung des Kritikgesprächs. Die **7 Phasen des kritischen Gesprächs** sollten Sie auf jeden Fall verinnerlichen. Es muss Ihnen irgendwann gelingen, Ihre Gespräche immer – selbst, wenn diese spontan stattfinden – nach diesem oder einem ähnlichen Muster zu führen, um Erfolg zu haben. Glauben Sie mir. Das erfolgreiche Bestehen von

Gesprächen ist ein wesentlicher Bestandteil Ihrer Arbeit als kompetenter Menschenführer.

Die 7 Phasen des kritischen Gespräches

Kontakt herstellen

Anlass sachlich darstellen

Mitarbeiter kommt zu Wort

Bewertung des Sachverhalts

Lösung gemeinsam suchen

Künftiges Verhalten vereinbaren

Positiver Schlusskontakt

Behalten Sie dieses Modell als roten Faden ständig im Hinterkopf. Lassen Sie sich nicht vom Weg abbringen. Gerade renitente Mitarbeiter neigen dazu, durch Ablenkung, unbewiesene Statements oder auch das Einbringen intensiver, zum Teil unangebrachter Emotionen den Ablauf des Gesprächs zu stören und Sie aus dem Konzept zu bringen. Wenn Sie allerdings stets wissen, in welcher Phase Sie sich gerade befinden, dann

werden Sie nicht überrascht, ausgetrickst und vom Weg abgebracht.
Dann werden Sie mit Formulierungen wie ‚Lassen Sie uns einmal zur sachlichen Darstellung zurückkehren.', ‚Ich kann Ihre Emotionen nachvollziehen, aber es geht jetzt darum, die Fakten zu klären.' oder ‚Ich habe Sie nach konstruktiven Lösungsansätzen gefragt. Was wäre denn jetzt Ihre Idee?' zum roten Faden zurückkehren und Ihrem Mitarbeiter klarmachen, dass Sie das Gespräch auch wirklich führen.

Einige grundsätzliche Aussagen zum idealtypischen Ablauf:

Kontakt herstellen:
Es geht um die Begrüßung, um die Berücksichtigung der Beziehungsebene. Es muss Ihr Ziel sein, eine positive Grundlage für Ihr Gespräch zu schaffen. Wie wollen Sie sonst ein negatives Thema positiv bewältigen, wenn Sie das Gespräch schon ohne Wertschätzung beginnen. Bedenken Sie: Selbst, wenn der Kollege gerade viel Mist gebaut hat, dann werden Sie doch bestimmt viele positive Erfahrungen mit ihm gemacht haben, die es jetzt anzusprechen gilt. Und wenn Sie keine positiven Erfahrungen mit ihm haben, dann müssen Sie sich die Frage stellen, warum er überhaupt für Sie arbeitet.

Anlass sachlich darstellen:
Sie führen dieses Gespräch. Also definieren Sie direkt zum Start des Gesprächs, worum es geht. Sie beschreiben sehr sachlich die Fehlleistung, das Problem oder die aufgetretenen Schwierigkeiten. Es ist sehr wichtig,

den Anlass sehr klar zu definieren, weil er die Basis für Ihren roten Faden ist. Ansonsten kann es passieren, dass das Gespräch aus dem Ruder läuft, Sie über andere Themen diskutieren und Ihr Mitarbeiter Sie geschickt vom eigentlichen Thema ablenkt. Sie müssen stets die Möglichkeit haben, auf den Punkt zurückzukommen – und der Punkt ist die sachliche Definition.

Mitarbeiter kommt zu Wort:
Die Stellungnahme Ihres Mitarbeiters ist essenziell für ein wertschätzendes Gespräch. Bedenken Sie aber immer, dass Sie dieses Gespräch führen. Ausschweifungen müssen unterbunden werden. Sie wollen in dieser Phase des Gesprächs verstehen, wie es zu dem Problem gekommen ist. Und Sie werden so lange nachfragen, bis Sie es verstehen. Es ist die Chance Ihres Mitarbeiters, sich zu erklären. Und diese müssen Sie ihm lassen.

Bewertung des Sachverhaltes:
Ihr Mitarbeiter wird Ihnen Erklärungen liefern, die unlogisch, falsch, unpassend, ausweichend oder befremdlich sind. Er wird Sie mit diesen Antworten verdutzen, beleidigen, irritieren oder auch nur verwirren. Aber Sie müssen die Antworten bewerten, Sie müssen sie entschlüsseln, Sie müssen in ihnen die Essenz erkennen und Sie müssen Sie jederzeit im Hinblick auf die Sachlage analysieren und beurteilen können. Je besser Sie sich gemäß der Matrix vorbereitet haben, je mehr Fakten Ihnen vorliegen, je besser Sie sich in Ihren Mitarbeiter hineingedacht haben, je besser Sie seine Argumente vorausgeahnt haben, desto leichter wird es

Ihnen fallen, die richtige Entgegnung für die Erklärungen Ihres Mitarbeiters zu finden und den roten Faden einzuhalten. Stellen Sie es sich wie beim Tennis vor: Er schlägt auf, Sie retournieren. Jeder Schlag von ihm wird von Ihnen beantwortet. Und wenn er einen Stopball spielt, dann wissen Sie schon vorher, dass das passieren wird und stehen bereits am Netzt. Sie haben die Kontrolle. Sie sind besser vorbereitet. Sie haben bessere rhetorische Fähigkeiten. Sie werden gewinnen – und zwar für Sie, den Mitarbeiter und das gesamte Team.

Lösung gemeinsam suchen:
Niemand macht gerne das, was ihm vorgeschrieben wird. Wenn Sie Ihren Mitarbeiter aber dazu kriegen, einen Lösungsansatz für die Bewältigung der Situation selbst vorzuschlagen, dann haben Sie schon fast gewonnen. Und wenn Sie ihn im Gespräch vorher schon in Richtung der von Ihnen bevorzugten Lösung geführt haben, dann wird er Ihnen das vorschlagen, was Sie wollten. Es ist nicht schwer, jemanden dazu zu kriegen, da es auch nicht unendlich viele mögliche Lösungen für betriebliche Situationen gibt. Und je besser Sie vorbereitet sind, desto klarer haben Sie diese mit allen Argumenten dafür und dagegen schon vorher ausgearbeitet. Wichtig: Der Mitarbeiter muss das Gefühl haben, dass er den Lösungsansatz vorgeschlagen hat. Dann ist die Wahrscheinlichkeit der Umsetzung deutlich höher, da seine Motivation dann ebenfalls gestiegen sein wird. Wir machen einfach die Dinge lieber, die wir uns selbst ausgedacht haben.

Künftiges Verhalten inklusive Konsequenzen bei Nichterfüllung vereinbaren:
Es reicht nicht, die gemeinsame Lösung zu finden – sie muss auch als künftiges Verhalten formuliert werden. Und es ist entscheidend, dass in diesem Zusammenhang die Konsequenzen bei Nichterfüllung formuliert werden. Wir Menschen lernen am besten, wenn es um etwas geht, wenn unser Verhalten Ich-nahe[90] Folgen für uns hat.

Diese Konsequenzen sollen nicht gleich Abmahnungen sein. Seien Sie kreativ, was inhaltlich als Konsequenz zu einem möglichen Fehlverhalten am besten passt. Eine für den Mitarbeiter negative Veränderung seines Aufgabenspektrums, Reduzierung von Privilegien, eine schriftliche Ermahnung oder auch nur das Aufräumen der Werkstatt oder ein Wochenenddienst – Sie haben viele Möglichkeiten.

Ich weise allerdings an dieser Stelle darauf hin, dass das Vorhandensein eines **Betriebsrates** von Ihnen bitte berücksichtigt werden muss. Integrieren Sie den Betriebsrat von vornherein in die Problematik, beteiligen Sie ihn an der Lösungsfindung und machen Sie ihm klar, dass Sie dieses kritische Gespräch auch und vor allem für den Mitarbeiter führen – damit keine Abmahnung oder auch Kündigung erfolgen muss. Integrierte Betriebsräte sind i.d.R. Ihre beste Unterstützung, da auch sie durch diese Integration in ihrer Arbeit wertgeschätzt werden.

[90] Folgen, die uns berühren oder auch bedrohen, die zumindest Herausforderungen bedeuten

Positiver Schlusskontakt:
Die Verabschiedung muss positiv besetzt werden. Wieder ist es so, dass der Mitarbeiter die Erinnerungen an die letzten Augenblicke des Gesprächs besonders gut erinnern wird. Bedanken Sie sich für dieses konstruktive Gespräch. Sagen Sie ihm, dass Sie nach diesem Gespräch ein gutes Gefühl haben. Verweisen Sie auf gemeinsame positive Erfahrungen in der Vergangenheit. Und machen Sie Ihrem Mitarbeiter auch klar, dass die Konsequenzen zwar ernst gemeint sind, Sie aber nicht glauben, dass sie nötig sein werden.

Diese Art der Gesprächsführung kann und sollte in jeder entsprechenden Situation auch für Lieferanten, Partner oder Kinder genutzt werden. Sie darf in keinem Rüstzeug eines Führenden fehlen!

Die Essenz dieses Buches

Es ging mir darum, anwendbares Wissen zur Analyse menschlichen Verhaltens zu präsentieren, das ich selbst über Jahre erfolgreich in die Personalführung und vielleicht etwas weniger erfolgreich in meine Partnerschaften eingebracht habe[91].

Dieses Wissen sollte praktikabel und für jedermann umsetzbar und zudem, unterstützt durch viele Beispiele und Checklisten, modular anwendbar sein, d.h. jeder Leser sollte sich auch einzelne Teilbereiche heraussuchen können, ohne das Buch in seiner Gesamtheit zu verarbeiten.

Ich verspreche Ihnen eines: **Die Matrix wird Sie verfolgen**. Sie werden versuchen, sie überall anzuwenden. Sie werden sich ausprobieren und Sie werden Erfolge haben. Sie werden die Funktionsweisen und Hintergründe des menschlichen Verhaltens besser verstehen lernen und Sie werden mehr Erfolg in der Führung von Menschen haben.

Ich habe immer wieder angesprochen, dass ich kein Verständnis dafür habe, wie fahrlässig mit der Weitergabe dieses Wissens in Schule, Ausbildung und sogar Studium umgegangen wird. Dieses Wissen lässt uns menschliches Verhalten besser verstehen – und von

---

[91] Zumindest aber konnte ich analysieren und auch verstehen, was in den Beziehungen schiefgelaufen ist, um Rückschlüsse daraus für die zukünftige Partnerwahl zu treffen. 😊

diesem menschlichen Verhalten sind wir umgeben wie die Fische vom Wasser.

Im übertragenen Sinn hat es David Foster Wallace in seinem Buch ,This is water.' ganz wunderbar beschrieben. Die Fische wissen nichts von dem Wasser, das sie umgibt. E

s ist da, aber nicht in ihren Köpfen.

,Schwimmen zwei junge Fische des Weges und treffen zufällig einen älteren Fisch, der in die Gegenrichtung unterwegs ist. Er nickt ihnen zu und sagt: " Morgen Jungs. Wie ist das Wasser?" Die zwei jungen Fische schwimmen eine Weile weiter, dann wirft der eine dem anderen einen Blick zu und sagt: „Was zum Teufel ist Wasser?

Was heißt das für uns?

Sei achtsam. Hab einen Blick auf das, was dich umgibt. Löse deine Fesseln und verlasse deine Höhle. Du bist nicht der Mittelpunkt des Universums. Interessiere dich für deine Mitmenschen, für ihre Intentionen, Motivationen und Gefühle. Interessiere dich für dich selbst, warum du die Dinge tust, die du tust, was du verändern kannst, wie du dich weiterentwickeln solltest. Frage und fordere Antworten. Sei tolerant und flexibel im Denken, aber denke. Hör nicht auf zu denken.

Sei zweifelnd, wo Zweifel angebracht sind. Sei aufgeklärt und suche nach dem Wissen und dem Verstehen. Und dann übe dich in der Anwendung. Gib nicht auf und trainiere. Mach Fehler und lerne aus ihnen. Bis du es bewusst beherrschst Und dann trainiere weiter. Bis du es, ohne darüber nachzudenken, richtig machst, es anwenden kannst. Und dann mach weiter mit der Verinnerlichung weiteren Wissens. Entwickle deine unbewusste Kompetenz und dich selbst.

Überraschenderweise hat schon Johann Wolfgang von Goethe Anfang des 19. Jahrhunderts gewusst, wie die Quintessenz meines Buches lauten würde:

Es ist nicht genug zu wissen - man muss auch anwenden.

Es ist nicht genug zu wollen - man muss auch tun!

Literaturverzeichnis

Internetquellen:

https://studienart.gko.uni-leipzig.de/antike-poster/2018/06/19/das-hoehlengleichnis-nach-platon/

https://www.brgdomath.com/psychologie/lernen-und-ged%C3%A4chtnis-tk-3/was-passiert-beim-lernen-im-gehirn/

http://lernen.lerntipp.at/852/die-tiefe-der-verarbeitung-von-lerninhalten, © Werner Stangls Texte zum Lernen

http://www.paradisi.de/Freizeit_und_Erholung/Bildung/Gehirntraining/Artikel/22127.php

https://www.karteikarte.com/card/2195541/das-ein-speichermodell-craig-und-lockhart-1972

https://www.krupa.biz/motivation-auf-den-punkt-gebracht/

Wikipedia.de – Herzbergs Zweifaktorentheorie

Wikipedia.de – Split Brain

http://www.cf-businesscoaching.de/typolight-2.6.3/tl_files/clean_blue/Kommunikationstest.pdf

Paul Watzlawick: Anleitung zum Unglücklichsein http://www.onlinecat.de/Leseproben/watzlawick.htm

Fachzeitschriften:

ManagerSeminare, Heft 159, Juni 2011, S. 53

Arbeitshefte Führungspsychologie. Band 14. I.H. Sauer-Verlag 1994.

Fachbücher:

Arbeitspsychologie. Eberhard Ulich. Vdf Hochschulverlag AG 2011

Aristoteles: Rhetorik. Reclam 2020

Ausbildung der Ausbildenden, Pädagogische Berufsausbildung von Erwachsenen, Düsseldorf 1972

Biologische Psychologie. Birbaumer und Schmidt. Weltbild 1996

Denken, Lernen, Vergessen. Frederic Vester. Was geht in unserem Kopf vor, wie lernt das Gehirn und wann läßt es uns im Stich? dtv 1978

Der Chef, den keiner mochte. Markus Jotzo. Gabal 2014. S. 95

Die gesellschaftliche Konstruktion der Wirklichkeit. Berger und Luckmann. Fischer Taschenbuch 1980. S. 139-204

Die Impact Strategie. Führen für Fortgeschrittene. Thomas Fritzsche u.a. Verlah Hans Huber 2014.

Die Kunst der Überzeugung. Wie Sie jeden Menschen in kurzer Zeit überzeugen können. Kevin Hogan. Junfermann Verlag 2007.

Die Kunst des klugen Handelns. Rolf Dobelli. Hauser 2012. S. 193

Dunkle Psychologie. Emery Green. Die hellen und dunklen Triaden
Lernpsychologie für den beruflichen Alltag. S. 51. Heineken/Habermann. 3. Auflage.
Schnelles Denken, langsames Denken. Daniel Kahnemann. Siedler Verlag 2012
(vgl. Online Lexikon für Psychologie und Pädagogik)

Einführung in das Studium der Soziologie. Joachim Matthes. Rororo Verlag 1973.

Einführung in die Wahrnehmungspsychologie. Anton Hajos. WBG Verlag

Enzyklopädie der Psychologie. Hrsg: Kuhl und Heckhausen. – Band 4: Prof. Thomas Goschke, 1996,

Grundwissen Soziologie. Rolf Eickelpasch. Ernst Klett Verlag 1999.

Handbuch der psychologischen Theorien. Ann F. Neel. Fischer Taschenbuch Verlag 1986

Handbuch der Arbeits- und Organisationspsychologie. Schuler und Sonntag (Hrsg). Hogrefe 2007

Hirnrissig. Henning Beck. Carl Hanser Verlag 2014.

Lernen und Verhalten. Grundlagen der Optimierung von Lernen und Lehren. Werner Correll. Fischer Taschenbuch Verlag 1978. S. 24

Menschen lesen. Joe Navarra. Vgl. S. 22ff. mvg-Verlag. 21. Auflage 2020

Miteinander reden 1. Störungen und Klärungen, 2. Stile, Werte und Persönlichkeitsstörungen. Friedemann Schulz von Thun. Rororo 1998.

Motivation. Begeisterung ist übertragbar. Klas Kobjoll. Orell Füssli Verlag 1994.

Neuroleadership – Grundlagen, Konzepte, Beispiele. Theo Peters, Argang Khadiri. Gabler Verlag 2011

Psychologie der Kommunikation. S.33 ff. Jessica Röhner und Astrid Schütz. Springer 2012

Schlüsselbegriffe der Soziologie. Hans Paul Bahrdt. C.H. Beck 1990

Smart Guide Führung. Manfred Schwarz u.a. Manager Seminare Verlags GmbH 2012

Studienbuch Pädagogik. Arnim Kaiser, Ruth Kaiser. Athenäum Verlag 1981

Taibi Kahler 1977, entwickelt zum Zuge der Entstehung der Transaktionsanalyse von Berne

Transaktionsanalyse der Intuition. Ein Beitrag zur Ich-Psychologie. Eric Berne. Junfermann Verlag 1999.

Totmotiviert. Steffen Kirchner. Gabal 2. Auflage 2015. S.70ff

Übungen zur Transaktionsanalyse. Reinhold Kruppa, Rolf Rüttinger. Windmühle Verlag 2017

Wahres Interesse verkauft. Warum Kunden lieber selbst entscheiden, als etwas verkauft zu bekommen. Ulrike Knauer. Gabal 2019.

Wie wirklich ist die Wirklichkeit? Wahn, Täuschung, Verstehen. Paul Watzlawick. Piper Verlag 2007.